汽车钣金修复从入门到精通

QICHE BANJIN XIUFU CONGRUMEN DAO JINGTONG

刘春晖　主编

·北京·

内 容 提 要

本书以汽车车身碰撞维修的工作过程为主线,系统介绍了车身结构及损伤分析、钣金维修基本技能、钣金焊接工艺与设备、车身尺寸测量、汽车车身损伤修复以及汽车钣金结构件的拆解与调整六个方面的内容。本书图文并茂,从汽车碰撞钣金修复工作与时俱进的理念出发,便于让读者更快、更好地掌握汽车钣金修复技术。可操作性强,配有大量的图片,易看、易学、易懂。

本书是广大一线碰撞钣金维修技工的重要参考资料,也可供相关院校师生使用。

图书在版编目(CIP)数据

汽车钣金修复从入门到精通/刘春晖主编. —北京:化学工业出版社,2020.7(2023.3重印)

ISBN 978-7-122-36798-3

Ⅰ.①汽… Ⅱ.①刘… Ⅲ.①汽车-钣金工 Ⅳ.①U472.4

中国版本图书馆 CIP 数据核字(2020)第 079146 号

责任编辑:辛 田　　　　　　　　　　　　文字编辑:冯国庆
责任校对:宋 玮　　　　　　　　　　　　装帧设计:王晓宇

出版发行:化学工业出版社(北京市东城区青年湖南街13号　邮政编码100011)
印　　装:天津盛通数码科技有限公司
787mm×1092mm　1/16　印张 14¾　字数 363 千字　2023 年 3 月北京第 1 版第 6 次印刷

购书咨询:010-64518888　　　　　　　　售后服务:010-64518899
网　　址:http://www.cip.com.cn
凡购买本书,如有缺损质量问题,本社销售中心负责调换。

定　　价:68.00元　　　　　　　　　　　　　　　　　版权所有　违者必究

前言

汽车是人们平时出行的重要代步工具,随着保有量的增加,汽车碰撞事故的数量也越来越多。碰撞事故无论大小,所造成的碰撞损伤都需要进行修复,这使得汽车钣金修复行业具有越来越广阔的发展前景。

随着汽车技术的发展,车身的材料、结构也发生了变化,对汽车钣金修复人员提出了更高的要求。汽车钣金修复人员不但要了解车身的技术结构,更要懂得车身变形的分析和修复工艺。同时还能够借助先进的修复工具,并配合正确的操作手法,使整个车身恢复到损伤前的状态,保证修复后的汽车处于正常的运行工作状态。

本书以通俗易懂的语言,围绕初学汽车钣金维修人员所关心的问题,从初学者的角度,以图解的形式讲述了车身结构及损伤分析、钣金维修基本技能、钣金焊接工艺与设备、车身尺寸测量、汽车车身损伤修复以及汽车钣金结构件的拆解与调整六个方面的内容。

本书图文并茂,从汽车碰撞钣金修复工作与时俱进的理念出发,让读者更快、更好地掌握汽车钣金修复技术。在内容编排上,体现了理论联系实际、深入浅出的特点。本书内容实用,可操作性强,配有大量的图片,易看、易学、易懂。

本书由刘春晖主编,参加本书编写工作的还有张坤、何运丽、高举成、方玉娟、徐长钊。本书编写过程中,得到了德州元盛鑫喜汽车销售服务有限公司、德州汇众汽车销售技术服务有限公司、德州华胜奔驰宝马奥迪专修(德州金车店)等多家汽车维修企业的大力支持和协助,并参阅了大量的相关资料,在此表示诚挚的感谢!

由于笔者水平所限,书中难免有不当之处,恳请广大读者批评指正。

编　者

目录

第一章 车身结构及损伤分析 ... 1

第一节 车身结构 ... 1
一、汽车车身的结构形式 ... 1
二、非承载式车身的结构 ... 2
三、承载式车身的结构 ... 5
四、车身板件的接合技术 ... 7

第二节 汽车车身材料 ... 11
一、车身材料的分类 ... 11
二、车身用金属材料 ... 11
三、车身用非金属材料 ... 16
四、复合材料及应用趋势 ... 19

第三节 车身损伤的种类 ... 20
一、车身损伤分析 ... 20
二、整体式车身碰撞损伤的类型 ... 22
三、评价损伤范围方法 ... 23

第四节 车身碰撞损伤分析 ... 25
一、汽车碰撞信息 ... 25
二、汽车碰撞情况分析 ... 25
三、车架式车身的碰撞变形 ... 28
四、整体式车身的碰撞变形 ... 30

第二章 钣金维修基本技能 ... 38

第一节 钣金作业的基本技能 ... 38
一、弯曲 ... 38
二、拱曲 ... 41
三、卷边与咬缝 ... 43
四、制肋 ... 45
五、收边、放边与拔缘 ... 46

第二节 钣金的矫正与整形 ... 48
一、成形件的矫正 ... 49
二、钣金的整形技术 ... 50
三、钣金敲平作业 ... 57
四、车身线形的修整 ... 59
五、钣金件弯曲的矫正 ... 61

第三节　钣金的收放操作 ·· 67
　　　一、冷做法 ··· 68
　　　二、火焰法 ··· 70
　　　三、电热法 ··· 72
　　　四、收放的检验 ·· 73
　　第四节　车身覆盖件的仿制 ·· 73
　　　一、车身覆盖件表面的类型 ·· 74
　　　二、手工仿制操作 ·· 75

第三章　钣金焊接工艺与设备 ·· 76
　　第一节　焊接工艺基础知识 ·· 76
　　　一、焊接工艺特点 ·· 76
　　　二、焊接种类 ··· 76
　　　三、常用焊接名词及术语 ·· 78
　　第二节　氧-乙炔焊接工艺 ·· 79
　　　一、氧-乙炔焊接设备 ··· 79
　　　二、火焰的类型及调整 ··· 83
　　第三节　二氧化碳气体保护焊焊接工艺 ······································ 84
　　　一、二氧化碳气体保护焊的优点及原理 ·································· 85
　　　二、焊接设备 ··· 86
　　　三、焊接参数的调整 ··· 90
　　　四、焊枪的使用 ·· 92
　　　五、各种基本焊接方法 ··· 95
　　第四节　钎焊焊接工艺 ··· 97
　　　一、钎焊工艺 ··· 97
　　　二、钎焊的操作要领 ··· 100
　　　三、钎焊注意事项 ·· 101
　　第五节　电阻点焊工艺 ··· 101
　　　一、电阻点焊机的构造与调整 ·· 102
　　　二、车身电阻点焊工艺 ··· 105
　　　三、板件处理 ··· 107
　　　四、点焊施工 ··· 108
　　　五、点焊质量检验 ·· 110
　　第六节　铝焊接工艺 ··· 111
　　　一、铝合金维修要求 ··· 112
　　　二、焊接操作 ··· 113
　　第七节　塑料件的焊接 ··· 114
　　　一、塑料的种类 ·· 115
　　　二、塑料的焊接原理及设备 ·· 116
　　　三、塑料件的焊接 ·· 118

第四章　车身尺寸测量 …… 122

第一节　车身数据图的识读 …… 122
一、汽车的外廓尺寸 …… 122
二、车身三维测量的原理 …… 124
三、车身数据图的识读 …… 127
四、车身测量的要求 …… 132

第二节　车身尺寸的机械测量方法 …… 132
一、车身变形的机械测量方法 …… 132
二、车身各部尺寸的测量要求 …… 138
三、三维坐标机械式测量系统 …… 140

第三节　车身尺寸的电子测量方法 …… 142
一、车身三维尺寸检测原理 …… 143
二、车身测量系统的种类 …… 147
三、奔腾 Allvis 车身电子测量系统的使用 …… 149

第五章　汽车车身损伤修复 …… 157

第一节　板件修复基础知识 …… 157
一、钢板的内部结构和物理特性 …… 157
二、车身板件损坏类型 …… 160

第二节　钣金修复机修复工艺 …… 163
一、钣金修复机及相关工具 …… 163
二、钣金修复工艺 …… 165

第三节　车身矫正原理及方法 …… 170
一、车身矫正的重要性及原理 …… 170
二、拉伸矫正的方法 …… 171
三、拉伸矫正的过程 …… 173
四、防止过度拉伸 …… 174

第四节　车身矫正基础 …… 174
一、车身矫正 …… 174
二、车身矫正设备 …… 175
三、车身矫正安全注意事项 …… 180

第五节　车身矫正前的准备和校正 …… 182
一、车身矫正前的准备 …… 182
二、车身矫正过程 …… 182
三、车身矫正的操作技术 …… 188
四、车身板件的应力消除 …… 197

第六章　车身钣金结构件的拆解与调整 …… 201

第一节　车身钣金结构件的拆解 …… 201
一、拆解部位的选择 …… 202

二、车身板件更换的要求…………………………………………………………… 202
　　三、车身焊件的分离………………………………………………………………… 203
　　四、车身外部板件的更换和安装…………………………………………………… 206
　　五、车身结构性板件的分割与连接………………………………………………… 210
　　六、车身整体分割与连接的注意事项……………………………………………… 214
　第二节　新件的切割、定位与焊接…………………………………………………… 215
　　一、新件的准备……………………………………………………………………… 215
　　二、新件的定位……………………………………………………………………… 217
　　三、新钣金件的焊接………………………………………………………………… 221
　第三节　车身钣金件的调整…………………………………………………………… 222

参考文献 …………………………………………………………………………………… **227**

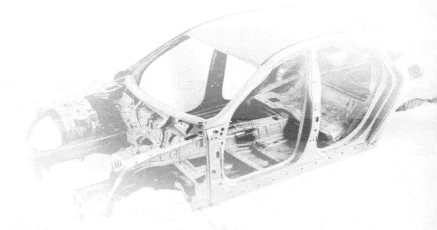

第一章
车身结构及损伤分析

第一节 车身结构

一、汽车车身的结构形式

汽车车身结构按车身的受力情况分为非承载式车身、半承载式车身和承载式车身。

1. 非承载式车身

非承载式车身也称为车架式车身（图1-1），其特点是车身与车架通过弹性元件连接，汽车车身仅承受本身和所装载货物的重力及汽车行驶时的惯性力与空气阻力。而发动机、底盘各部件的重力和这些部件工作时作用力，以及汽车行驶时道路对汽车外加载荷等都由车架承受。

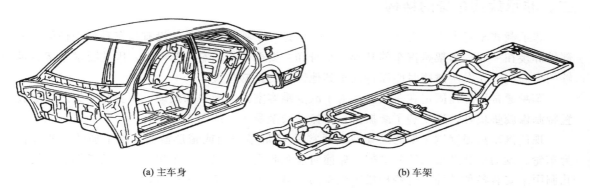

(a) 主车身　　　　　　　　　　　　　(b) 车架

图1-1　车架式车身

车架式车身的优点是底盘强度较高，抗颠簸性能好，车身不易扭曲变形，但比较笨重，一般用在货车、客车和越野车上（图1-2）。

2. 承载式车身

承载式车身也称无车架式车身，其特点是发动机、前后悬架、传动系统的一部分等总成部件装配在车身上，车身负载通过悬架装置传给车轮，如图1-3所示。

图1-2 越野车采用的非承载式车身

图1-3 承载式车身

承载式车身的优点是噪声小、重量轻、相对省油，但缺点是强度相对低。大多数轿车都采用承载式车身。

3. 半承载式车身

图1-4 半承载式车身

如图1-4所示，半承载式车身的特点是车身与前车架用焊接或使用螺栓进行刚度连接。两者成为一体而承受载荷。它实质上是另一种无车架车身，只是装了前车架起着一部分车架的作用，发动机和悬架均安装在车身前车架上。这种结构是为了避免非承载式车身相对于车架位移时发出的噪声而设计的。由于半承载式车身沉重，现在很少采用。

二、非承载式车身的结构

非承载式车身由主车身和车架组成。车架是一个独立的部件，没有与车身外壳任何主要部件焊接在一起。车架是汽车的基础，车身和主要部件都固定在车架上，因此要求车架有足够的坚固度，在发生碰撞时能保持汽车其他部件的正常位置。

车身通常用螺栓固定在车架上，为了减少乘客室内的噪声和振动，车身与车架之间除放置特制橡胶垫块外，还安装了减振器，将振动减至最小，如图1-5所示。

现代汽车高强度钢车架的纵梁截面通常是U形槽截面或箱形截面，用来加强车架并作为车轮、发动机和悬架系统的支架。碰撞时能吸收大量的能量。车架上不同的托架、支架和孔洞用来安装各种部件，这些构成了汽车的底盘。为了便于汽车转弯，并为汽车提供较好的支撑，车架都做成前部窄、后部宽。

1. 车架类型

非承载式车身的车架常见的有梯形车架、X形车架（不再使用，不作介绍）和框式车架3种类型。

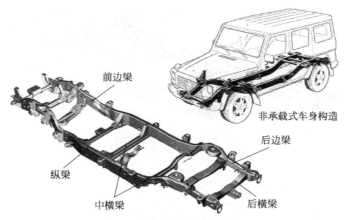

图 1-5　车架与车身的连接

(1) 梯形车架　梯形车架包含两个纵梁与一些横梁相连接,如图 1-6 所示。梯形车架的强度高,在一些货车上仍有使用。

(2) 框式车架　框式车架的纵梁在其最大宽度处支撑着车身(图 1-7),在车身受到侧向冲击时可为乘客提供保护。在前车轮后面和后车轮前面的区域分段形成扭力箱结构(图 1-8)。在正面碰撞中,分段区域可吸收大部分能量。在侧向碰撞中,由于中心横梁靠近前面地板边侧构件,使乘坐室受到保护;同时因乘坐室地板低,从而质心降低、空间加大。在后尾碰撞中,由后横梁和上弯车架吸收冲击振动。由于关键区域有横梁加强,避免了车架过大的扭曲和弯曲。目前所使用的大多数车架都是框式车架。

图 1-6　梯形车架

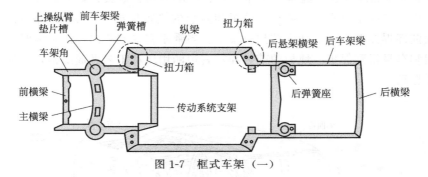

图 1-7　框式车架(一)

2. 前车身

前车身由发动机罩、散热器支架、前翼子板和前挡泥板组成,如图 1-9 所示。由于用螺栓安装,因此易于分解。散热器支架由上支架、下支架和左右支架焊接成一个整体。非承载式车身的前翼子板不同于整体式车身的前翼子板,其上边内部和后端是点焊的,不仅增加了前翼子板的强度和刚性,而且与前挡泥板一起降低了传到乘坐室的振动和噪声,也有利于减小悬架及发动机在侧向冲击时受到的损伤。

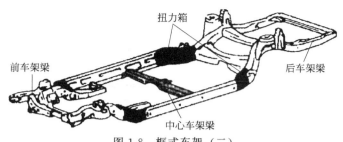

图 1-8 框式车架（二）

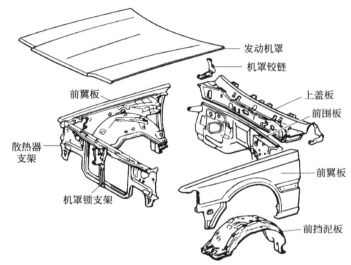

图 1-9 非承载式车身的前车身构件

3. 主车身

乘客室和后备厢焊接在一起构成主车身，它们由围板、地板、车顶板等组成，如图 1-10 所示。围板由左右前车身立柱、内板、外板和盖板的侧板构成。传动轴凹槽纵贯地板中心。横梁与地板前部焊接在一起，并安装到车架上。当乘坐室受到侧向冲击碰撞时，可使乘坐室顶边梁、门和车身得到保护。地板的前后和左右边侧用压花工艺做成皱褶，增加了地板的刚度，减少了振动。

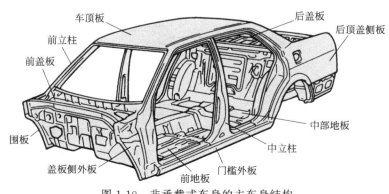

图 1-10 非承载式车身的主车身结构

三、承载式车身的结构

近年生产的小型、中型甚至有些大型的新型轿车，大部分都采用承载式车身结构。如图 1-11 所示为承载式轿车车身部分零件。

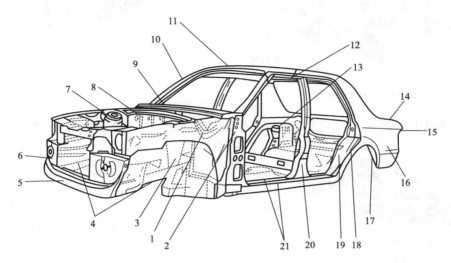

图 1-11　承载式轿车车身部分零件

1—挡泥板加强件；2—前车身铰柱；3—挡泥板；4—内外前梁；5—前横梁；6—散热器支架；
7—支柱支撑；8—防火板；9—前围上盖板；10—A 支柱；11—顶盖梁；12—顶盖侧横梁；
13—保险杠支撑；14—后备厢盖；15—折线；16—左后翼子板；17—车轮罩；
18—止动销；19—C 支柱；20—B 支柱；21—门槛板

1. 整体式车身结构的基本组成

（1）车身前部部件　前部也叫鼻部，包括前保险杠到前隔板之间的所有部件：保险杠、格栅、车架边框、前悬架部件，通常发动机也是汽车前部的一部分。

如图 1-12 所示，车身纵梁是在车身前部底下延伸的箱形截面梁，通常是承载车身上最坚固的部件。前罩板是车身前段后部的车身部件，在挡风玻璃的正前方，它包括顶罩板和侧罩板。前围板是围绕着车轮和轮胎的内板，防止路面的瓦砾进入乘坐室。常用螺栓连接或焊接在车架纵梁和前罩板上。减振器塔装配在被加强的车身部分，用以支撑悬架系统的上部分，螺旋弹簧、吸振器安装在塔内，它们通常构成了前围板内部的一部分。

散热器芯支撑安装在车架纵梁和内前围板上，用以支撑冷却系统的散热器以及相关部分。发动机罩是一块由铰链连接的构件，这样可以很方便地打开发动机舱（发动机前置的汽车）。发动机罩的铰链用螺栓连接在机罩和前罩板上，使机罩可以打开。为了防止变形和振动，机罩通常由两块或两块以上的板焊接或粘接在一起。

前隔板是发动机罩和挡风玻璃之间的过渡段车身，有时也叫"火墙"，是隔在车身前部与中部乘坐室之间的板，它通常也是焊接在一起的。

翼子板从前车门一直延伸至前保险杠，它盖住了前悬架部分和内围板。通常是用螺栓固定在上面的。

如图 1-13 所示，保险杠总成用螺栓连接到车架前角或纵梁上，吸收小的撞击。

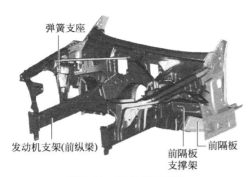

图 1-12 车身前部部件

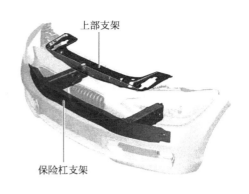

图 1-13 前部支架的安装位置

（2）车身中部部件 中部主要包括构成乘坐室的车身部件。这部分包括车底板、车顶板、前罩板、车门、车门支柱、窗玻璃以及相关部分。中部又被称作"绿房子"，这是因为它被窗玻璃所包围。

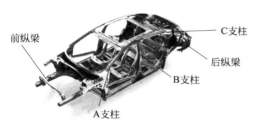

图 1-14 汽车车身 A 支柱、B 支柱和 C 支柱的位置

如图 1-14 所示，支柱是汽车车身上用以支撑车顶板的梁，并为打开车门提供方便，它们必须非常坚固，以便在万一发生严重碰撞或翻车事故时保护乘客的安全。前支柱向上延伸到挡风窗的末端，必须足够坚固以保护乘客。前支柱也叫作 A 支柱，是从车顶向下延伸到车身主干上的箱形钢梁。中间支柱也叫作 B 支柱，是车顶的支撑件，在四门汽车上位于前门和后门之间，它增强了车顶的强度，并且为后门铰链提供了安装位置。后支柱从后侧围板向上延伸用以支撑车顶的后部和后窗玻璃，也叫作 C 支柱。支柱的形状随车身的不同而变化。

车门是一个由外蒙皮、门内支架、车门板、门窗调节装置、窗玻璃以及相关部分组成的复杂装配体。车门铰链连接在支柱和车门支架之间，门窗调节器是一个齿轮机构，用以升高和降低车门玻璃。

车顶是安装到乘坐室上面的多块板件，通常是焊接在支柱上。

2. 轿车车身零部件

车身修理人员除要修理车身结构件和覆盖件外，还要承担汽车装饰件的修理。有些装饰件和嵌条可以用粘接带粘接，有的可用各种金属或塑料紧固件使其连接。

车身修理人员要熟悉现代车身结构上的各种零件、部件、组件的专门名称。如果修理人员不知道所要修理、矫正、更换和涂装的零件的正确用语，则会在定购零件和阅读修理规程时遇到很大困难。

车身结构可分成若干个称为组件的小单元，它们本身又可分成更小的单元，称作部件或零件。车身前段包括的组件或部件如图 1-15 所示；车身侧板包括的组件或部件

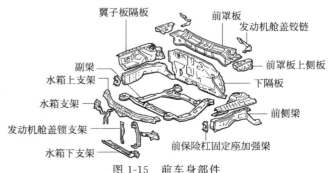

图 1-15 前车身部件

如图1-16所示；后备厢盖的相关部件如图1-17所示；车身底部的组件或部件如图1-18所示；发动机舱盖的组件或部件如图1-19所示。

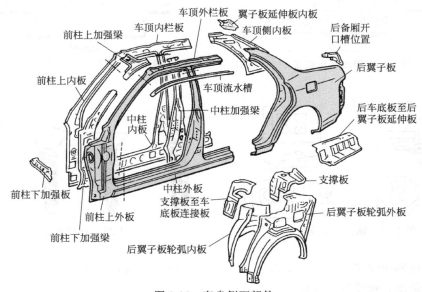

图1-16　车身侧面部件

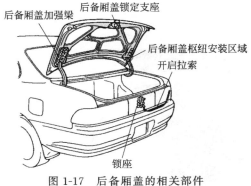

图1-17　后备厢盖的相关部件

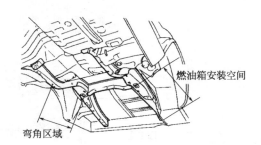

图1-18　车身底部的组件或部件

四、车身板件的接合技术

将汽车车身上的金属零部件连接在一起的方法有两大类：可拆卸连接和不可拆卸连接。

1. 可拆卸连接

可拆卸连接有螺纹连接、卡扣连接、铰链连接等几种。

（1）螺纹连接　螺栓螺母连接如图1-20所示；螺栓与焊接螺母连接如图1-21所示；螺钉卡扣连接如图1-22所示；自攻螺钉连接如图1-23所示。

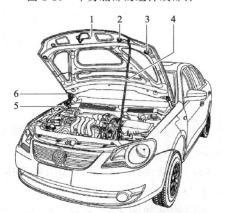

图1-19　发动机舱盖的组件或部件
1—发动机舱盖；2—调整缓冲块；3—止挡缓冲件；
4—支撑杆；5—导向件；6—发动机舱盖铰链

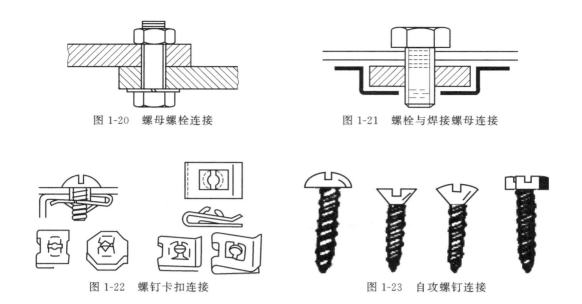

图 1-20　螺母螺栓连接　　　　图 1-21　螺栓与焊接螺母连接

图 1-22　螺钉卡扣连接　　　　图 1-23　自攻螺钉连接

车身部件的螺纹连接方式主要用于覆盖件与车身的连接，如翼子板的连接（图 1-24）、前后保险杠蒙皮、轮罩等的连接。

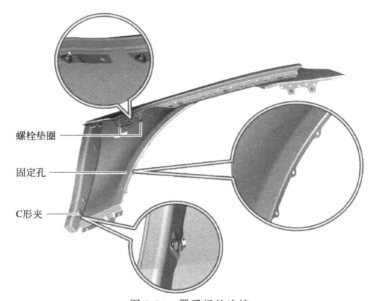

图 1-24　翼子板的连接

（2）卡扣连接　卡扣连接用来安装室内装饰件、装饰条、外部装饰件、线路等，如图 1-25 所示为各种不同类型的卡扣。

（3）铰链连接　铰链连接用来连接车门、发动机罩、后备厢盖等需要经常开关的部件，如图 1-26 所示。

车门铰链如图 1-27 所示，将车门连接到车身上，车门贴着铰链转动（这是宝马品牌的车门铰链）。发动机罩部位的铰链如图 1-28 所示。将发动机罩与车身连接在一起，保证发动机罩能顺利地开启和关闭，并且不与其他部件发生干涉。

图 1-25 各种不同类型的卡扣

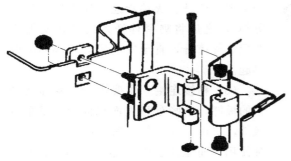

图 1-26 铰链连接

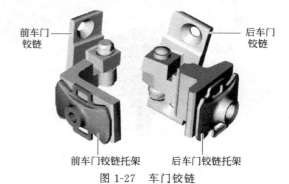

图 1-27 车门铰链

图 1-28 发动机罩部位的铰链

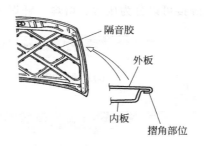

图 1-29 折边连接

2. 不可拆卸连接

不可拆卸连接包括折边连接、铆钉连接、粘接连接、焊接连接等方式。

（1）折边连接　用来连接车门内外板、发动机罩内外板、后备厢盖内外板等，如图1-29所示。

（2）铆钉连接　用来连接车身上不同材料（当使用其他方式不能有效连接时），如图1-30和图1-31所示，或者用来连接铝、镁或塑料车身等。

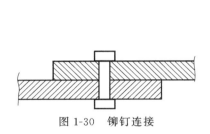

图1-30　铆钉连接

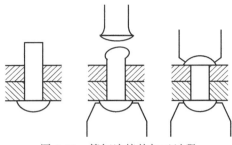

图1-31　铆钉连接的加工过程

由前部发动机支架至后部发动机支架之间的过渡是从铝合金件到钢件的过渡，和其他铝合金/钢接缝部位一样，此处的连接也通过粘接连接和铆钉连接相结合的方式实现，如图1-32所示。

在维修这些部位时，首先要执行预处理步骤（清洁、火焰涂层、涂底漆、涂胶黏剂），之后将夹紧件插入发动机支架内并用螺栓撑开，直至发动机支架外侧略微拱起。

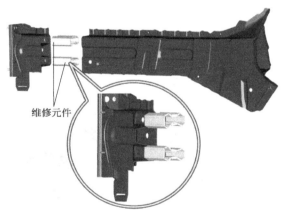

图1-32　前部发动机支架

（3）粘接连接　主要用于车身需要密封的板件，一些车身大面积面板，铝车身板件，塑料车身件等。粘接连接一般不单独使用，而是配合螺栓连接、铆接、电阻点焊、褶边连接等方式一起进行，如图1-33所示。

（4）焊接连接　焊接是对需要连接的金属板件加热，使它们共同熔化，最后结合在一起的方式。焊接可以分为压焊、熔焊、钎焊。

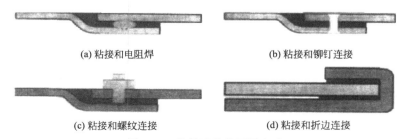

(a) 粘接和电阻焊　　(b) 粘接和铆钉连接

(c) 粘接和螺纹连接　(d) 粘接和折边连接

图1-33　粘接连接的不同方式

在车身铝合金件和钢板与铝合金板的过渡处，主要采用了铆钉连接与粘接连接相结合的方式。此外，因电磁相容性要求，在铝合金车头部位还采用 MIG 焊缝方式进行连接。铝合金表面部件同样采用卷边（搭接接合）方式连接。

如图 1-34 所示，发动机支架和轮罩通过接地点、接地线和 EMV（电磁相容性）焊缝与地连接。如果 EMV 焊缝断开，那么有电流（如图 1-34 中带箭头的线所示）通过的所有部件与地的连接不再正常。如果出

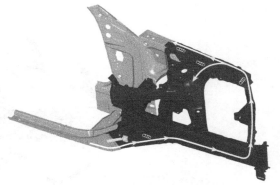

图 1-34　电磁相容性（EMV）焊缝

现这种情况，那么在有高频磁场（如点火装置引起的）射入时，这些部件的作用就像发射天线，其发射的电磁波可能干扰收音机接收和车内的控制单元。此外，流过铆钉连接点的高频电流也会导致铆接处产生热量，从而可能导致胶黏剂损坏。

在对白车身钢板件进行气体保护焊时通常应注意，不要将接地夹钳固定在铝合金件上。

第二节　汽车车身材料

一、车身材料的分类

汽车钣金构件除有足够的强度和耐用性外，还需要满足车型、外观、安全、经济性等生产技术和汽车销售方面的要求。为此，钣金构件需由钢铁、铝及铝合金等金属材料和塑料、橡胶、玻璃等非金属材料组成。

车身用材料大致可分为三大类：金属材料、非金属材料和复合材料。

① 金属材料包括钢板、铸铁等重金属材料，铝、镁、钛等轻金属及其合金材料，泡沫金属等材料。

② 非金属材料包括塑料、纤维、树脂、玻璃、橡胶、非金属泡沫材料等。

③ 复合材料包括玻璃纤维增强塑料、纤维增强金属、纤维增强陶瓷等。

二、车身用金属材料

车身所有的材料并不都是强度越高越好，要看用在什么地方。如驾乘室的框架（如横梁、纵梁、A 支柱、B 支柱、C 支柱等），为了使驾乘室的空间尽量不变形（保证驾乘人员安全），就必须采用高强度的材料。如车前和尾部的材料（如发动机盖板、翼子板等），为了能够吸收撞击力，可以使用强度相对较低的材料。图 1-35 所示为车身使用的各类金属材料。

1. 金属材料的主要力学性能

金属材料在使用过程中，会受到各种外力作用，工程上将这种外力称为载荷。载荷的具体形式有拉伸、压缩、弯曲等。金属材料在载荷作用下所表现出来的性能称为力学性能。评定金属材料力学性能的主要指标有强度、弹性、塑性、屈服强度、硬度和冷作硬化等。

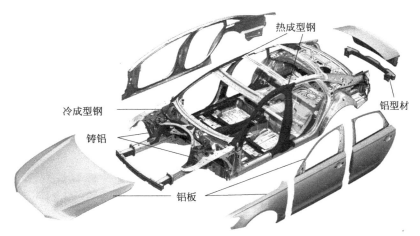

图 1-35　车身使用的各类金属材料

（1）强度　强度是指金属材料在外力作用下，抵抗变形和破坏的能力。金属材料在外力作用下，其内部都会产生大小与外力相等、方向相反的力，这种力称为内力。单位面积上产生的内力称为应力。强度的大小通常用应力来表示。根据外力作用形式的不同，强度可分为抗拉强度、抗压强度、抗弯强度、抗扭强度和抗剪强度等。一般材料常用抗拉强度作为基本评定指标。

金属的抗拉强度是通过拉伸试验测定的。方法如下：将一定横截面积的金属试样在规定条件下拉伸直至断裂。随着拉力的增加，试样横截面积将缩小，长度被拉长。试样在拉断前的最大拉力与原横截面积的比值，称为抗拉强度。比值越大，说明该金属抗拉强度越好。

当金属材料所受拉力超过抗拉强度时，材料就会被拉断。在钣金成形过程中，为了不使零件损坏，所加外力不得超过材料所能承受的最大拉力。

（2）弹性　金属材料在外力作用下会产生变形。当外力消除后又能完全恢复原状的性能，称为弹性。这种变形越大，表明该材料弹性越好。在弹性变形范围内，外力与变形成正比。弹性越好的材料，钣金加工时越难成形。

（3）塑性　塑性是指金属材料在外力作用下，发生塑性形变而不被破坏的能力。材料一般受拉伸长，受压缩短。如这种变形量越大而又不发生破坏，则表明该材料塑性越好。

（4）屈服强度　金属材料在外力作用产生塑性变形到一定程度时，即使外力不再增加，而材料的变形仍继续增加的现象，称为屈服。开始发生屈服现象时的强度称为屈服强度。屈服强度是金属材料即将发生显著变形的标志。材料屈服强度越高，则材料产生塑性变形所需施加的外力也越大，因此，在钣金成形过程中，要使材料获得一定形状，所加外力必须大于材料产生屈服现象时所需的外力。

（5）硬度　它是指金属材料抵抗外物压入其表面的能力。它是衡量材料软硬程度的指标。如果外物越不容易压入，则表明该材料硬度越高；反之材料越软。材料硬度的高低，通常用布氏硬度试验法和洛氏硬度试验法来测定。

（6）冷作硬化　金属材料在常温下加工时，会出现随加工次数的增多而材料硬度不断增加的现象，即为冷作硬化。冷作硬化会造成钣金修复困难，因此，修复过程中需注意加工次数，可用热处理方法来消除冷作硬化。

所谓热处理是指钢在固体状态下，通过加热、保温、冷却来改变钢组织和性能的一种方法。具体热处理方法有退火、正火、淬火和回火等。

2. 金属材料的类型

（1）钢板　车身用钢板有热轧钢板、冷轧钢板、镀覆钢板、不锈钢板和高强钢板五大类。汽车钣金用钢板大多是厚度为 0.6～2.0mm 的冷轧薄钢板和热轧薄钢板。近年来，随着防腐蚀和车身轻量化要求的发展，镀膜薄钢板和高强度钢板用量也显著增加。

① 热轧薄钢板。它是由含碳量低的钢锭在高温状态下直接将板料轧至所需尺寸而形成的板料。热轧钢板的弹塑性和强度适中，但延伸性能较差，容易开裂，适用于制作外观要求不高的一般构件。常用热轧薄钢板尺寸规格见表 1-1。

表 1-1　常用热轧薄钢板尺寸规格

钢板厚度/mm	钢板宽度/m									
	0.6	0.65	0.70、0.71	0.75	0.8	0.85	0.9	0.95	1.0	1.1	1.25
	钢板最大长度/m									
0.6	1.2	1.4	1.42	1.5	1.5	1.7	1.8	1.9	2	—	—
0.65～0.90	2	2	1.42	1.5	1.5	1.7	1.8	1.9	2	—	—
1.0	2	2	1.42	1.5	1.6	1.7	1.8	1.9	2	—	—
1.2～1.4	2	2	2	2	2	2	2	2	2	2	2
1.5～1.8	2	2	2	6	6	6	6	6	6	6	6

② 冷轧薄钢板。这类钢板是将热轧钢板经过酸洗后在常温下轧薄，并经退火处理而成的，薄钢板一般都是冷轧钢板。冷轧钢板的厚度尺寸精度高，表面质量好，比热轧钢板具有更好的压缩加工性能。许多需要平滑美观的部位，如整体式车身、车门等都用冷轧薄钢板制成。常用冷轧薄钢板尺寸规格见表 1-2。

表 1-2　常用冷轧薄钢板尺寸规格

钢板厚度/mm	钢板宽度/m									
	0.6、0.65、1.70、0.71、0.75、0.80	0.90、0.95	1.0、1.1	1.25	1.40、1.42	1.5	1.6	1.7	1.8	1.9、2.0
	钢板最大长度/m									
0.5～0.65	2.5	3	3	3.5	—	—	—	—	—	—
0.70～0.75	2.5	3	3	3.5	4	—	—	—	—	—
0.8～1.0	3	3.5	3.5	4	4	4	—	—	—	—
1.1～1.3	3	3.5	3.5	4	4	4	4.2	4.2	—	—
1.4～2.0	3	3	4	6	6	6	6	6	6	—

③ 镀膜薄钢板。它是将冷轧、热轧薄钢板再镀一层金属（锌、锡、铅）膜的钢板。按镀层不同，可分为镀锌、镀铅、镀锡薄钢板。这类钢板呈亮白色，具有表面美观、耐蚀性能好等特点，但焊接、磨损等会造成镀层脱落，日久便会锈蚀。它可用于制造燃油箱、油底壳等。镀锌薄钢板分为冷轧连续热镀锌薄钢板和单张热镀锌薄钢板，常用镀锌薄钢板规格见表 1-3；镀铅薄钢板的尺寸规格见表 1-4。

表 1-3　常用镀锌薄钢板规格　　　　　　　　　　　　　单位：mm

品种	冷轧连续热镀锌薄钢板 （GB/T 2518—2008）	单张热镀锌薄钢板 （YB/T 5331—1993）
厚度	0.25～2.50	0.35～1.50
宽度	700～1500	710～1000
长度	1000～6000	750～2000

表 1-4　镀铅薄钢板尺寸规格　　　　　　　　　　　　　单位：mm

厚度	0.5	0.9	0.9	1.0	1.0	1.2	1.2	1.2	1.2	1.2	1.5
宽度	900	800	1000	1000	1000	850	880	950	1000	1010	1000
长度	1800	1500	2000	1640	2000	1700	1635	1840	2000	1600	2000

④ 高强度钢板。高强度钢板的种类较多，主要有加 Si、Mn、P 等固溶强化型，加 Nb、Ti、V 等的析出硬化型，复合组织型，双相型和回火、退火型等。高强度钢板的抗拉强度一般在 600MPa 以上，其破坏强度为低碳钢板的 2～3 倍，故称高强度钢板。这类钢板强度高、重量轻，但受到碰撞或受热变形时难以修复到原来的形状，因此，必须严格控制加热温度。近年来，随着车身轻量化的发展，高强度钢板的用量将越来越大。图 1-36 所示为高强度钢在汽车车身零部件中的应用现状及未来发展趋势。

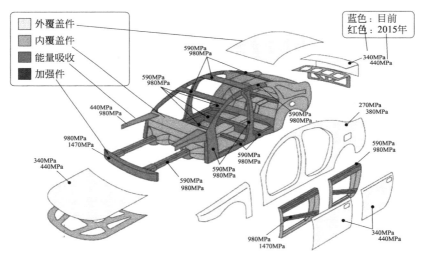

图 1-36　高强度钢在汽车车身零部件中的应用现状及未来发展趋势

⑤ 复合钢板。复合钢板又称双金属钢板。它是以一种金属材料为基体，再复合上另一种金属材料，以便达到既能降低成本又能满足特殊需要的目的。如铜-钢金属复合钢板可用于制造高压热交换器等；不锈钢复合钢板可以部分代替不锈钢用于制造防锈容器、防护罩等。

⑥ 不锈钢板。不锈钢板是在碳钢中添加铬或是铬和镍，经热轧和冷轧所制成的钣金材料，由于该材料耐蚀性极强，不生锈，表面光亮，故称不锈钢板。根据钢板的厚薄程度不同，钢板可分为薄板、中板和厚板三种。板厚小于 3.2mm 的称为薄板，板厚为 3.2～5mm 的称为中板，板厚为 5mm 以上的称为厚板。轿车车身使用钢板的厚度一般为 0.6～2.0mm。

近年来，随着轻金属材料和非金属材料的普遍采用，钢板所占车身总重的比例已下降到

55%～60%。但高强度钢板的使用却由 20 世纪 80 年代的占车身总重的 3%～5%，上升到 90 年代的 10% 以上。

(2) 型钢　型钢在钣金作业中，主要用于制作框架、柱和成形件等。型钢的种类很多，按照断面形状不同，可分为简单断面型钢和复杂断面型钢。

① 简单断面型钢有圆钢、方钢、六角钢、扁钢等，其断面形状依次为圆形、方形、六角形、长方形。

② 复杂断面型钢有角钢、槽钢和工字钢等。

a. 角钢又分为等边角钢和不等边角钢，其断面形状如图 1-37(a) 所示。角钢的尺寸规格用号数来表示，号数表示角钢边长的大小，如 3 号角钢表示边长为 30mm 的等边角钢。

b. 槽钢的断面形状如图 1-37(b) 所示。其尺寸规格用号数来表示，号数表示槽钢高度 h 的大小，如 10 号槽钢，其高度为 100mm。

c. 工字钢的断面形状如图 1-37(c) 所示，其尺寸规格用号数来表示，号数表示工字钢高度 h 的大小，如 10 号工字钢表示高度为 100mm 的工字钢。

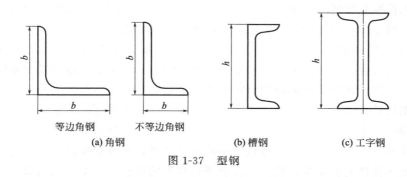

图 1-37　型钢

(3) 车用轻金属材料　汽车车身使用的轻金属材料主要有铝板、铝合金、镁合金和钛合金等。镁合金和钛合金于 20 世纪 90 年代就已在轿车上开始使用，但在车身上用量所占比例很小。铝及其合金在车身上的应用越来越多，特别是轿车，其所占汽车自重的比例也越来越高。20 世纪 80 年代，铝及其合金在轿车车身上的使用比例（占车身自重的比例）为 3.6%～5%，90 年代后使用比例上升到 7.5%～10%。近年来铝及其合金在汽车车身上的应用越来越多，有很多汽车使用了铝质车身。

① 铝及铝合金。近几年铝材在车身上的应用非常突出。铝合金强度高且质量轻，耐蚀性优越，受到车辆制造者的青睐。国外很多车辆的车身使用铝材，在德国甚至已经出现了全铝车身的汽车。铝车身的出现使车辆的总质量下降，在节约能源等方面起到了很好的作用。但铝的加工与钢材比较起来要困难得多，尤其是在进行冷加工矫正和焊接时需要用到很多新工艺。铝及铝合金的焊接性较差，焊接必须先除去焊接处的氧化膜并使用专用的铝焊剂。

纯铝为银白色金属，密度小（仅为 $2.7g/cm^3$），质量轻，耐蚀性好，能和空气中的氧气反应生成致密的氧化膜保护层，避免金属进一步腐蚀。铝的强度和硬度都不高，是一种软金属材料，因此，汽车上使用的一般是铝中加入其他金属组成的合金，即铝合金。

铝合金具有密度低、强度高、加工性能好等特点，既保持纯铝质量轻、外表美观、耐腐蚀、弹塑性好、易于加工成形等优点，同时强度又较纯铝有了显著提高。作为结构材料，因其加工性能优良，可制成各种截面的型材、管材、高肋板材等，以充分发挥材料的潜力，提高构件刚度和强度。铝合金按其成分和生产工艺不同，可分为形变铝合金和铸造铝合金两大类：前者是以板材、管材等形式供应的铝合金，有良好的弹塑性，适于压力加工成形；后者是用来制作铸件的铝合金，它具有良好的铸造性能，但弹塑性差，不能进行压力加工，适于直接铸造成形。铝合金板属于形变铝合金，可用于制作饰条、车身外表覆盖件、后备厢盖板等。按成分中铝之外的主要元素硅、铜、镁、锌分为四大类。变形铝合金有很好的力学性能，适合于变形加工。按性能和实用特点不同，可以分为防锈铝、硬铝、超硬铝和锻铝四大类。汽车用的铝合金必须具有的性能有强度、成形性、耐蚀性、焊接性、表面处理性等。

在汽车轻量化的发展过程中，铝材料也遇到其他轻型材料的竞争和挑战，比如镁、塑料、陶瓷材料等。镁的密度比铝小得多，用于制造某些汽车零部件较铝更为合适。

② 钛合金。钛合金具有较高的抗拉强度（441~1470MPa），较低的密度（4.5g/cm^3），优良的耐蚀性能，在300~550℃下有一定的高温持久强度，很好的低温冲击韧性，是一种理想的轻质结构材料。钛合金具有超塑性的功能特点，采用超塑成形-扩散连接技术，可以很少的能量消耗和材料消耗将合金制成形状复杂和尺寸精密的制品。

钛合金是以钛为基加入其他合金元素组成的合金。钛合金具有密度低、比强度高、耐蚀性能好、工艺性能好等优点，是较为理想的航天工程结构材料。钛合金可分为结构钛合金和耐热钛合金，或分为α型钛合金、β型钛合金和α+β型钛合金。

③ 镁合金。镁合金具有密度小、强度大、铸造性能和机加工性能优良、减振性和屏蔽性好等优点，镁合金压铸近年来表现出强劲发展的势头。压铸成形过程具有高压力和高速度成形的特点，是生产镁合金零部件的有效方法。镁合金压铸成形技术主要包括镁合金熔化及保护、压铸型设计、工艺过程控制、承力零部件的后续热处理等。应根据生产零部件的大小配备相应压铸机，也可利用现有普通冷室压铸机生产镁合金压铸件。

镁合金技术特性：由于镁在熔炼过程中易氧化燃烧，采取措施控制镁合金液的质量对获得良好性能的压铸件尤为重要。根据镁合金液态成形的特点，并结合我国目前大多数压铸设备现状，通过控制镁合金液质量及合理选择压铸工艺参数，在普通冷室压铸机条件下可以实现装饰性或功能性要求压铸件的生产。注意：在对镁合金材料进行热加工时请做好防火工作，镁合金会产生剧烈的燃烧。

三、车身用非金属材料

如前所述，车身用非金属材料包括塑料、纤维材料、复合材料、玻璃和橡胶等。近年来，塑料、非金属复合材料等非金属材料的使用在车身自重中所占比例明显提高，这些材料约占车身总重的25%左右（玻璃除外）。

1. 塑料

为实现车身轻量化并节约燃油，提高汽车安全性和舒适性，近年来，汽车上越来越多的零部件用塑料制造，如仪表板、装饰板、转向盘等。塑料在轿车上的应用如图1-38所示。

塑料具有质量轻、耐蚀性好、减振、减摩、强度较高、绝缘性佳、复杂形状能一次成型等优点。但耐热性较差，易燃烧。塑料种类繁多，按其受热时的性能不同，在汽车上使用的塑料可分为两大类：热塑性塑料和热固性塑料。

（1）热塑性塑料　这类塑料具有能反复加热软化或熔化，制成一定形状的产品而其基本性能保持不变的特点。其成型工艺简单，但耐热性较差，最高使用温度一般不超过120℃，否则将软化变形。此类产品破损时可在塑料焊机上焊接修补。常用的有聚乙烯、聚丙烯、

ABS（丙烯腈-丁二烯-苯乙烯）、有机玻璃等。

（2）热固性塑料　这类塑料在加热状态时会发生化学反应，硬化后得到永久形状。产品破损时不能采用焊接的方法修复。一般用化学胶黏剂黏合。此类塑料有酚醛、有机硅、不饱和树脂等。目前，不饱和树脂常用玻璃纤维进行增强固化后制作车身构件。环氧树脂玻璃钢和聚酯树脂玻璃钢是制造全塑车身最有代表性的材料。聚合反应可使树脂转变成为固态。如果在聚合过程中与起增强作用的多层玻璃布结合，能获得很好的适合于制造车身壳体的聚酯树脂材料。用于制作玻璃布的玻璃纤维丝的直径为 0.025mm，并均匀分布于不同方向，这可以确保聚酯树脂产品具有均匀的强度和良好的力学性能。一般抗拉强度在 246MPa 以上，抗弯强度在 392MPa 以上。这种聚酯分层塑料就是人们常说的玻璃钢（Glass Reinforced Plastics，GRD）。

图 1-38　塑料在轿车上的应用

玻璃钢车身的基本制作工艺：当模型准备好以后，用刷子或喷枪在它的上面涂抹一层液态聚酯树脂和硬化剂，然后覆以玻璃纤维或玻璃布，利用相应设备对玻璃纤维或玻璃布加压，这种程序需重复若干次，直到用这种方法制取的玻璃钢达到所需的厚度为止。玻璃钢自行固化后，再从模型上取下进行边角修整，这相当于金属车身壳体的一整套部件或焊接组合构件。

用玻璃钢制作的轿车车身壳体，有时只分为上下两个部分。如尺寸较大的车身壳体，要按车顶、车身侧体、后壁等分成六大板块。

2. 橡胶

橡胶是高弹塑性的高分子化合物，在很宽的温度（-150～50℃）范围内，能保持良好的弹塑性。橡胶具有一定的强度，不透气、不透水、耐磨、绝缘、吸振。缺点是易老化，易燃烧，耐油性差等。

橡胶按其来源不同，分为天然橡胶和合成橡胶，两者性能相近。天然橡胶是从橡胶树等植物中采集的一种高弹塑性物质，经特定工艺加工而成。合成橡胶是从石油、天然气等原料中提炼而成的,用来代替天然橡胶。橡胶广泛用于制造轮胎、密封制品、电绝缘材料、胶管等。

3. 玻璃

玻璃通常具有透明、硬而脆、隔声等特性,有艺术装饰作用和较好的化学稳定性。特制玻璃还具有隔热、防爆、防辐射等特殊功能。

汽车上大量使用玻璃,能使驾驶人有更好的能见度,视野开阔。汽车玻璃主要集中在前风窗、侧窗、车门窗及后窗上。汽车常用的玻璃种类有钢化玻璃、区域钢化玻璃(即半钢化玻璃)、夹层玻璃[国外汽车常采用高抗穿透性(HPR)夹层玻璃]和普通复合玻璃四种。其中夹层玻璃有聚乙烯醇缩丁醛夹层玻璃、聚丙烯酸甲酯夹层玻璃、醋酸纤维夹层玻璃和硝酸纤维夹层玻璃(此种应用较少)。现代汽车上使用的玻璃都是钢化玻璃和夹层玻璃。

玻璃的使用量占轿车自重的3%左右,占轿车车身质量的10%左右。对于客车、载货汽车而言比例要相对小些。

(1)钢化玻璃 通过淬火(钢化处理)可以使普通硅酸盐玻璃质地变得非常坚固。这种钢化玻璃是通过加热使之达到软化程度时(一般为600℃左右),向玻璃两面急速吹送冷风,通过急冷进行所谓"风淬"处理而得到的。玻璃表面冷硬后形成的压应力,使强度得到提高。钢化玻璃的强度和耐冲击能力要比普通玻璃高3~5倍。一旦受到碰撞损伤,就会瞬时变成带钝边的小碎块,不会给人员造成更大伤害。

然而,这个特点也有不好的一面,重度撞击使玻璃微粒的平衡一旦破坏,就立即成为整体破碎状态[图1-39(a)]。所以,这种全钢化玻璃不适合镶装在前风窗上。

(a)全钢化玻璃   (b)半钢化玻璃

图1-39 钢化玻璃

将玻璃部分淬火形成的半(局部)钢化玻璃,是指在驾驶人的主视线范围内不做淬火处理,其余部分则与全钢化玻璃相同;钢化与非钢化部分有逐渐的过渡[图1-39(b)]。

(2)夹层玻璃 夹层玻璃是针对淬火玻璃存在的不完善之处而产生的,它是迄今为止最适合于前风窗的安全玻璃。用两块或三块薄玻璃板,中间夹入聚丙烯酸甲酯或聚乙酸酯透明薄膜,使两层或三层玻璃粘接成为一体,形成夹层式安全玻璃。由于夹层玻璃中间的透明胶层能与玻璃取得一样的曲率,故透明度并不受夹胶层的影响。

夹层玻璃的抗弯强度虽不及钢化玻璃,但也相差不远。因为安全玻璃的弹塑性也是重要的评价指标之一,而夹层玻璃的弹塑性比钢化玻璃优越得多,而且还具备了钢化玻璃所没有的其他特性,如当汽车发生冲撞时的抗冲击能力和抵抗变形能力较强;当玻璃受到重创破损时,粘接起来的玻璃也不会像钢化玻璃那样顷刻变成碎片。许多试验和实践都证明,夹层玻璃可以有效减轻撞击事故发生时玻璃碎片对人员的伤害。

（3）特殊用途玻璃　特殊用途玻璃一般是在钢化玻璃基础上，通过专门的工艺加工出来具有特殊功能的汽车玻璃。为了使车窗玻璃具有遮挡阳光照射的功能，在硅酸盐玻璃中加入微量的钴（蓝色）、铁（红褐色）或其他金属元素，便成了能够抵抗紫外线照射的有色玻璃。有些有色玻璃还能随阳光的强弱自动变化色度，以减轻乘员眼睛的疲劳程度，增加了乘坐的舒适性。

前风窗的上部也适于着色，以遮挡阳光对驾驶人的照射。但这种有色玻璃的颜色是逐渐过渡的。在驾驶人正常视野范围内仍为无色透明的。还有，将能够接收无线电信号的天线夹在玻璃内或印制于玻璃表面，就使风窗玻璃有了接收无线电信号的功能；将电热金属粉按一定的宽度与间隔，在生产过程中与玻璃烧结在一起，通电后就有了除霜功效等。这些都是近年来汽车玻璃家族中涌现的有特殊功能的新产品。

四、复合材料及应用趋势

1. 复合材料

复合材料是由两种或两种以上化学本质不同的组分经人工合成的材料，其结构为多相，一类组成相为基体，起粘接作用；另一类组成相为增强相，用以增强材料的力学性能和提高材料的比强度、比刚度等。先进复合材料是比通用复合材料有更高综合性能的新型材料，它包括树脂基复合材料、金属基复合材料、陶瓷基复合材料和碳基复合材料等。先进复合材料具有高的比强度、高的比模量、耐烧蚀、抗侵蚀、抗核、抗粒子云、透波、吸波、隐身、抗高速撞击等一系列优点，是工业发展中最重要的一类工程材料。

单一成分的材料在其力学性能方面有些情况下很难满足需要，人们将多种单一材料采用各种方法混合在一起形成新的混合材料，也就是复合材料的雏形。现在常用的复合材料是在工业技术不断创新和发展的基础上发展起来的。

复合材料按性能可分为功能型复合材料和结构型复合材料两种；按基体分类可分为高分子基（PMC）、金属基（MMC）和陶瓷基（CMC）复合材料；按增强相的种类、形状分类，可分为颗粒状、层状和纤维增强复合材料。纤维增强复合材料应用最多，高分子基的纤维增强复合材料通常也称纤维增强复合塑料（FRP），金属的纤维增强复合材料也称纤维增强金属（FRM），陶瓷基的纤维增强复合材料也称纤维增强陶瓷（FRC）。纤维增强复合材料还包括碳纤维增强碳素复合材料（C/C），一般把它编入 CMC 范围。

在 FRP 材料中，应用最多的是 GFRP，即玻璃纤维增强塑料（俗称玻璃钢）。在 FRM 材料中，有连续纤维增强金属、晶须增强金属和粒子增强金属。在 FRC 材料中，有碳纤维系 FRC、陶瓷纤维系 FRC 和晶须纤维系 FRC，以及属于 CMC 类的 C/C 复合材料。

（1）树脂基复合材料　树脂基复合材料具有良好的成形工艺性、高的比强度、高的比模量、低的密度、抗疲劳性、减振性、耐蚀性、良好的介电性能、较低的热导率等特点，广泛应用于汽车制造工业中。树脂基复合材料可分为热固性和热塑性两类。热固性树脂基复合材料是以各种热固性树脂为基体，加入各种增强纤维复合而成的一类复合材料；而热塑性树脂则是一类线性高分子化合物，它可以溶解在溶剂中，也可以在加热时软化和熔融变成黏性液体，冷却后硬化成为固体。树脂基复合材料具有优异的综合性能，制备工艺容易实现，且原料成本低。

（2）金属基复合材料　金属基复合材料具有高的比强度、高的比模量、良好的高温性能、低热胀系数、良好的尺寸稳定性、优异的导电导热性。铝、镁、钛是金属基复合材料的主要基体，而增强材料一般可分为纤维、颗粒和晶须三类。碳纤维增强铝、镁基复合材料在具有高比强度的同时，还有接近于零的热胀系数和良好的尺寸稳定性。这类材料被广泛地应用于军事工业当中。

（3）陶瓷基复合材料　陶瓷基复合材料是以纤维、晶须或颗粒为增强体，与陶瓷基体通过一定的复合工艺结合在一起组成的材料的总称。由此可见，陶瓷基复合材料是在陶瓷基体中引入第二相组元构成的多相材料。它克服了陶瓷材料固有的脆性，已成为当前材料科学研究中最为活跃的一个方面。陶瓷基复合材料具有密度低、比强度高、热力学性能和抗热振冲击性能好的特点，是关键的支撑件材料之一。陶瓷材料的高温性能虽好，但其脆性大。改善陶瓷材料脆性大的方法有相变增韧、微裂纹增韧、弥散金属增韧和连续纤维增韧等。

2. 复合材料在汽车上的应用

高强度与高弹性模量的复合材料具有和金属材料相近的力学性能，在一定条件下有金属薄板所不能比拟的优点。如复合材料的质量很轻，节油效果明显；成形容易，制造成本低；耐腐蚀、热导率低，有利于隔声隔热；尺寸稳定性好；易于涂装等。所以，汽车车身轻量化的主要发展方向就是利用复合材料来替代部分金属材料。

目前在汽车上已经普遍应用的有：用玻璃纤维增强不饱和聚酯片状模塑料（SMC）制造的车身空气导流板、前翼子板和前挡泥板延伸部件、前照灯罩、发动机罩、装饰条、尾板等；用传递模塑工艺技术（RTM）制造的车身板件加强肋等；将树脂、填料、玻璃纤维等各种成分混炼成粒状料，然后模压成型，制造发动机室、挡板、空调器壳等。还有些复合材料在车身上的使用仍处于试验阶段，如用碳纤维复合材料（CFRP）制作的传动轴、悬架片簧、保险杠、车门、车身等，在不久的将来可实现大量应用。

3. 碳纤维复合材料

在碳纤维复合材料（CFRP）方面，由于碳纤维增强聚合物基复合材料有足够的强度和刚度，已在航天航空等领域广泛使用。它也是适用于制造汽车主结构——车身、底盘最轻的材料，受到汽车工业广泛重视。预计 CFRP 的应用可使汽车车身、底盘减轻质量 40%～60%，相当于钢结构质量的 1/6～1/3。用 CFRP 制造的板簧是 14kg，减轻质量 76%。但由于碳纤维增强复合材料的价格昂贵，碳纤维增强复合材料在汽车中的应用有限。为提高碳纤维增强复合材料的用量，发展廉价的碳纤维和高效率碳纤维增强复合材料的生产方法及工艺已成为汽车轻量化材料研究中的关键课题，并已取得了一些进展。

第三节　车身损伤的种类

一、车身损伤分析

轿车车身板件的损伤主要有两种形式：车身疲劳和自然损伤；人为损伤。

1. 车身疲劳和自然损伤

汽车随着使用年限的增加和运行里程的延续，虽没有发生意外事故，但也会逐渐磨损。

图 1-40 所示为自然损伤。由于道路不平引起的汽车颠簸振动、汽车发动机本身引起的自身振动等原因，都会使得汽车车身底板或某些部位产生变形或裂纹，引起整个车身变形、车门下沉、门缝间隙变大、车门关闭不严。汽车行驶时汽车钣金件的振动，各部连接件脱焊和开裂，会引起汽车车身振动噪声。图 1-41 所示为车身疲劳损伤（外饰件脱落）。

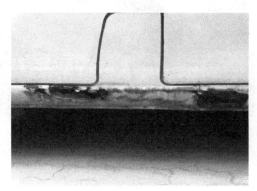 

图 1-40　自然损坏　　　　　　　图 1-41　车身疲劳损伤（外饰件脱落）

2. 人为损伤

轿车行驶速度快，时常会发生人为损伤。撞车和翻车是轿车车身损伤的一个重要原因。撞车表现为几种不同形式，有两车相撞、多车挤在一起互相碰撞；撞击其他物体而损伤，如撞在树上、电线杆上、墙上，或翻在沟里等。损伤主要有轻微损伤型、中等损伤型和严重损伤型等形式。

（1）轻微损伤型　轻微损伤型是指车身覆盖件钢板局部受损或小范围受损，无严重凹陷、延展和溃缩现象，而且车身的结构件没有受损。损伤部位没有伤及车身覆盖件的棱线和车身钢板的边缘部位，各部件之间的配合间隙没有发生变化。可以直接使用锤子以及顶铁在板件的背面进行钢板的修复工作，如车身的车门、发动机舱盖、后备厢盖、前翼子板以及车身其他覆盖件表面钢板的轻微碰撞变形。图 1-42 所示为车身前部碰撞的轻微损伤。

（2）中等损伤型　中等损伤型是指受伤面积小于 $300cm^2$ 以及局部框架变形或车身的表面覆盖件钢板有较大的延展、溃缩和凹陷的中等

图 1-42　车身前部碰撞的轻微损伤

程度的变形损伤。车身的外部表面钢板的流线条或车身外部钢板的边缘部位也受到损伤。在车身内侧无法直接用锤子和顶铁进行修复矫正工作，在进行车身的板面修复时需要辅助拆装一些与之相关联的零部件和装饰部件。图 1-43 所示为后翼子板碰撞损伤。

（3）严重损伤型　严重损伤型是指车身碰撞受损面积大于 $300cm^2$，而且车身的结构件已经产生严重变形，车身表面的覆盖件钢板有严重的延展、溃缩、凹陷和死褶的损伤，修复时必须在车身矫正设备上进行车身结构件的拉拔、伸展和敲打等矫正方式以及解剖矫正和解剖更换车身上的结构件和覆盖件等，如前纵梁、后备厢以及车身终端的结构件。图 1-44 所

示为发动机机舱严重变形。

图1-43　后翼子板碰撞损伤

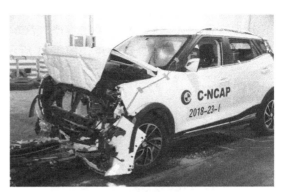

图1-44　发动机机舱严重变形

二、整体式车身碰撞损伤的类型

整体式车身碰撞损伤是按弯曲变形、断裂损伤、增宽变形和扭转变形的顺序进行的。

1. 弯曲变形

在碰撞的瞬间，由于汽车结构具有弹性，使碰撞振动传递到较远距离的大部分区域，从而引起中央结构上横向及垂直方向的弯曲变形。左右弯曲变形通常通过测量宽度或对角线来判别，上下弯曲变形通常通过测量车身部件的高度是否超出配合公差来判别。与车架式车身结构的弯曲变形相似，这种变形可能仅发生在汽车的一侧，如图1-45所示。

2. 断裂变形

如图1-46所示，在碰撞过程中，碰撞点会产生显著的挤压，碰撞的能量被结构的折曲变形吸收，以保护乘坐室。而较远距离的部位则可能会出现皱褶、断裂或者松动。可通过测量车身部件长度是否超出配合公差来判别是否为断裂变形。

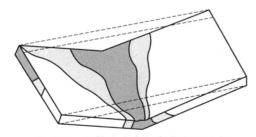

图1-45　整体式车身的弯曲变形示意

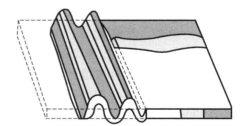

图1-46　整体式车身的断裂变形示意

3. 增宽变形

如图1-47所示，增宽变形与车架式车身上的左右弯曲变形相似，可以通过测量车身高度和宽度是否超出配合公差来判别。对于性能良好的整体式车身来说，碰撞力会使侧面结构偏向外侧弯曲，偏离乘客，同时纵梁和车门缝隙也将变形。

4. 扭转变形

如图1-48所示，整体式车身的扭转变形与车架式车身的相似，可以通过测量其高度和宽度是否超出配合公差进行判别。由于扭转变形是碰撞的最后结果,即使最初的碰撞直接作用在中心点上,但再次的冲击还是能够产生扭转力引起汽车结构的扭转变形。

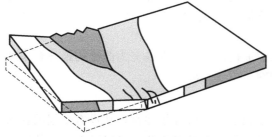

图1-47 整体式车身的增宽变形示意

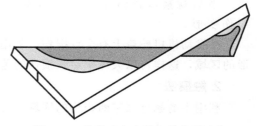

图1-48 整体式车身的扭转变形示意

除无菱形变形外,整体式车身和车架式车身上的变形类型极为相近,但是整体式车身的损伤要复杂得多。整体式车身的修理与车架式车身的修理步骤一样,采用"后进先出"的方法,首先矫正最后发生的损伤,这是修复整体式车身的最佳方法。

三、评价损伤范围方法

合理、快速、有效地评价板件的损伤范围,不仅可以快速地确定维修的措施及费用,而且为板件的整形步骤提供一定的依据。

1. 目测法

大多数情况下,在碰撞部位能够观察出结构损伤的迹象。用目测检查后,进行总体估测,从碰撞位置估计汽车受撞方向及损伤程度,判断碰撞如何扩散并造成损伤。

(1) 检查车身上容易识别的损伤部位 检查中,要特别仔细地观察板件连接点有没有错位断裂,加固材料(如加固件、盖板、加强筋、连接板)上有没有裂缝,各板件的连接焊点有没有变形,油漆层、内涂层及保护层有没有裂缝和剥落,以及零件的棱角和边缘有没有异样等。

(2) 检查车身部件的间隙和配合 车身上的车门、翼子板、发动机舱盖、后备厢盖和车灯之间的配合间隙都有一定的尺寸要求,通过观察和测量它们之间间隙的变化,可以判断发生了哪些变形,图1-49所示为目视检查。

图1-49 目视检查

图1-50 点损伤的检查

（3）利用光线的折射来判断损伤范围　车漆都有一定的反光性，人对着光源站立并与车身成一定角度，如果光线折射一致，则说明此处光线没有变形；如果光线折射散乱，说明此处属于损伤区域。也可以在车外选择一个参照物，最好是直线发光体，然后观察该物体在车漆内的投影，如果投影在车漆内变形，则说明这个地方有损伤变形。

在发动机机舱盖上有个点损伤，利用物体在漆面内的倒影，直线变为曲线的地方就是变形的区域，这样可以大体确定该损伤的范围，如图1-50所示。

2. 触摸法

利用手的触感来判断损伤的区域。首先要戴上棉手套，将五指伸直，从没有受损的区域向受损区域轻缓移动，根据板件表面的凹凸感来判断损伤的变形范围。图1-51所示为触摸法检查损伤范围。

图1-51　触摸法检查损伤范围

这种判断方法较准确也比较快速，但是精确度不够。在板件的整形过程中，这种方法也可以帮助维修人员快速地判断整形效果。

3. 测量法

利用钢直尺与板件之间的间隙来判断损伤的区域。图1-52所示为利用钢直尺检查损伤区域。正常情况下，板件与钢直尺之间的间隙应该为零，随着板件凹陷程度增加，与钢直尺之间的间隙也变大。钢直尺从上往下移动，最开始出现间隙的地方则为损伤变形的最上端，随着钢直尺往下，间隙最宽的地方则是变形最宽的地方，间隙最后消失的点则为损伤变形的最下端。最后用专用笔做好记录，画出损伤的变形区域。图1-53所示为画出损伤区域。

该方法可以精确地确定损伤的变形区域，为整形提供有利依据。但是这个方法不适用于大面积的损伤判断，也不适用于曲面的损伤判断。

图1-52　利用钢直尺检查损伤区域

图1-53　画出损伤区域

第四节　车身碰撞损伤分析

汽车车身不仅能够经受住日常驾驶中的振动及载荷，还要在碰撞中能给乘客提供安全保护。因此汽车前部车身和后部车身要设计得在某种程度上容易损坏，以形成一个能吸收碰撞能量的结构，同时中部车身要保证设计得结实牢固，给乘客提供一个安全的生存空间。在进行碰撞修复前首先要熟悉汽车碰撞的相关知识。

一、汽车碰撞信息

在汽车发生碰撞时，汽车车身的前部和后部都要在某种程度上损坏，这样才能吸收碰撞能量，并保证汽车有足够的安全空间避免驾乘人员受伤。图 1-54 所示为汽车车身变形区域和安全区域，从图中可以看出，汽车的发动机室和后备厢处于变形区域，而乘员室处于安全区域。当汽车以 48km/h 的速度撞上障碍物时，发动机室的长度会被压缩 30%～40%，但乘员室的长度仅被压缩 1%～2%。

图 1-54　汽车车身变形区域和安全区域

为了能够保质保量地修复好汽车车身，在进行修复工作之前，必须先对汽车车身的碰撞损坏进行精确的诊断，确定导致变形的主要原因、损坏的类型、严重程度并分析损坏的范围，找到受损部件。之后，再根据检测结论制定修复步骤。如果没有对受损车辆进行精确的诊断，那么修复工作就很难进行，甚至会造成返工。

二、汽车碰撞情况分析

1. 影响碰撞变形的因素

汽车碰撞时，产生的碰撞力及受损程度取决于事故发生时的状况。通过了解碰撞的过程，能够部分地确定出汽车损伤。定损评估人员可以通过顾客了解到关于事故状况的信息。这种损伤评估的方法是极为必要的，它便于估算出修理的费用。因此，车身维修人员还应与定损人员做好交流。车身维修人员应当考虑以下因素对碰撞变形的影响。

① 被碰撞汽车的尺寸、构造、碰撞位置。
② 碰撞时汽车的车速。
③ 碰撞时汽车的角度和方向。
④ 碰撞时汽车上乘客、货物的数量及位置。

一个优秀的车身维修人员在深入掌握事故信息后，通常能够分析确定碰撞引起损伤的真实原因。

2. 蹭伤损伤

由于碰撞发生前驾驶人会有预先反应，某些类型的撞伤多数会以一定的形式和次序发生。如果驾驶人的第一反应是要绕离危险区，汽车的侧面会被碰撞蹭伤，如图1-55所示，严重时会引起汽车前部、中部或后部的弯曲变形。

3. 碰撞的位置高低对碰撞损伤的影响

当发生碰撞时，驾驶人猛踩制动踏板，则损伤的是汽车的前部。当碰撞点在汽车前端较高部位（图1-56），就会引起车壳和车顶后移及后部下沉；当碰撞点在汽车前端下方（图1-57），因车身惯性使汽车后部向上变形、车顶被迫上移，在车门的前上方与车顶板之间形成一个大缝隙。

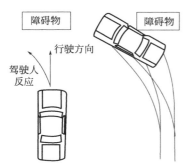

图1-55 汽车侧面碰撞蹭伤

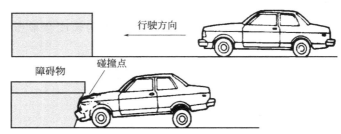

图1-56 车身前部高点位置的碰撞

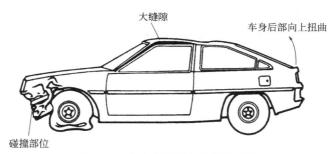

图1-57 车身前部低点位置的碰撞

4. 碰撞物不同对变形的影响

两辆相同的车，以相同的车速碰撞，当撞击对象不同时，撞伤结果差异很大。如图1-58所示，汽车撞上电线杆和撞上一堵墙壁，结果就大不一样。如果撞上墙壁，其碰撞

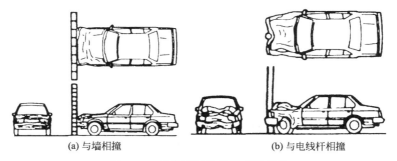

(a) 与墙相撞　　　　　　　　(b) 与电线杆相撞

图1-58 碰撞不同物体的碰撞结果

面积较大,损伤程度就较轻;相反,撞上电线杆,因碰撞面积较小,其撞伤程度较严重,汽车保险杠、发动机罩、水箱框架、水箱等部件都严重变形,发动机也被后推,碰撞影响还会扩展到后部的悬架等部位。

5. 行驶方向对碰撞损伤的影响

当横向行驶的汽车撞击纵向行驶的汽车的侧面时(图1-59),纵向行驶的汽车的中部会产生弯曲变形,而横向行驶的汽车除产生压缩变形外,还会被纵向行驶的汽车向前牵引,导致弯曲变形。从此例看出,横向行驶的汽车虽然只有一次碰撞,但损伤却发生在两个方向。在十字路口汽车碰撞中,这种情况常常见到。另外,也可能发生两种碰撞而损伤却在一个方向上。

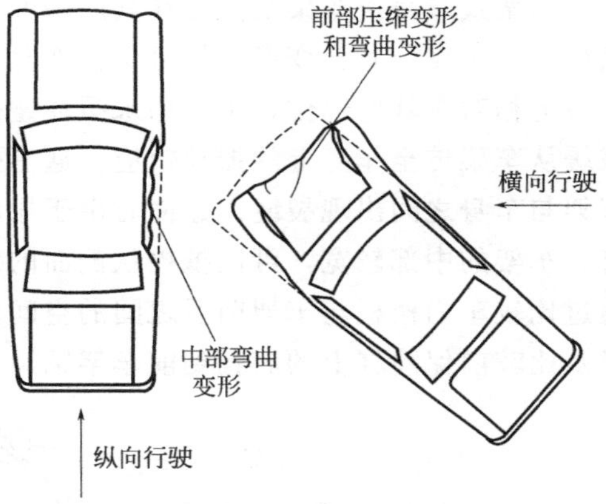

图 1-59 车辆侧部碰撞

6. 车辆的不同对碰撞损伤的影响

不同类型的车辆碰撞时,产生的变形也不一样。由图1-60和图1-61可以看出,碰撞车辆质量越大,被碰撞车辆的变形和损害也越大。

图 1-60 两辆普通轿车碰撞

图 1-61 一辆普通轿车和一辆 SUV 车碰撞

7. 碰撞力方向的影响

碰撞力的损坏程度还取决于碰撞力与汽车质心相对应的方向。碰撞力的延长线不通过汽车的质心,一部分冲击力将形成使汽车绕着质心旋转的力矩,该力矩使汽车旋转,从而减少冲击力对汽车零部件的损坏;碰撞力指向汽车的质心,汽车就不会旋转,大部分能量将被汽车零件所吸收,造成的损坏是非常严重的,如图1-62所示。

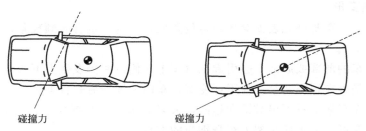

图 1-62 碰撞力方向对损伤程度的影响

三、车架式车身的碰撞变形

车架式车身由车架及围接在其周围的可分解的部件组成,车身的前部和后部具有上弯的结构,发生碰撞时会变形,但可保持车架中部结构的完整。图 1-63 中圈出的部位为车架式车身上相对柔软的部位,主要用来缓冲碰撞冲击。车身与车架之间有橡胶垫间隔,橡胶垫能减缓从车架传至车身上的振动效应。遇有强烈振动时,橡胶垫上的螺栓可能会折弯,并导致车架与车身之间出现裂缝。碰撞时由于振动的大小和方向不同,车架可能遭受损伤而车身没有。车架的中部较宽,可以抵挡从侧面的碰撞冲击,以保护乘客的安全。车架是否变形,可通过比较车门槛板与车架前后之间的空间尺寸,比较前翼子板与轮罩前后之间的空间尺寸,以及比较前保险杠上的后孔到前车架钢梁总成之间左右尺寸的大小来确定。

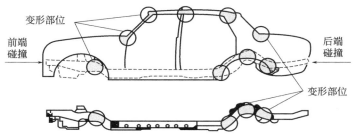

图 1-63 车架式车身碰撞变形部位

车架碰撞时的变形,大致可分为以下 5 种类型。

1. 左右弯曲变形

当汽车一侧被碰撞时,应观察被撞一侧钢梁的内侧及另一侧钢梁的外侧是否有皱曲,车门长边上有无裂缝和短边上是否有皱褶,或汽车被撞一侧是否有明显的碰撞损伤,车身和车顶盖是否有错位等情况,可确定是否有左右弯曲变形。如图 1-64 所示为车架前部、中部和后部的左右弯曲变形。

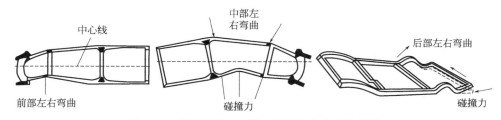

图 1-64 车架前部、中部、后部的左右弯曲变形

2. 上下弯曲变形

当汽车被撞后,车身外壳表面会比正常位置低,结构上也有后倾现象,这就发生了上下弯曲变形(图 1-65)。

直接碰撞汽车的前部或后部,会引起在汽车上一侧或两侧发生上下弯曲。可以从翼子板与门之间的缝隙是否在顶部变窄、在下部变宽,车门在撞击后是否下垂,判别出是否有上下弯曲变形。即使在车架上看不出皱褶和扭曲,大多数车辆碰撞损伤中都会有上下弯曲变形。严重的上下弯曲变形也能破坏车架上车身钢板的准直。

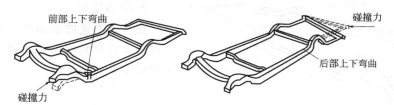

图 1-65　车架前部和后部的上下弯曲变形

3. 断裂变形

汽车发生碰撞后，当观察到：发动机罩前移或后车窗后移；车身上的某些部件或车架元件的尺寸小于标准尺寸；车门可能吻合得很好，但挡板、车壳或车架的拐角处皱褶或有其他严重的变形；车架在车轮挡板圆顶处向上提升，引起弹性外壳损坏和保险杠会有一个非常微小的垂直位移，这些都表明车身上发生了断裂变形（图 1-66）。

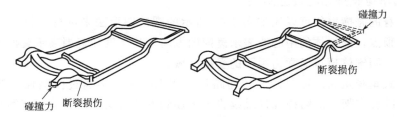

图 1-66　车架的断裂变形

4. 菱形变形

当车辆前部（或后部）的任一侧角或偏心点受到撞击时，车架的一侧向后（或向前）移动，车架或车身歪斜近似平行四边形的形状，这种变形称作菱形变形（图 1-67）。菱形变形是整个车架的变形，可以明显看到发动机罩及后备厢盖发生错位；在接近后车轮罩的相互垂直的钢板上或在垂直钢板接头的顶部可能出现皱褶；在乘坐室及后备厢底板上也可能出现皱褶和弯曲。此外，菱形变形还会附加有许多断裂及弯曲的组合损伤，但菱形变形很少会发生在整体式车身上。

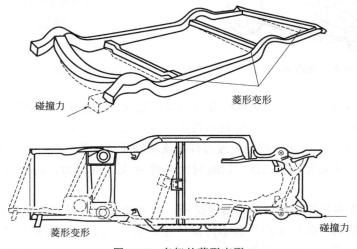

图 1-67　车架的菱形变形

5. 扭转变形

当汽车高速撞击到路缘石或路中隔离栏或车身后侧角端发生碰撞时，就可能发生扭转变形（图1-68）。发生扭转变形后，汽车的一角会比正常情况高，而相反的一角则会比正常情况低；汽车的一角会前移，而邻近的一角很可能被扭转向下。若汽车的一角下垂接近地面，就应对汽车进行扭转损伤检查。要特别注意的是，扭转变形往往隐藏在底层，也可能在钢板表面检查中看不出任何明显的损伤。

图1-68 车架的扭转变形

四、整体式车身的碰撞变形

1. 整体式车身碰撞力的传递路径

整体式车身的碰撞损伤可以用如图1-69所示的圆锥图形法来进行分析。将目测撞击点作为圆锥体的顶点，圆锥体的中心线表示碰撞的方向，其高度和范围表示碰撞力穿过车身壳体扩散的区域。圆锥体顶点通常为主要的受损区域。

（1）整体式车身正面碰撞时的力传递路径　正面碰撞时力通过保险杠支架传递到车辆内。固定在保险杠支架上的防撞元件继续将力传递到发动机支架内。前桥架梁与弹簧支座共同作用的结果可有目的地实现变形吸能性能。即使车辆的碰撞接触面很小，碰撞力也能通过保险杠横连杆、侧面防撞梁、前围和前桥架梁分散到车辆左、右两侧，如图1-70所示。

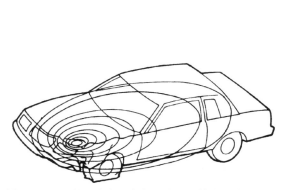

图1-69 用圆锥图形法确定碰撞对整体式车身的影响

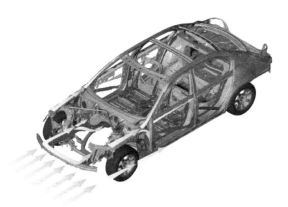

图1-70 正面碰撞时的力传递路径

同时，碰撞力通过发动机支架继续分散到底板总成、通过发动机至前隔板加强件传递到变速箱传动轴盖板、通过车轮传递到轮罩内车门槛加长件的变形吸能区以及A支柱加强区域和侧框架，如图1-71所示。碰撞力通过弹簧支座和轮罩上的支架传递到侧框架也很重要。通过弹簧支座后的支架变形吸能区可以限制传递到A支柱内的力，同时可以降低A支柱附近车厢的负荷。

（2）整体式车身侧面碰撞时的力传递路径　如果侧面碰撞时可移动障碍物撞到车辆上，那么碰撞力首先从侧面防撞保护件和车门锁传递到A支柱、B支柱和C支柱。继续变形时侧面防撞保护件的安全钩会钩在B支柱和C支柱上。此外，车门内板也会支撑在车门槛上

（通过结构上的重叠实现）。这样整个侧围即可非常牢固地连接在一起。这表示从这个阶段起，碰撞力通过整体式的侧框架结构作用在车厢上，如图1-72所示。

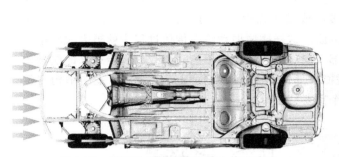 

图1-71　正面碰撞时底板上的力传递路径　　　　图1-72　侧面碰撞时的力传递路径

如果碰撞更严重，那么车门槛将相应的力通过座椅横梁传递至变速箱传动轴盖板的连接支架和变速箱支架以及底板的后部横梁，最后传递至车身的另一侧。与此同时，力也会通过车顶传向对侧。在不带活动天窗的车辆上，车顶弓形架的作用是将力传递至车辆另一侧。在带有活动天窗的车辆上，刚性很强的活动天窗框架可将力继续传递到对侧。如果B支柱变形后挤压座椅，那么坚硬的座椅架会将所出现的力通过变速箱传动轴盖板传递到车辆对侧。

（3）整体式车身尾部碰撞时的力传递路径　发生尾部碰撞时，碰撞力通过保险杠支架及变形元件传递到车辆两侧，如图1-73所示。碰撞速度低于15km/h时，这些元件作为变形吸能区可以用较低的维修费用更换。碰撞速度较高时各纵梁才会出现变形现象。通过后桥架梁和车轮，作用在车辆整个宽度上的负荷由后部底板和整个车门槛承受。在上部区域的力主要由后部侧围吸收及传递。侧围将力传递至C支柱和车顶，同时将一部分力通过车门向前传递。

车尾碰撞时底板上的力传递路径如图1-74所示。在侧框架和后桥架梁承受高负荷的区域安装了附加的加强件。其他碰撞力通过传动轴传递到发动机和变速箱上，以及废气装置和蓄电池上。此外，传动轴也是特殊的变形吸能区。铝合金传动轴由中间轴承的锥形法兰吸能，钢传动轴由反拉伸管吸能。由于后桥前的燃油箱位置比较有利，所以车尾碰撞时一般不会造成燃油系统损坏。

 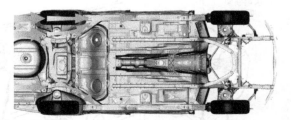

图1-73　车尾碰撞时侧围内的力传递路径　　　　图1-74　车尾碰撞时底板上的力传递路径

2. 整体式车身碰撞吸能区

由薄钢板连接成的车身壳体，在碰撞中能吸收大部分振动。其中一部分碰撞能量被碰撞区域的部件通过变形吸收掉，另一部分能量会通过车身的刚性结构传递到远离碰撞的区域，这些被传递的振动波引起的影响称为二次损伤。二次损伤会影响整体式车身的内部结构或与被撞击相反一侧的车身。为了控制二次损伤变形，汽车在前部和后部设计了吸能区（抗挤压区域），如图 1-75 所示。前保险杠支撑、前纵梁、挡泥板、发动机罩、后保险杠支撑、后纵梁、挡泥板、后备厢盖等部位，设计为波纹或结构强度上的局部弱化，如图 1-76 所示。在受到撞击时，它们就会按照预定的形式折曲，这样碰撞振动波在传送过程中就被大大减小直至消散。中部车身有很高的刚性，把前部（或后部）吸能区不能完全吸收而传过来的能量传递到车身的后部（或前部），引起远离碰撞点部件的变形，从而保证中部乘客室的结构完整及安全。这是现代汽车安全性设计的一个重要特点。

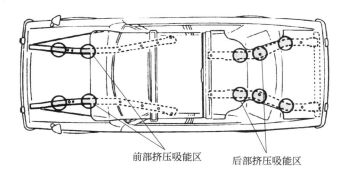

图 1-75　整体式车身的吸能区

图 1-76　前部车身的吸能区设计

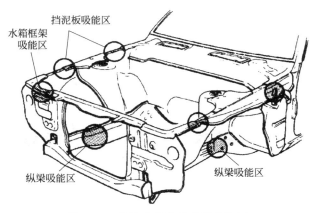

图 1-77　整体式车身的前部吸能区

（1）整体式车身前部碰撞吸能部件　在所有碰撞中，超过 70% 的碰撞发生在汽车的前部。在碰撞力比较小时，由前部的保险杠、保险杠支撑等变形来吸收能量，碰撞剧烈时，前面的纵梁等能很好地吸收能量，如图 1-77 所示。前纵梁作为前部最坚固的部件，不仅有承载前部其他部件和载荷的能力，在碰撞中它还作为主要吸能元件通过变形吸收碰撞能量。

① 在车身前部主要吸收能量的部

件是前纵梁，如图 1-78 所示为不同吸能型的前纵梁。

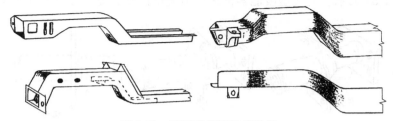

图 1-78　不同吸能型的前纵梁

② 橡胶吸能装置。橡胶垫装在吸能器和车架纵梁之间，如图 1-79 所示。当受到碰撞时，吸能器受力后移，橡胶受力压缩，吸收冲击能量。当碰撞冲击力减小时，橡胶垫和保险杠恢复到原始位置。

检查时应该检查吸能器的固定轴和固定板是否弯曲，橡胶垫是否撕裂，如图 1-80 所示。当固定轴出现弯曲或者橡胶垫脱离安装位置时，吸能器就必须更换。

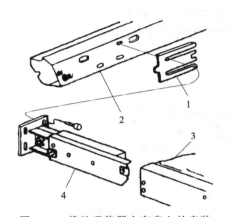

图 1-79　橡胶吸能器在车身上的安装
1—垫片；2—保险杠支架；3—前纵梁；4—吸能器

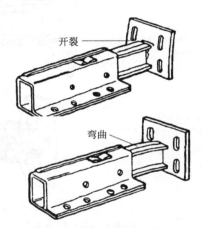

图 1-80　橡胶吸能器的损坏

③ 充气或充液型吸能器。这种类型的吸能器主要由浮动活塞、活塞缸、液压油、计量杯等组成，如图 1-81 所示。浮动活塞右腔充满惰性气体，浮动活塞左腔是液压油。当受到碰撞冲击时，浮动活塞推动缸筒向右运动，液压油通过一个小孔流进活塞缸中，这样通过液体的流动吸收冲击能量。当冲击力释放时，液压油从活塞缸中流出，使保险杠恢复到原来的位置。

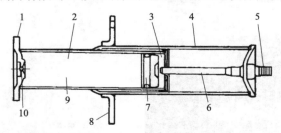

图 1-81　通用汽车使用的吸能器剖面结构
1—保险杠托架；2—活塞缸；3—液压油；4—缸筒；5—安装螺栓；
6—计量杆；7—浮动活；8—车架托架；9—气体；10—密封钢珠

对吸能器进行检查时,要注意检查是否有开裂、凹陷、弯曲、渗漏等情况。充液型吸能器的损坏如图 1-82 所示。充气型吸能器损坏后不能矫正或焊接,必须予以更换。

图 1-82 充液型吸能器的损坏

④ 弹簧吸能器。主要由内外缸筒、储液腔和弹簧组成,其结构如图 1-83 所示。工作原理是用弹簧吸收碰撞冲击的动能,碰撞力释放后迫使保险杠恢复到原来的位置。

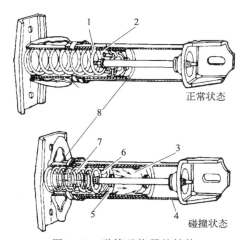

图 1-83 弹簧吸能器的结构

1—回位弹簧;2—碰撞后油液返回储液腔路径;3—碰撞过程油液聚集区;
4—外缸筒;5—阀门;6—液孔;7—储液腔;8—内缸筒

⑤ 压溃型吸能器。压溃型吸能器在现代汽车上广泛采用,其结构如图 1-84 所示。它的工作原理是在碰撞时通过部件本身的压缩变形吸收能量,受到损伤后必须更换。如图 1-85 所示为压溃型吸能器碰撞挤压后的状态。

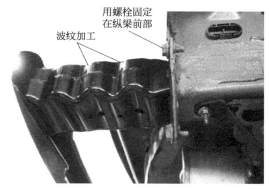

图 1-84 压溃型吸能器结构

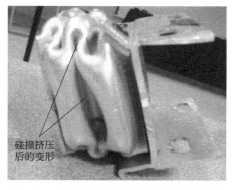

图 1-85 压溃型吸能器碰撞挤压后的状态

检查时通过比较两个吸能器的长度,就可以确定是否有变形。

⑥ 泡沫垫层吸能器。用厚的甲酸酯泡沫垫以夹层的形式装在保险杠和塑料护罩之间,其结构如图1-86所示。泡沫垫层吸能器在进口车型和运动车型上较常见。

(2)整体式车身中部碰撞吸能部件 当碰撞发生在车身中部时,碰撞能量通过车门、门槛板、中柱等部件的变形来吸收。为了保证乘客室的完整及乘客的安全,在中部的区域如中柱、门槛板采用一些高强度钢板甚至超高强度钢板,在车门内部采用超高强度钢板制造加强防撞杆(板)来保护乘客安全,如图1-87所示。

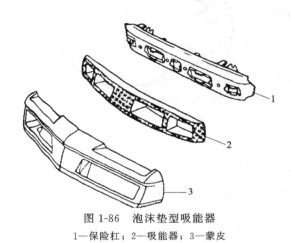

图1-86 泡沫垫型吸能器
1—保险杠;2—吸能器;3—蒙皮

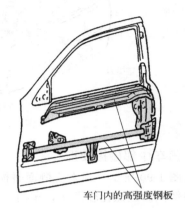

图1-87 车门内的高强度钢板

如果吸能区在设计中没有很好地考虑吸能效果,或者修复后破坏了吸能区的结构,那么吸能区将不能很好地吸收碰撞能量,会造成中部乘客室严重变形,威胁乘客的安全。

3. 汽车前部碰撞变形

如图1-88所示为汽车前部碰撞变形过程。前部碰撞的冲击力取决于汽车的质量、速度、碰撞范围及碰撞物。碰撞程度比较轻时,保险杠会被向后推,前纵梁、保险杠支撑、前翼子板、散热器支座、散热器上支撑和机罩锁紧支撑等也会折曲。

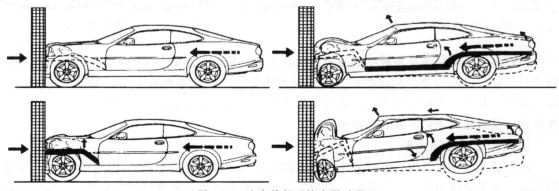

图1-88 汽车前部碰撞变形过程

如果碰撞的程度剧烈,那么前翼子板就会弯曲而触到前车门,发动机罩铰链会向上弯曲至前围上盖板,前纵梁也会折弯到前悬架横梁上并使其弯曲。如果碰撞力量足够大,前挡泥板及前车身立柱(特别是前门铰链上部装置)将会弯曲,并使车门松垮掉下。另外,前纵梁会发生皱折,前悬架构件、前围板和前车门平面也会弯曲。

如果从某一角度进行正面碰撞,前纵梁的连接点就会成为旋转中心。由于左面和右面的前侧构件是通过前横向构件连接在一起的,则碰撞引起的振动就会从碰撞点一侧传递至另一侧的前部构件并引起其变形,如图1-89所示。

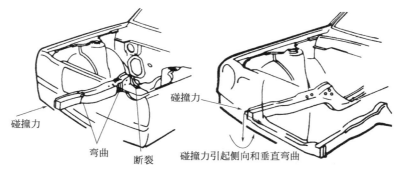

图1-89 前纵梁的弯曲及断裂效应

4. 汽车中部碰撞变形

如图1-90所示,当发生侧面碰撞时,车门、前部构件、车身中立柱以及地板都会变形。如果中部侧面碰撞比较严重,车门、中柱、车门槛板、顶盖纵梁都会严重弯曲,甚至相反一侧的中柱和顶盖纵梁也朝碰撞相反方向变形。随着碰撞力的增大,车辆前部和后部会产生与碰撞相反方向的变形,整个车辆会变成弯曲的香蕉状,如图1-91所示。

图1-90 碰撞的中部变形

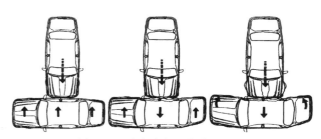

图1-91 汽车中部碰撞变形过程

当前翼子板或后顶盖侧板受到垂直方向较大的碰撞时,振动波会传递到汽车相反一侧。当前翼子板的中心位置受到碰撞时,前轮会被推进去,振动波也会从前悬架横梁传至前纵梁。这样,悬架元件就会损伤,前轮的中心线和基线也都会改变。发生侧向碰撞时,转向装置的连杆及齿轮齿条的配合也将被损坏。

5. 汽车后部碰撞变形

汽车后部碰撞时其受损程度取决于碰撞面的面积、碰撞时的车速、碰撞物及汽车的质量等因素。如果碰撞力小,后保险杠、后地板、后备厢盖及后备厢地板可能会变形。如果碰撞力大,相互垂直的钢板会弯曲,后顶盖顶板会塌陷至顶板底面。而对于四门汽车,车身中立柱也可能会弯曲,如图1-92所示。

在汽车的后部由于有吸能区,碰撞时一般只在车身后部发生变形,保护中部乘客室的完整和安全。

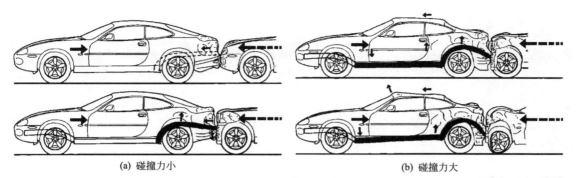

(a) 碰撞力小　　　　　　　　　　　　　　(b) 碰撞力大

图 1-92　汽车后部碰撞力不同时受损情况

6. 汽车顶部碰撞变形

当坠落物体砸到汽车顶部时，除车顶钢板受损外，车顶纵梁、后顶盖侧板和车窗也可能同时被损伤。在汽车发生翻滚时，车的顶部顶盖、立柱，车下部的悬架会严重损伤，悬架固定点的部件也会受到损伤。

如果车身立柱和车顶钢板弯曲，那么相反一端的立柱同样也会损坏。由于汽车倾翻的形式不同，车身的前部及后部部件的损伤也不同。就这些情况而言，汽车损伤程度可通过车窗及车门的变形状况来确定，如图 1-93 所示。

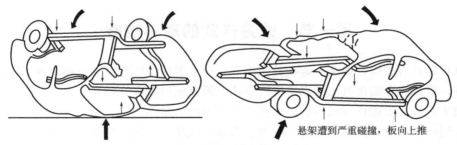

悬架遭到严重碰撞，板向上推

图 1-93　汽车翻滚碰撞变形过程

第二章
钣金维修基本技能

钣金作业在车身维修作业中占据重要的技术地位，也是钣金维修中的一项基础性作业。尤其是现代流行的全承载式车身，在结构上普遍采用了应力壳体式框架结构，任何构件、支承、连接板等局部变形，都会直接影响汽车的整体性能。

第一节 钣金作业的基本技能

金属材料具有塑性，即在一定载荷作用下，产生塑性变形而不被破坏。利用金属材料的这个性质，可以将金属板材加工成所需的形状。钣金成形技术就是要在掌握平、直、圆三要素的基础上，以手工操作方式将板材制作成不同形状的制件。

钣金制作中弯曲、拱曲、咬缝、制肋、收放、拔缘等，是车身维修作业的基本技能，它不仅在钣金作业中占有很大的工作量，而且对维修效率和品质有较大的影响。

一、弯曲

板料弯曲时，变形的区域在零件的圆角部分，平直区域基本不变形。变形区域的内层受压缩短，外层材料受拉伸长，中性层在材料厚度正中，其长度不变。图 2-1 所示为板料弯曲时的变形。

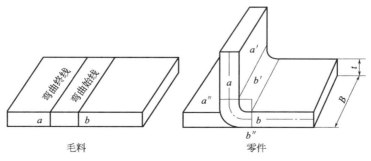

图 2-1 板料弯曲时的变形

（1）最小弯曲半径　最小弯曲半径是指弯曲零部件的内弯曲半径所允许的最小值。

（2）弯曲件的回弹　板料在塑性弯曲中有弹性变形，当弯曲零部件从模具中被取出后由于弹性变形恢复，使工件产生角度和弯曲半径的变化，这种现象叫作回弹。

影响回弹的因素如下。

（1）材料力学性能的影响　材料的弹性极限 δ 越高，回弹越大。

（2）弯曲程度的影响　变形程度用材料的相对弯曲半径 R/t 表示，相对弯曲半径 R/t 值越大，零件变形程度小，回弹越大；反之，R/t 值越小，回弹越小。

钣金构件的弯曲属于简单的成形作业，利用折弯设备可进行批量加工；也有利用手工进行弯曲作业的，适合单件制作与现场操作。车身钣金维修作业中多以角形弯曲构件为主，如⌊、⊏、▢、⊓、⌐等形。弧形弯曲以筒形构件的制作最为典型。角形弯曲成形的质量关键是直线（或相互垂直的直线）的加工与制作（图2-2），基本操作要领是按要求画好弯曲线并确保弯曲的角度。筒形的制作则需要过渡圆滑，且与要求的弧度一致。

1. 角形弯曲

（1）⌊形弯曲　弯曲⌊形板料的操作过程，可以对照图2-3和图2-4所示的步骤进行。

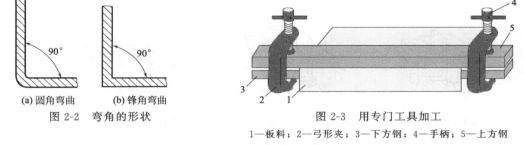

图2-2　弯角的形状
(a) 圆角弯曲　(b) 锋角弯曲

图2-3　用专门工具加工
1—板料；2—弓形夹；3—下方钢；4—手柄；5—上方钢

将弯曲线对正下方，夹持方钢的棱角并夹牢，用木槌直接敲击使其折弯（适于厚度小于1.5mm的钢板），也可将木块垫在欲弯曲处用锤子敲击折弯。当板料较厚或强度较高时可以直接用锤子敲打。对于较宽的板料（即弯边较长时），可以用手将其扳弯后再由下至上（从钳口开始）锤击，也可以一边用手掀住［图2-4(a)］，一边用木槌将其弯曲成形。对于过长的板料，还需要借助角钢或简易夹具来完成［图2-4(b)］。但无论如何，锤击部位均应沿棱角的边缘从一端逐渐向另一端。需要弯角的棱线比较清晰时，可于弯曲大致完成后，用平锤沿折边轻轻敲击找细。

板料弯曲成⌋形以后，通常还要大致验证一下弯曲角度。直角的验证方法比较容易，但有些摇把形弯件的折角往往大于90°。一般除按要求处理好夹角外，更主要的是应确保两板

(a) 用锤子加工　(b) 借助角钢或简易夹具加工

图2-4　⌊形板料的弯曲

平面的平面度。因为这类弯件在装配时，大多数场合都对两平面间的夹角有公差要求，成形过程中应不断进行检查和调整。

（2）⊏形弯曲　⊏形弯曲仍以⌐形弯曲为基础，按图2-5（b）所示方法先弯曲一个直角后，再按图2-5（c）所示方法弯折成槽形。如果将板边扳向另一边，就形成了⊓形构件［图2-5（d）］。与加工J形构件不同的是，弯角应略大于90°为宜。因为在成形过程中（尤其是较长的J形构件），往往会伴随着局部变形，如槽底的凹凸和弯边呈波浪形等。对此，可用平锤将槽底修平并将棱线理齐，最后再用平锤修整弯边的波形。显然，在修整两弯角直线时，弯边与槽底的夹角还会有所变化。

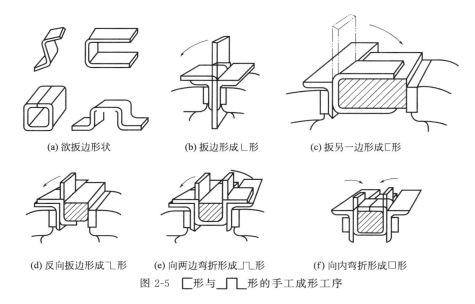

(a) 欲扳边形状　　(b) 扳边形成⌐形　　(c) 扳另一边形成⊏形

(d) 反向扳边形成⊓形　(e) 向两边弯折形成⊓形　(f) 向内弯折形成口形

图2-5　⊏形与⊓形的手工成形工序

⊓形和口形的弯曲都是在⌐形基础上完成的。按图2-5（e）所示方法，将槽形件夹持在台虎钳上并对准弯折线，向外弯曲并敲平便成为⊓形构件。如果改为向内弯曲并敲平，则成为口形构件［图2-5（f）］。

弯曲板料最好不直接使用钳口作棱线基准，以防止因经常性锤击而使钳口发生损伤。

车身维修中遇到的弯边成形作业，还可以用图2-6所示的专用弯边器（或称扳边钳），比起手工操作来，更加快捷、整齐。

2. 弧形弯曲

弧形弯曲作业的目的是将板件弯曲成形为符合要求的弧形或筒形。利用卷板机可批量制作成符合图样要求的弧形或筒形构件；手工弯曲则更易满足现场使用要求。

弧形弯曲的操作程序如图2-7所示。加工筒形构件时，第一步先在两侧各1/4处分别敲成圆弧形状，然后由两侧向中间推进敲成圆弧。为了保证制成的圆弧或筒形构件与图样相符，可预先按要求用硬纸板做出样板，供制作过程中与之比较。

当筒形构件接近合拢时，应注意各段圆弧曲线的过渡，通过对非圆滑部分的修整达到整体形状的一致。

如果需要在同一板件上进行不同方向的弧形弯曲，其操作方法亦与之基本相同，只不过是需要借助一些木块和垫板，夹在板件中按要求分段操作即可。

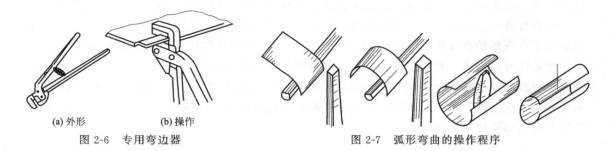

(a) 外形　　(b) 操作

图 2-6　专用弯边器

图 2-7　弧形弯曲的操作程序

3. 复杂形状工件的弯曲

如图 2-8 所示，用垫铁和手锤配合进行弯曲，一只手持垫铁在工件背面垫托，垫铁的边缘要对准弯折线；另一只手持手锤从正面弯折线处敲击，边敲击边移动垫铁，循序渐进，使工件边缘逐渐形成弯曲。

二、拱曲

车身上的拱形构件也比较常见，加之车身覆盖件多为曲面（单曲面或双曲面）形状，车身维修作业（挖补、修复）同样需要成形的拱曲构件。所谓拱曲，就是利用对板料的"边收中放"成为所需形状，如半球形、碟形、半壳形等。拱形件的制作分为冷拱曲和热拱曲两种。

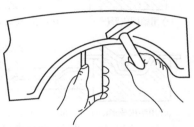

图 2-8　复杂形状工件的弯曲

1. 冷拱曲

冷拱曲的基本原理是，使板料的边缘起皱向里收，将中间打薄向外延展，如此交替反复操作，使板料在锤击过程中逐渐变形，在不使板料被撕裂的前提下，成形所需的拱形件。

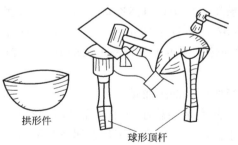

图 2-9　用球形顶杆拱曲

对于较大拱曲的零件，一般应使用球形顶杆或胎模做砧铁锤击成形。如图 2-9 所示，使用球形顶杆应先将板料的边缘做出皱褶，然后在顶杆上将皱褶敲平，板料因沿边的收缩而向内弯曲。与此同时，均匀锤放板件的中部，使拱形件中间的金属产生延伸而拱曲。锤击点和锤击力度应呈放射形，越是靠近拱形件的中部，锤击点的密度越高，锤击力也越大；反之，应疏而且轻。根据具体成形情况，依目测随时调整锤击力度和部位，以达到拱形件的形状和尺寸要求。

深度拱曲难免使板件厚薄不均，表面不平，还要用平锤做最后的精整、修光使其完善。考虑到这一工序会使拱形件回弹一定的量，拱形件的初成形还应适当大一些为宜。

对于较小的拱曲零件，可使用如图 2-10（a）所示的胎模做砧铁锤击成形。操作时先将板料贴紧在胎模上，锤子从边缘开始逐渐向中心部分锤击。不具备胎模并拱曲较小时，也可采用如图 2-10（d）所示的方法，以厚橡胶板做垫块将板料锤击成形。

用胎模做拱曲件时，锤击力度要轻而均匀，并循序渐进地延展，形成过渡圆滑的凸起。

成形后需要根据拱形件的形状将其置于合适的顶杆上,用平锤去除表面凹凸,使之平滑。

车身维修中应用最广泛的是钣金托模隆起不同形状的薄板。如图2-11(a)所示,将托模放置在车身薄板的凸缘内,并且按图2-11中箭头所示用力顶住损伤零件,然后用钣金锤从防护板外缘开始敲击,直至将损伤的板面修整圆滑。如果是车身薄板的隆起部分受到破坏,则应先将板面放松和进行粗略整形,然后用断贴托模及锤击的方法将其修平[图2-11(b)]。采用断贴托模法隆起车身面板时,应注意托模移动过程中不要与薄板脱离,锤击时托模要间歇撞击薄板凹陷区域并连续进行。

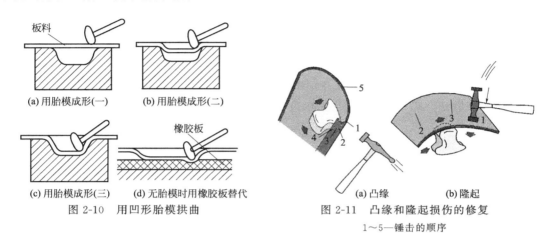

图2-10 用凹形胎模拱曲

图2-11 凸缘和隆起损伤的修复

1～5—锤击的顺序

2. 热拱曲

热拱曲的基本原理是,利用金属热胀冷缩的性质,通过板料加热、冷却过程中内应力的变化,实现拱形件的成形。如图2-12所示,按黑三角形区加热板料,被加热部分的金属必定会因受热而膨胀。但是由于热影响,这一部分金属的力学性能明显降低,并不断向其周围未被加热的板料方向伸展,反而因其自身的膨胀而被压缩变小;自然冷却后本身还将往里收缩(水冷的收缩率更大),于是使冷却后的三角形区域 $a'bc'$ 变小到 abc,使局部产生收缩变形。如图2-12所示方法沿板料的周围对称而均匀地加热,便可十分容易地收缩成图2-12(b)所示的拱形件。

这种热拱曲只适用于大半径拱形球面的制作。当所要求的拱曲量较小时,要控制好加热温度、区域、密度等,一般不需要外力就可实现。对曲率半径较小或非球面过渡的拱形件,还要比照冷做法借助外力使其成形。热拱曲更有利于拱形件的成形而不使金属发生撕裂或严

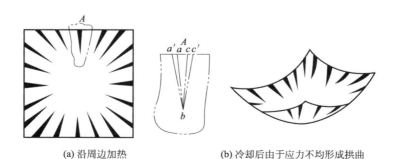

(a) 沿周边加热　　(b) 冷却后由于应力不均形成拱曲

图2-12 热拱曲原理

重的加工硬化现象。

三、卷边与咬缝

用卷边的方法将金属板的边缘卷起,可以提高构件的强度,使边缘美观,同时还可避免划伤人员或划坏其他物体。咬缝是将板料的边缘敲成榫形(钩形)并扣合在一起的方法。车身许多构件都是采取咬缝与附加点焊相结合的方式连接的。对于不允许焊接的材料,在强度要求不高的连接部位,咬缝可以取代焊接。

1. 卷边

常见的卷边形式有空心卷边、夹丝卷边、平行卷边三种(图 2-13)。卷边操作需要预留出加工余量,其中空心卷边和夹丝卷边的余量计算公式是

$$B = 2.5D$$

式中　B——边宽;
　　　D——卷边直径。

一般板料厚度小于 0.5mm 时,卷边直径选定为 2~4mm;板料厚度为 0.5mm 时,卷边直径选定为 3~6mm;板料厚度为 1~2mm 时,卷边直径选定为 4~8mm。

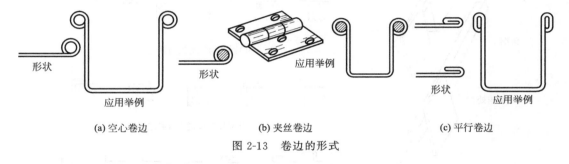

(a) 空心卷边　　　　　(b) 夹丝卷边　　　　　(c) 平行卷边

图 2-13　卷边的形式

对于夹丝卷边余量的计算公式与空心卷边有所区别,其计算公式是

$$B = d + 2\pi t$$

式中　B——边宽;
　　　D——铁丝直径;
　　　t——板料厚度。

对于平行卷边的余量,则应根据一次卷边与二次卷边的宽度,按适当比例予以确定。

2. 咬缝

咬缝是将两块板料分别制成榫形并扣合在一起的方法。咬缝可以取代焊接,更适合那些不允许焊接材料的连接。如图 2-14 所示,咬缝的结构可分为单扣和双扣;就咬扣形式而言可分为立扣、角扣和卧扣。

手工咬缝需要使用锤子、弯嘴钳、拍板等,其类型与操作过程见图 2-15 所示,先在板料上划出扣缝弯折线,再将板料放到规铁上并使直线与边缘对正,用前述弯曲的办法使板料弯折成直角,然后朝上翻转板料并将弯边向里扣(注意不要扣死)。用同样的方法将另一块板料加工后,再把两板料彼此扣合在一起,利用直拍板与平台将咬缝棱线压紧即可(图 2-15)。

车身构件上常见的咬扣形式多以单扣顺缝为主。用翻边钳取代手工咬缝,可使车门蒙皮与车门内板的咬接十分便利地完成,先将长边用锤子和包布托铁弯折成 30°(注意不要用锤

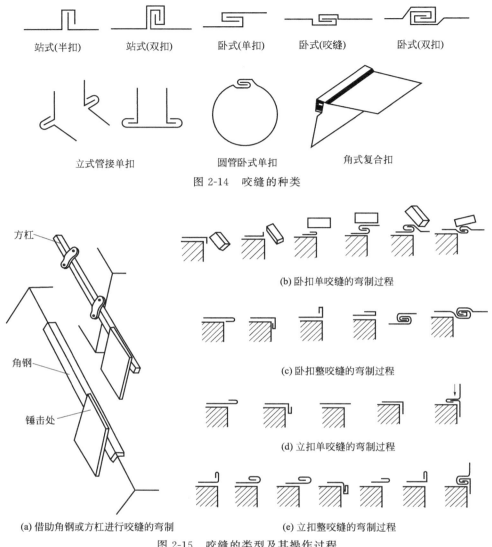

图 2-15 咬缝的类型及其操作过程

子敲击弯角的边缘,并且不要损坏外板的型线),然后用翻边钳顶住端部,用力夹紧即可(图 2-16)。这种翻边方式具有效率高、成形美观、表面锤痕少等许多优点,很值得在车身维修的钣金作业中推广。

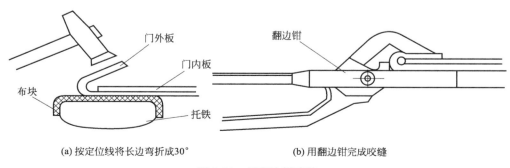

图 2-16 用翻边钳咬缝

车门蒙皮的咬接虽然简单,但需要在咬缝操作前涂覆防锈剂和点焊密封胶,最后还要用点焊方式将其焊牢。检查咬缝质量的重点在于咬缝是否等宽,平行而不扭曲,咬缝要牢,无裂纹。咬缝如需要起密封作用,应用水或煤油试漏;需要承受拉力的,要先将咬缝试板进行拉力试验,合格后再投入正式生产。

四、制肋

在薄板上制成各种不同形状的棱线,可以提高构件的刚度和抵抗变形的能力。这种经过制肋的板料,不仅强度发生变异,而且还具有美化构件的作用。这是车身构件特别是车身外蒙皮上采用制肋的主要原因。

车身覆盖件发生损伤后,起加固和装饰作用的外表线形会受到破坏。对车身覆盖件进行敲平、焊接、挖补等作业后,原有的棱线也可能发生弯曲、扭曲或变得不够清晰,这些都需要借助手工工具及手工操作加以修整、恢复,手工制肋是这些操作的基础。

1. 用扁冲制肋

用扁冲手工制肋是最简单的一种方法,适于制棱线细而浅的肋。具体操作方法如图 2-17(a) 所示:先划出制肋的标记线,再在加工台上铺一块橡胶板并将板料放好,一只手持扁冲对准标记线;另一只手用锤子敲击扁冲,沿标记线冲出符合要求的棱线来。

敲击扁冲制肋的过程中,注意不要用力过猛,保持深浅一致。移动距离不要超过扁冲的宽度以确保良好的衔接,沿标记全部冲一遍后,再由一端开始冲第二遍,直至达到符合要求的深度为止。最后,拿到平台上(不垫橡胶板)再轻轻敲冲一遍,使起肋形成清晰、整齐的线条。

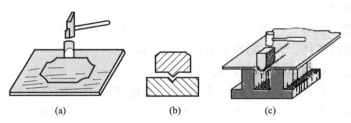

图 2-17 手工制肋方法

如果要求两面形成多条棱线,可于板料的两面同时划出标记线,并按上述方法于两面交替操作,最后统一做细致的修整。

2. 借助模具制肋

较深的肋条最好用模具冲制,制肋模具可分为上下两部分。其中,如图 2-17(b) 所示的两套模具需要上下合模;而借助于简易模具来制肋时,则只要求上模符合形状要求,下模选用相应宽度的槽钢或两块定位角钢即可 [图 2-17(c)]。

3. 钣金托模制肋

利用钣金托模制肋在车身维修中也比较实用。为了提高钣金托模制肋的美观程度,应将拟制肋的宽度和尺寸用划针清晰标出,按图 2-18 中虚线所示的方法,将钣金托模紧紧顶在划线区的中线上,并按图中标明的数字顺序锤击金属板,直到使金属板发生延展并形成基本轮廓,再用双头钣金锤和鹤嘴锤交替敲击钣金托模顶部,直至金属充分延展并形成符合要求的棱肋。钣金托模制肋时,在敲击金属板的过程中,一定要用力将钣金托模紧紧顶住工件,注意不要打空、打偏，以防止造成凹陷和影响美观的锤痕。

当需要将图 2-19 所示的焊缝隆起时，需要借助钣金托模使其形成符合要求的焊缝，如图 2-19 所示，用钣金托模的顶尖直接抵住焊缝的中线，然后用钣金锤从另一面锤击托模顶部及其周围，可使高区和没有用托模顶尖抵住的部位下降，很快沿焊缝形成一定高度的隆起。

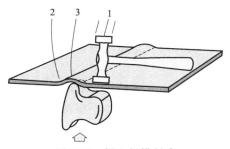

图 2-18　钣金托模制肋

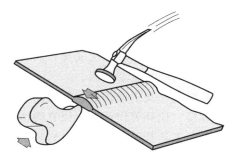

图 2-19　用托模顶尖将焊缝隆起

五、收边、放边与拔缘

车身钣金维修作业中经常会遇到收边与放边的操作。收边可分为无波折和有波折两种方法；放边则分为打薄、拉薄和胎型三种方法。

1. 收边

收边也称收缩或缩边，是将板料边缘的内侧收缩的一种钣金操作方法，如图 2-20 所示，先在薄板上划出落料剪切线和收边轮廓线，落料后将薄板放在钢衬上沿收边轮廓线向内边锤击并旋转毛坯［图 2-20(a)］，循序渐进，直至完成板料边缘的收缩［图 2-20(b)］。此法主要制作凸曲线弯边的零件。收边的常用方法有如下两种。

（1）起皱收边　如图 2-21 所示，先用褶皱钳将角形板料一边边缘起皱收缩，因而迫使另一边弯曲成形。板料在弯曲过程中，起皱的一边应随时用木槌锤击皱褶，使材料褶皱消失，厚度增大。在敲平过程中，如发现加工硬化现象，应及时进行退火处理。

（2）搂弯收边　如图 2-22 所示，将坯料夹在型胎上，用铝棒顶住毛坯，用木槌敲打顶住部分，使板料弯曲逐渐被收缩靠胎。

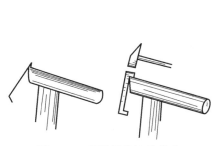

图 2-20　无波折收边的操作

图 2-21　起皱收边

图 2-22　搂弯收边

制作凸曲线弯边的零件，如其强度要求不高，可根据要求的弯度在应该收缩的一面用剪刀剪出若干豁口，然后弯曲板料，再将剪口焊接。

2. 放边

通过板料变薄而导致角形零件弯曲成形的方法叫放边。常见的放边方法有两种：一种方法是把角形板料一边打薄，叫打薄放边，此法效果显著，但表面有锤击痕迹，板料厚薄不均；另一种方法是将角形板料一边拉薄，叫拉薄放边。加工时表面光滑，厚度均匀，但易拉裂，操作较困难。还有一种方法是在型胎上放边，应用较少。

(1) 打薄放边　如图 2-23 所示，制作凹曲线弯边零件，可用直角角材制作。使其一边缘变薄，面积增大，导致角材弯曲。在打薄放边的过程中，角材底面必须与铁砧表面贴平，否则会产生翘曲现象。锤击点应均匀并呈放射线状。锤击面积占锤击边面积的 3/4 左右，且不得敲打角材弯角处。锤击时，材料可能会产生冷作硬化现象，应及时退火。另外，随时用样板或量具检查外形，防止弯曲过大。

(2) 拉薄放边　拉薄放边是用木槌或铁锤将板料一边在木墩上锤放，利用木墩的弹性，使材料伸展拉长。这种方法一般在制作凹曲线弯边零件时采用。为防止裂纹，可事先用此法放展毛料，然后弯制弯边，这样交替进行，完成制作。

(3) 在型胎上放边　用木槌通过顶木在型胎上锤击板料，使毛料伸展，如图 2-24 所示。

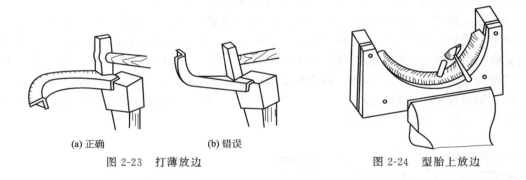

图 2-23　打薄放边　　　　　图 2-24　型胎上放边

(4) 半圆形制件展开尺寸估算　半圆形制件尺寸如图 2-25 所示。

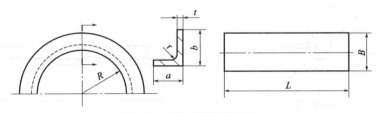

图 2-25　半圆形制件尺寸

需要使用的长方形板材的尺寸规格 B、L（单位为 mm）按下式估算。

$$B=a+b-\left(\frac{r}{2}+t\right)$$

式中　a，b——弯边宽度，mm；
　　　r——圆角半径，mm；
　　　t——材料厚度，mm。

$$L=\pi\left(R+\frac{b}{2}\right)$$

式中　L——展开料长度，mm；

　　　R——制件弯曲半径，mm；

　　　b——放边的一边宽度，mm。

3. 拔缘

利用收边和放边的方法把板料的边缘弯曲成弯边的方法叫拔缘。拔缘常有两种形式：一种叫外拔缘，即把圆筒形制件的边缘向外延展折弯，其目的是增加刚性，一般在无配合要求的情况下多采用外拔缘；另一种是内拔缘，也叫孔拔缘，即将制件上孔洞的边缘延展弯折，其目的是增加刚性，减轻质量，美观光滑。大客车框板、肋骨等板件上常有拔缘孔，如图2-26所示为部分拔缘加工件图例。

图2-26　部分拔缘加工件图例

金属板件拔缘时，部分材料被拉长形成凸缘，因此，应根据材料厚度和其塑性确定拔缘角度和宽度。拔缘的方法可分为自由拔缘和型胎拔缘两种。

（1）自由拔缘　自由拔缘是利用一般的拔缘工具进行的手工拔缘，如图2-27所示。其方法如下：先划出拔缘标记线，将板件靠在砧座边缘，标记线与砧座边缘靠齐，板料锤击部位与砧座平面形成30°左右的夹角；锤击伸出部分，使之拉伸并向外弯曲，敲击时用力适当，敲击均匀，并随时转动构件。若凸缘要求边宽或角度大时，可适当增加敲击次数。

（2）型胎拔缘　板料在型胎上定位，按型胎拔缘孔进行拔缘，适合口径较小的零件拔缘，可一次成形，如图2-28所示。

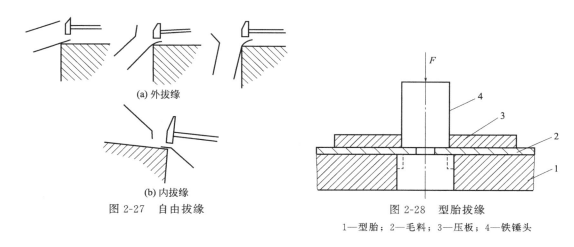

图2-27　自由拔缘　　　　　图2-28　型胎拔缘
　　　　　　　　　　　　　1—型胎；2—毛料；3—压板；4—铁锤头

第二节　钣金的矫正与整形

钣金矫正是以手工方式为主，借助工具，对变形超过技术规定的构件进行修整使之恢复技术要求的作业方法。

钣金矫正按作业方式分类，可分为冷做法和热做法两种。冷做法比较适于对车身构件变形的矫正，绝大多数车身构件对材料的选择性较强；热做法很容易破坏金属材料的化学成分，使构件的刚度和强度下降。对于变形较大的非承载构件，可利用热做法作为辅助手段矫正。

一、成形件的矫正

手工或机械成形的型材，在敲击、冲击载荷的作用下难免产生变形，尺寸越长其变形量越大。车身过载或受到碰撞等机械损伤，就会导致构件的永久性变形。加之车身构件是由不同断面形状的冲压件组焊而成的，对成形件的矫正是在修复车身构件变形的基础上进行的。型材变形主要表现为弯曲、扭转和弯扭共存的综合性变形的三种类型。

1. ∟形件的矫正

对∟形件的弯曲，可以参照图2-29所示的方法，通过轻轻锤击∟形件四面上的其中一点的办法调直。当构件尺寸较短时，可直接将工件置于平台上；较长时则需要将一端垫起或使用中空的砧铁。锤击时应注意落点的选择，使凸起朝上并先从变形最大的部位开始矫正，并且不要锤击∟形件的平面，再依次锤击并不断检查，直至将工件矫正为止。

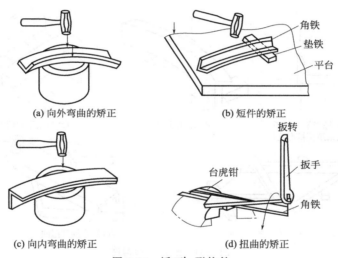

图2-29 矫正∟形构件

∟形件扭转变形的矫正比较简单，一般是将工件的一端平面夹在台虎钳上，另一端用扳手卡住并向与变形相反的方向扭转，经几次反复即可消除其扭转变形。

车身上所用∟形件的壁厚往往较薄，采用延伸弯曲一侧平面的方法，也可以收到比较好的矫正效果。如图2-30(a)所示，将需向内弯曲（即需缩小曲率）的工件放在平台上，用锤轻轻敲击弯曲平面的外边缘，并由中部起锤逐渐向两端过渡。通过∟形件平面外侧金属的延伸变形，达到矫正的目的，向外的内边缘开始[图2-30(b)]，并由两端逐渐向中间过渡。冷做法矫正∟形件，一定要由变形较大的部位开始，锤击点要由密渐疏，力度由大到小。

图2-30 矫正弯边构件的曲度

当变形大以及不便拿到平台上矫正时，可结合局部加热的方法，将金属延展或收缩，基本原理可参照板料等矫正方法。

L形件有两个边，一个边受力变形时，另一个边随之发生变形。因此，在进行矫正操作时，不能孤立地把两个边分开来矫正，应该交替地进行矫正。一根L形件可能同时存在几种弯曲并伴有扭转变形。一般先矫正扭转变形，再矫正弯曲变形；先矫正较大的主要变形，再矫正较小的次要变形。

2. ⊏形件的矫正

⊏形件的弯曲可参照图 2-31 所示的方法，主要通过锤击工件四个边上的某些点来实现[图 2-31(a)]，操作手法与L形件的矫正基本相似。例如，当⊏形件发生侧向弯曲时，可将腹板垂直并使凸面朝上放置，两边以适当的距离垫上木块等，用锤子敲击腹板上边缘的弯曲处（不要敲击槽形件的翼面板以防变形），反复操作可逐步将其矫正[图 2-31(b)]。如果属于正向弯曲，可将⊏形件的平面（或槽面）朝上，用锤子敲击变形部位边缘（不要锤击腹板，以免变形），使正向弯曲变形得以消除[图 2-31(c)]。

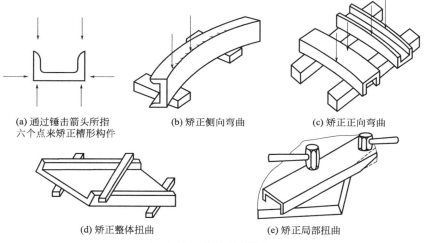

(a) 通过锤击箭头所指六个点来矫正槽形构件　(b) 矫正侧向弯曲　(c) 矫正正向弯曲

(d) 矫正整体扭曲　(e) 矫正局部扭曲

图 2-31　矫正槽形构件

⊏形件的扭曲变形一般都呈对角形式，属于较小变形时，可参照前述L形件扭转变形的矫正方法，以扭转的方式变形扳回[图 2-31(d)、(e)]，也可以通过延展或收缩腹面板、翼面板的办法，即用收放的原理来消除其扭转变形。难度是要找出引起变形的主要因素，准确判定应当延展或收缩的部位，否则会使扭转变形进一步加大。

另外，对于较复杂的变形亦可借助加热的方法加以矫正，如此可以提高矫正的工作效率。

比照L、⊏变形的矫正方法，结合口形构件的实际变形状况，同样可以实现对口形断面件变形的矫正。

二、钣金的整形技术

车身钣金件因过载或受到冲击、挤压而导致的变形，需要利用钣金锤、托模和修平刀进行表面修整。钣金变形的主要特征是，变形主要发生在局部，车身未发生整体变形。当车身整体发生变形时,应当采用其他的方法先修复车身的整体变形,而局部变形则应排在整形工艺之后。

碰撞而导致的车身钣金件损伤,绝大多数都会伴随着构件的变形,必须先对变形进行矫正,基本复位后再进行其他方面的作业,如焊接、挖补、整形、换件等操作。

1. 钣金锤

钣金锤一般用于汽车制造和汽车车身修复,如果汽车外部被划伤或撞伤,要用钣金锤来一点一点地敲击,使其恢复到原形。钣金锤主要分为铁锤、球头锤、铁锤、橡胶、钣金锤、尖嘴锤、整平锤等。钣金修复时应根据被修整部位的变形情况及钣金件的材质特点,选用不同的钣金锤。

(1) 铁锤 铁锤(图2-32)是修复损坏的钣金件所必需的工具,主要用来敲打损坏的金属钣金件使其大致回到原形。

(2) 球头锤 球头锤如图2-33所示。球头锤是一种对所有钣金作业都适用的多用途工具,用途很广,既可用来矫正弯曲的基础构件,也可用于修平变形部件和钣金件粗成形工件,球头锤质量一般在290~450g之间。

图2-32 铁锤

图2-33 球头锤

(3) 橡胶钣金锤 橡胶钣金锤如图2-34(a)所示。橡胶钣金锤在汽车钣金作业中,主要用来修复表面微小的凹陷,由于锤头使用比较柔软的橡胶制成,因此敲击时不会损伤汽车喷漆表面,也不会在敲击表面留下敲击痕迹。如图2-34(b)所示为软面锤。它一端是硬面的(钢制),另一端是软面的(可更换橡胶头),适用于修理铬钢件或其他精密部件,而不损坏表面的光泽。

(4) 尖嘴锤 尖嘴锤又称"镐锤",用于维修小的凹陷,其尖端用于将凹陷从内部锤出,对中心部位柔和地轻打即可,其平端与顶铁配合作业用于去除高点和波纹。

(5) 整平锤 整平锤(图2-35)的锤头有圆有方,锤面平整略有弧度,用于整平车身外板。

(6) 收缩锤 收缩锤锤面呈锯齿状,敲到钣金件上会留下细小的点痕,可有效控制整平过程中产生的金属延展。

(7) 木槌 如图2-36所示,木槌在钣金件整平时可有效抑制车身金属延展。

(8) 轻铁锤 轻铁锤(图2-37)是修复钣金件的第一阶段所必需的工具,用来敲打损坏的金属板使其大致恢复原形,或在更换金属板时用于清理损坏的金属板。根据《钢锤通用技术条件》（GB/T 13473—2008）中的分类，这种铁锤属于石工锤，且属于质量较轻（1000～2000g）的一种，所以通常称为轻铁锤。轻铁锤通常装有一个短把柄，方便其在狭窄的地方使用。

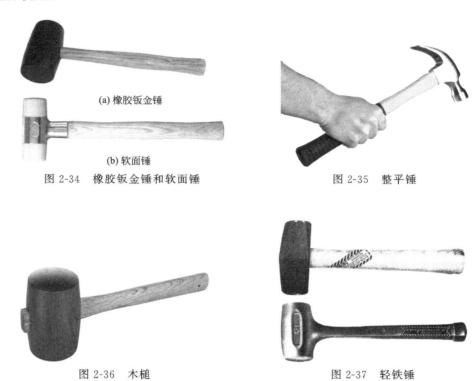

图 2-34　橡胶钣金锤和软面锤　　　　　图 2-35　整平锤

图 2-36　木槌　　　　　图 2-37　轻铁锤

（9）冲击锤　大的凹陷需要使用冲击锤（图 2-38），这种锤的质量一般为 250～500g，锤面一面是拱形的，另一面是平的。此锤顶面大，打击力散布在较大的面积上，用于凹陷板面的初始矫正，或加工内部板和加强部位的板件。这些操作适合修复需要较大的力量而不要求光洁的表面。

（10）精修锤　在用冲击锤去除凹陷之后，再用精修锤（图 2-39）修复，以得到最后的外形。精修锤的锤面较冲击锤的锤面小，表面是拱形的，以使力量集中在高点或波峰的顶端。收缩锤是有锯齿面或交错缝槽面的精修锤，这种锤用来收缩那些被过度锤打而延伸的部位。

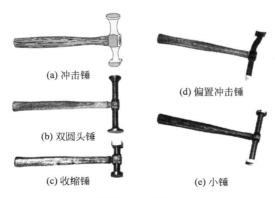

图 2-38　冲击锤　　　　　图 2-39　精修锤

2. 钣金锤、托模和修平刀的使用

在车身维修工艺中，利用钣金锤、托模和修平刀修复构件变形，是常见的作业方式之一。对于车身覆盖件的局部变形、凹瘪和柱类零件的弯曲等，均可以灵活地运用木块、木槌、撬板、锤子、顶铁等工具，直接敲击变形部位使其复位。

(1) 钣金锤的使用　钣金锤的正确使用方法如图 2-40 所示，用手握住钣金锤手柄的端部（相当于手柄全长的 1/4 位置），用手腕摇动的方法轻轻敲击车身构件表面，利用钣金锤敲击零件时产生的回弹力按圈运动。握锤时锤柄下面的食指和中指应适当放松，小指和无名指相对紧一些，形成一个比较灵活的转轴让锤能够自由反弹；拇指用于控制锤柄向下的力度，一般应掌握在使钣金锤具有一定的滑落性，千万不要像砸钉子那样用力过猛。重锤使金属表面容易产生延展变形，连续轻轻锤击操作，可达到修平变形的目的，同时也可有效地抑制金属的延展变形。

锤击作业质量的关键在于落点的选择，一般应遵循"先大后小，先强后弱"的原则，像矫正成形件那样，从变形较大处起顺序敲打，并保证锤头以平面落在金属表面上（图 2-41）。同时还应注意分析构件强度，有序排列钣金锤的落点，锤击过程中应保证间隔均匀，排列有序，直至将车身覆盖件的表面损伤修平。

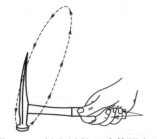

图 2-40　钣金锤的正确使用方法

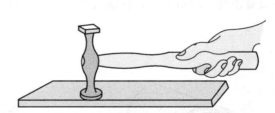

图 2-41　钣金锤的正确握法与落点

钣金锤的锤顶通常为弧形曲面，与金属接触的面积为 10～30mm 直径的圆。根据构件表面形状、金属板厚度以及变形的大小合理选择钣金锤的尺寸和锤顶曲面的隆起高度。平面或小弧形曲面的钣金锤适合于修复平面或低幅度隆起的表面，凹形或球形锤顶适合修复内边曲面板，重磅锤子则适用于粗加工或厚板构件的修复。

钣金锤如果运用得灵活，修复质量好，效率也高。一位技术娴熟的车身维修工，可以 100～120 次/min 的频率锤击构件，且能够将延展变形控制在最小范围内。

用钣金锤修复构件变形，常常还要与修平刀（撬板）配合使用。因为有些变形，离开了撬板的辅助作用就很难加以矫正。对较为薄弱的蒙皮板类构件，一定要使用木垫块或选用木槌、橡胶钣金锤等，这样可以避免车身构件因修理造成的二次损伤。

用钣金锤修复变形，比较直观而且也有较大的灵活性。整形手段主要以锤击为主，具有方便、实用、快捷等优点，是行之有效的矫正方法之一。锤击法的缺点是，被锤击的金属表面易发生局部损伤。这种依赖手工的操作，需要丰富的经验。

(2) 钣金托模的使用　用钣金托模修整车身表面，是钣金作业最为流行的一种修平方法。凡是便于放入顶铁的部位，车身壁板表面发生的凹凸变形，均可用钣金托模予以修整。钣金托模在钣金修平作业中起很大作用。

在粗加工过程中，钣金托模相当于一个敲击工具或垫铁，敲击或压迫损伤的车身覆盖件的内面，顶起金属板的内面并展平弯曲变形的金属。在精加工过程中，钣金托模可以用来平滑较小或较浅的不平。此外，钣金托模还可以视需要延展金属和消除内应力。根据钣金托模与钣金锤的相对作用位置，可以分为钣金锤正对着托模敲击（正托）和钣金锤偏对着托模敲击（偏托）两种操作方法（图 2-42）。

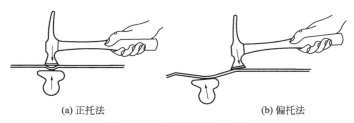

(a) 正托法　　　　　　　　(b) 偏托法

图 2-42　正确使用钣金托模

正托法常用于修平钣金件和延展金属，偏托法则用于矫直钣金件的较大变形。无论是用正托法还是偏托法操作，托模的工作表面必须与所修整的钣金形状基本一致（图 2-43），这样不仅使维修效果最好，而且不会造成新的损伤。

偏托法操作要领：偏托法通常用于精修前局部变形的矫正，属于粗加工过程中的钣金修复，多用于较大的多部位连续变形。操作时，将钣金托模置于金属板背面的最低处，钣金锤则在另一面敲击变形的最高处，锤击时托模也作为敲击工具一并修复变形（图 2-44）。

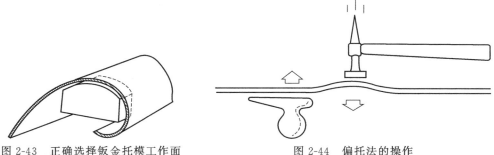

图 2-43　正确选择钣金托模工作面　　　图 2-44　偏托法的操作

对于如图 2-45 所示的变形，也可以同时使用两把钣金锤击打变形部位，这种偏托法操作可以避免修复过程中受力不均。用偏托法修整平面，一般不会造成板件延展。因为顶铁击打的是板料背面的凹陷处，而锤子击打的则是板料正面的凸起部位。即使钣金技术不十分熟练，也可以比较自如地从事此种类型的敲平操作。

这种运锤和使用托模的方式，也称"断贴法"敲平。"断贴法"敲平在操作手法上有两

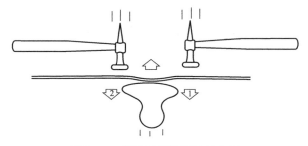

图 2-45　使用两把锤子同时击打

个基本特征。

① 平锤的落点与托模的顶贴点并不一定重合。

② 由于托模通常是用冲击力加敲击产生的反弹力来击打变形的，因此托模与钣金锤的击打时刻并不一定同步。应善于运用"断贴法"使两面同时敲平，这对提高修复质量和工作效率都有帮助。

正托法操作要领：正托法的目的在于使钣金件表面恢复到原有的形状，这种钣金操作对于修复隆板和平整较小的凸起十分有效。操作时，将钣金托模直接置于金属板背面凸起部位，用钣金锤在另一面直接锤击变形部位。

操作过程中钣金锤的敲击力通过钣金件同时作用在托模的工作面，锤击力会使托模产生一定程度的回弹。每一次锤击操作都会使托模发生一定的反弹，由此产生的二次反弹力的大小取决于托着力、托模尺寸、托模表面形状和钣金件的结构与相对形状等。

使用钣金锤、木槌或尼龙钣金锤敲击于凹陷周围产生的隆起变形时，应"深入浅出"地由最大凹凸变形处开始敲平。正托法敲平容易使金属造成延展变形，这是因为当金属板在敲平过程中过分承受锤击时，受锤击部位的金属会变薄使面积增大。由于周围没有受到锤击区域的金属固定，限制了变形区域金属向四周伸展，膨胀金属只能离开水平位置而向上或向下隆起（图 2-46），这是钣金操作中应尽量抑制的变形，必要时还要通过收缩予以处理。

当局部变形基本修平时，应按图 2-47 所示的正托法进一步敲平。正托法是将钣金托模直接顶在板料背面不平的位置上，同时用钣金锤将正面钣金托模位置敲平。由于钣金锤的敲击作用会使钣金托模位置发生轻度回弹，在钣金锤敲击的同时托模也将同时击打金属板。此时，钣金托模垫靠得越紧，展平的作用与效果也越大。正托法容易造成板料的延展，应慎重使用。

图 2-46 延展变形倾向分析（箭头所指为隆起倾向）　　图 2-47 用正托法精修车身覆盖件表面

钣金托模修平的过程如图 2-48 所示。

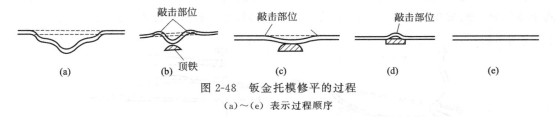

图 2-48 钣金托模修平的过程
(a)~(e) 表示过程顺序

所选用钣金托模端面形状应与被修整壁板的表面相一致，托模的工作面也应与变形相一致。钣金托模有两方面的作用：一是支撑作用，以抵抗平衡敲击力对构件的冲击；二是击打作用。借助锤击过程中钣金托模的反弹作用，不断击打最大凹陷部位，有利于加快敲平的速度。若没有钣金托模的作用，敲平作业也不可能完成。

这种使用钣金托模的操作方法称为"紧贴法"。选择端面合适的顶铁应紧贴于小凹凸的背面,用平锤轻轻敲击金属表面的凸起或小凹陷的周围,使板类构件边面变得更加光滑、平整。"紧贴法"修平与前述的"断贴法"敲平的不同点在于:钣金锤的落点一定要与托模的工作面重合,即实现点对点一一对应;托模始终贴紧在修整面上,即托模面与锤击部位准确对应,以防止因"打空"破坏趋向平整的构件表面。

由于托模始终作用着一定的压力,使回弹力有助于从钣金件正反两面敲击金属,使钣金锤和托模的击打力度加大,可以降低操作人员的劳动强度,提高钣金修复的工作效率。但是,直接击打也极易造成钣金件金属的延展,操作时应注意这种变形的影响,必要时进行收缩操作以消除金属的延展变形。

采用正贴法较其他方法能更快、更容易延展隆起钣金件的皱缩和凹凸变形。敲击时注意位置准确,只要击打点准确就应当"稳、准、重"。位置选择不当和连续轻度击打,不仅使效率下降,还会造成不应有的钣金延伸。此外,钣金托模尺寸选择不当也会造成二次损伤。如托模尺寸过大,则达不到修整局部变形的目的。

(3) 修平刀的使用 对于难以放入顶铁的弧形凹陷,需要按如图2-49所示的方案,将修平刀插入,抵住凹陷部位,用木槌或橡胶钣金锤敲击凹陷周围的隆起,使变形逐渐减轻。当修平至一定程度时,再改用金属锤对变形进一步修整。

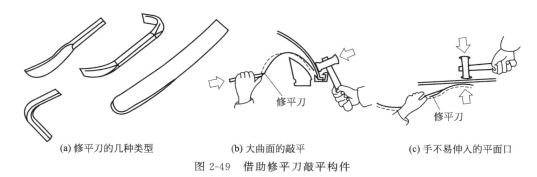

(a) 修平刀的几种类型　　　(b) 大曲面的敲平　　　(c) 手不易伸入的平面口

图 2-49 借助修平刀敲平构件

粗平作业所使用的修平刀,实际上是一根带弯曲工作面的杠杆。除了在形状上要求与修平及修整表面相近以外,工作面的宽度还应大一些。修平刀在粗平过程中主要起支撑作用,甚至要用修平刀将凹陷板面直接顶起,接触面积过小很容易使金属表面留下硬痕。

如图2-50所示为用修平刀修复车门面板。操作时先将车门外缘放在两块垫木上,使车门外侧的面板与地面悬空。按图2-50(a)所示的方法用修平刀撬动,将向内凸出的隆起弹回到正常位置;然后按图2-50(b)所示的方法,借助修平刀和钣金锤将车门面板修平。

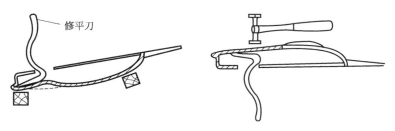

(a) 用修平刀撬动进行粗加工　　　(b) 用修平刀顶住进行修平操作

图 2-50 用修平刀修复车门面板

运用修平刀法粗平时，应注意控制锤击力度。受修平刀支点选择方面的影响，其端面与变形的顶贴力量不易控制。锤击力大于修平刀的顶贴力时，就达不到修平的目的甚至还会使变形加剧；反之，修平刀的顶贴力比锤击力大，情况就比前者要好得多。与顶铁法相比，修平刀法的敲击力度要相对小一些，在轻轻锤击的过程中应特别注意顶贴位置和敲击部件的变化情况。

应用修平刀法时还有支点选择的问题，要避免以车身的某些薄弱环节做支承，必要时应垫上木板以免造成支点变形。无论采取哪一种方法，都应遵循"敲高顶低"的原则，并注意随时调整顶点和锤击点的位置。连续敲击一点或锤击力度过大、次数过多，会使金属板面发生延展，造成板类构件翘曲。

使用修平刀还可以修复与内结构距离较近的板面。如图2-51所示，按箭头方向用力并依数字顺序操作，可以逐渐隆起车顶板的变形。当车身发生严重损伤使外面板与内结构压在一起时，用修平刀插入两构件之间可将其十分有效地分离。如图2-52所示，左右摇动和上下撬动修平刀，可使两钣金构件分开并将凹陷隆起，然后再像使用钣金托模那样借助钣金锤将损伤表面敲平。如果有点焊的熔核，应使用专用工具先去掉熔核使之放松后再进行矫正与修理。

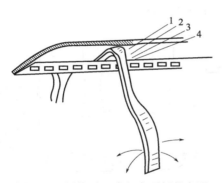

图2-51 用修平刀隆起车顶板的变形
1～4—操作顺序

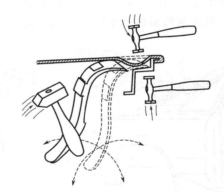

图2-52 用重载修平刀隆起车身板

三、钣金敲平作业

车身维修实践中，敲平作业除了修整板面的凹凸不平外，成形、矫正过程中或者作业终了，要伴随着敲平或以敲平作业来结束操作。钣金敲平作业对表面涂装、外观质量都会产生直接影响；在钣金技术中不仅占据着重要的位置，同时也是钣金基本技术的直接体现；修整复杂的多曲面时，存在一定的难度，需要较高的技术水平。

针对车身板类构件不平的特点，敲平工具主要使用钣金锤（如锤子、平锤、扁嘴锤、木槌、尼龙钣金锤、橡胶钣金锤等）、顶铁、修平刀（俗称撬板）等工具；敲平的操作方法以锤击为主，按操作程序分为粗平与精平两个工艺步骤，两者在程序和手法上有所不同。

由于车身大都是用薄钢板预制的覆盖件包容起来的，如翼子板、发动机舱盖、后备厢盖、车顶、车门与壳体蒙皮等，受到碰撞或挤压时都会造成车身板类构件的永久性凹凸变形。此外，在车身维修（如牵引、焊接、矫正等）过程中，也难免造成板类构件的变形或关联损伤。引起车身板类构件不平的主要原因是，由外力导致的机械损伤和加工、修理过程中造成的不平。

1. 焊缝的敲平

将两块薄板熔焊在一起时，由于焊接过程的热影响会发生变形。对于图 2-53 所示的点焊变形，可通过正托法和偏托法等敲平作业予以修整。

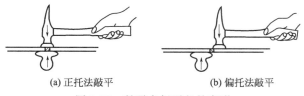

(a) 正托法敲平　　　　(b) 偏托法敲平

图 2-53　敲平点焊引起的变形

如果车身钣金件发生断裂需要焊接或补片时，可能会使焊缝高于金属板的表面，则用敲平的方法锤击焊缝，使之低于车身外表面以便于打磨和涂装。用砂轮打磨时，应防止焊缝磨透（图 2-54）。

2. 局部凹凸的敲平

敲平作业所追求的是钢板表面光滑并平整。它是在应用"断贴法"对凹凸损伤粗略敲平之后，对表面残留的细小凹凸做趋于更加精细的敲平作业（图 2-55）。

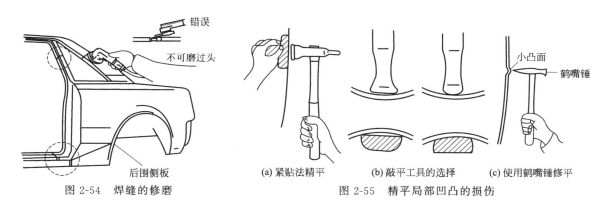

图 2-54　焊缝的修磨　　　(a) 紧贴法精平　　(b) 敲平工具的选择　　(c) 使用鹤嘴锤修平

图 2-55　精平局部凹凸的损伤

应在仔细观察与分析的基础上选择敲平点，确定锤击力度和敲平次序。一般先从损伤较大的部位开始操作，同等程度的损伤则从距操作较远或最不便于操作的位置开始。操作过程中要注意手、眼的准确配合，确保锤顶端面的中央落在敲击点上而不是锤顶的边缘。顶铁的跟踪应及时，锤击次数要少并尽量使每一次的顶托和锤击都有效。顶铁、修平刀、敲平锤三者的工作面形状，必须与车身构件的几何形状相吻合，否则达不到敲平的目的。要防止不加分析与思索地敲平，否则将给以后的作业带来许多麻烦。

3. 鹤嘴式修平刀

在应用车身维修的敲平作业中，离开了鹤嘴式修平刀的帮助有时也显得无能为力，尤其是修复那些结构复杂又不便于接触的部位所发生的损伤。如图 2-56 所示，将鹤嘴式修平刀直接插入车门内侧，用鹤嘴式修平刀的工作面隆起凹陷，进而根据隆起情况用鹤嘴锤将车门面板敲平。

如果鹤嘴式修平刀不便于插入车门内侧，可在车门内结构适当部位开孔，以利于使用鹤嘴式修平刀和在敲平中调整接触部位。

在实际操作中用如下三种方法，可以较为准确地控制鹤嘴式修平刀工作面及其接触位置。

① 使用弧形撬镐端部升起或转动，同时观察车门面板损伤位置的变化情况，由此来确定弧形撬镐工作面的正确位置。

② 先用钢卷尺在车门面板外侧测量需要顶住的部位，从而确定弧形撬镐的深入长度。

③ 将弧形撬镐插入车门面板内侧以后，在转动弧形撬镐的同时，用钣金锤轻轻敲击车门面板，以探查弧形撬镐端头工作面的准确位置，并将其引导到需要敲平和使用弧形撬镐顶起的凹陷。

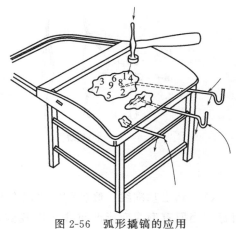

图 2-56 弧形撬镐的应用
1～9—锤击的顺序

4. 敲平后的检查

敲平作业过程中，对稍大一点的凹凸检查起来比较直观，但当作业接近完工时，就需要借助锉刀来检查不平部位所在。使用锉刀的目的在于检验而非将板面修平，旨在通过锉刀滑过产生的痕迹（俗称镗一下），来显示板面的实际凹凸状况（表面留有锉痕的部位为凸点，无锉痕的部位则为凹陷），然后及时用平锤或鹤嘴锤等工具修平。

检查弧形板面时，最好使用图 2-57 所示的可调柔性锉，因为这种类型的柔性锉压到弧形板面上时，可通过调整使两端留有一定间隙，给操作带来很大方便。

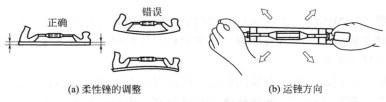

(a) 柔性锉的调整　　　(b) 运锉方向

图 2-57 用柔性锉检查敲平的质量

正确选择钣金锤与顶铁，对维修质量、效率有着直接的影响。用于敲平的钣金锤和顶铁有多种类型，如先用扁嘴锤（俗称鹤嘴锤）修复较小凹凸，能十分有效地减小车身构件表面的受力面积和延展变形；合适的顶铁和修平刀，能起到可靠的支撑与顶贴作用；尼龙钣金锤可矫正较大的圆滑变形；橡胶钣金锤可用于终了时，对表面做更加细致的修整。这些都有助于质量、效率的提高，对抑制金属的冷作延伸有利。

总之，钣金敲平作业具有很强的实践性。如何做到操作瞬间的正确判断和手的准确配合，需要在掌握上述基本要领的基础上，通过更多的实践体会与摸索，如此钣金操作技能才会进一步得到提高。

四、车身线形的修整

对车身覆盖件上的线形修复，实际上也是面部制肋的实际应用以及对起肋或隆起形状的修整，在车身维修作业中运用较为广泛。

1. 车身线形的修复工艺

手工修复车身型线需要细心地进行操作，其具体工艺步骤如图 2-58 所示。

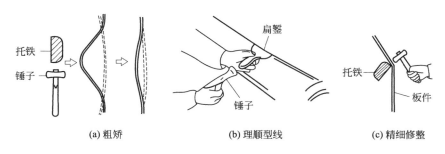

图 2-58 型线的修整操作

（1）划出基准线　修整前应先以车身原有型线为基准，划出应修复的原标记线作为修整目标。当原有型线变形严重或难以找到基准时，可利用对称原则由车身的另一侧实测获得（测取另一侧棱线关键点的水平高度，移植到另一侧后再用线条连起来）。

（2）修复型线　对于向内的型线，可选择平面顶铁并包上一层薄橡胶作为顶托，用锤子轻轻敲击宽度适中的扁口錾（一般以 60~100mm 为宜），使棱线的线形逐渐清晰；对于向外凸起的型线，往往不能在车身内侧进行锤击操作。属于轻度损伤时，可选择带刃口部位的蒙皮，使型线得到修整并逐渐变得清晰。为保证型线在整修过程中不发生走偏现象，所用顶铁的刃口应适当长一些。

（3）最后的修整　经检查确认型线的走向和深浅，使之符合要求，去掉顶铁上的橡胶（棱线向内时）或改用平锤（棱线向外时）沿棱线做一次精细的修整，这样能使线条更加清晰、漂亮。

（4）注意事项　操作时，注意扁口錾的移动距离不得超过冲口宽度，保证冲痕很好地连接，否则会对修整的质量产生直接影响。锤子对扁口錾的敲击力度不宜过大，视型线的深浅和修复程度随时进行调整。

对于较严重的损伤，起肋的型线向外时，内侧仅依靠带刃口的顶铁会感到力度不足，此时仍然需要将车身覆盖件拆下，型线修整完好后装车。更换预制的板件时，应先于装车前检查型线并修整完善，解体后的作业比起装在车上的损伤作业要方便。

2. 用敛缝法修复

车身线形用扁口錾作为敛缝工具直接修复车身线形很适用。如图 2-59 所示，根据车身线形选择不同的形状和锥度的扁口錾，配合使用球形锤、平头锤等工具，对车身钣金件的弯曲、直线脊梁、加强肋以及凸缘等进行修复或再造型。

这种方法比较适合受空间限制不便修整的车身线形，但正如图 2-59 中箭头所指示的那样，用敛缝法比使用钣金模和修平刀操作起来要复杂些。

3. 跳跃锤击法修复车身线形

当需要矫直一个较长而颇高的脊峰式变形，尤其是伴有许多单折弯曲时，可采用跳跃锤击法修整变形，释放金属的内应力。如图 2-60 所示，选用表面略带弧形的修平刀和适当开关的钣金锤，操作时将修平刀紧紧顶住修整部位，此时不仅钣金锤的击打可以起到修平的作用，还可以通过修平刀将锤击力向金属的其他

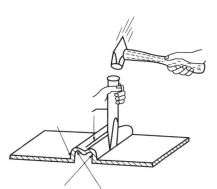

图 2-59　用敛缝法修复

部位分散，以消除金属应力并适量避免金属延展。

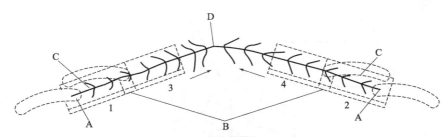

图 2-60　脊峰的跳跃锤击程序
1~4—锤击的顺序；A~D—修平刀的放置位置

用跳跃锤法修复车身线形时，注意只有钣金锤的跳跃而不能让修平刀跳动，以防止降低锤击力和降低效率。操作程序应从脊峰外侧的最低端开始，交替沿两侧向中间脊峰运动，避免损伤的范围扩大而增大修复的工作量。

与精平操作一样，用检视的方法确认修复达到基本成形即粗加工水平之后，还要通过鹤嘴锤消除金属表面存在的小凹凸，达到平直和表面光滑、平整的要求。

五、钣金件弯曲的矫正

随着汽车轻量化的发展，车身用钢板在提高强度的同时也大幅度减薄了。加之车身又是用薄钢板包容起来的，车门与车身壳体外蒙皮等薄板类零件，极易发生大面积凹瘪。矫正车身钣金件自然有着不同于其他金属材料的工艺方法与要求。

1. 吸引法

有些变形的特点是表面变形大但过渡较为圆滑；金属板的变形呈弹性状态，局部未发生较大的延伸变形。对此，如果采用锤击矫正，则一方面需要拆除车内的装饰板及其关联零件；另一方面，很难避免表面涂层不被破坏，甚至会因锤击而造成二次损伤。

如果使用如图 2-61 所示的单体或三体真空吸盘，于车身或车门外侧将变形部分吸牢，可将凹陷变形的车身钢板牵拉复位。橡胶吸盘（图 2-62）用于平面上凹陷部位吸引及牵拉时的作用原理，可以对照图 2-63 做如下简要说明。当橡胶吸盘 7 的下端面贴紧在外蒙皮表面后，按下扳柄 4，利用螺钉盘 6 将橡胶吸盘 7 中部提起，在吸盘和蒙皮之间形成的真空度便可将吸盘与蒙皮紧紧吸附在一起，其吸力可达数百牛。由于橡胶吸盘 7 的柔性和其边缘

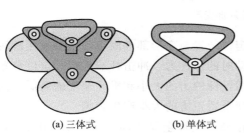

(a) 三体式　　(b) 单体式

图 2-61　手持式真空吸盘

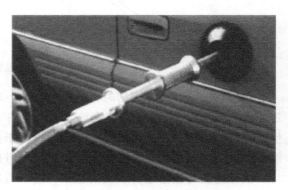

图 2-62　使用橡胶吸盘吸引和牵拉

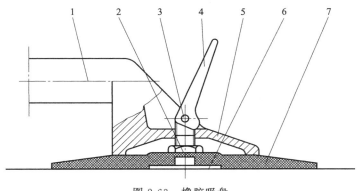

图 2-63 橡胶吸盘

1—手柄；2—螺母；3—销轴；4—扳柄；5—压盘；6—螺钉盘；7—橡胶吸盘

薄、中间厚的结构，可使之对变形平面的吸附有一定的适应能力。

这种单体和三体式组合结构，还可用于玻璃等类附件拆装时的吸持，尤其用于玻璃时，可以产生足够的吸附力，具有柔性连接的特点，比较安全。单面吸持的方式还可为其拆装提供很多方便，不仅免去拆装内围板、车内装饰及车门摇窗机等机件的麻烦，而且能可靠地保护车身金属板及表面涂层，是一种简单、方便的矫正方法，可使棘手的变形瞬间复位。

吸引法矫正的缺点是仅适于修复弹性变形面积较大的凹陷损伤，应用范围带有一定的局限性。

2. 惯性锤法

近些年来，惯性锤法开始在车身维修行业中推广和应用，它与成套装夹定位装置配合使用。如图 2-64 和图 2-65 所示，车身构件的许多变形和损伤，都可以利用惯性锤的冲击惯性予以修复。

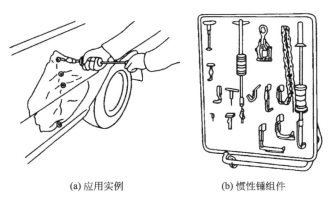

(a) 应用实例　　　(b) 惯性锤组件

图 2-64　用惯性锤矫正局部变形

用惯性锤组件矫正变形时，先将拉杆的一端用定位装置与变形部件固定，用手握住滑块迅速向与变形相反的方向滑动，利用滑块沿杆身滑动时的惯性力，冲击杆端并带动定位装置使变形得到矫正。牵引力的大小，主要取决于拨动惯性锤的力的大小和滑动速度的高低，这两个因素决定着滑块对杆端作用力大小，同时也对变形矫正力的大小产生影响。

惯性锤法与锤击法有很大的区别，前者通过直接锤击变形金属表面来达到矫正的目的；而后者则通过定位装置将惯性锤的冲击力作用在变形的部位，使变形和损伤得到修复。对薄

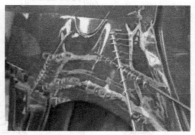

图 2-65　用惯性锤矫正局部变形实例

壳类车身构件而言，后者对矫正变形更有利并且对金属表面的损伤程度也小，尤其不会造成金属表面因锤击而导致的延展。运用惯性锤法，可由操作者直接控制惯性冲击力的大小，对变形的矫正过程也比较直观。

惯性锤法矫正变形的作用原理虽然相同，但装夹装置可选择的范围很大，因为车身构件的变形与损伤是多种多样的。这就要求装夹与定位装置既要适用于多种变形的矫正，又能方便灵活地装夹于车身损伤各个部位。如此才可以为钣金件的矫正作业提供更多的方便。通常有以下几种装夹定位方式。

(1) 夹持方式　该方式利用某些车身钣金件便于安装夹具的便利条件，应用各种类型的特制卡钳，将损伤部位以夹持方式固定并与惯性锤的滑杆相连。这种方法适用于翼子板、车轮拱形罩、壳体及车门下边缘等处变形的矫正，而且这种装夹方式一般也不会损坏矫正部位的金属。夹持方式能承受较大的矫正力，但装卡钳的方法和牵引力的作用方向一定要正确。

(2) 旋入方式　该方式利用图 2-64(b) 中所示的 T 形尖锐螺旋锥，钻入薄板类车身构件的可靠连接。但是，旋入方式的操作必然会在被修复的构件上留下螺旋锥孔，故矫正完变形以后还应逐一将孔补焊并用砂轮、锉刀等工具磨平。

旋入方式仅用于矫正薄板的变形，而且所能承受的矫正力也比较小。

(3) 挂环方式　该方式是在构件的变形部位，焊上若干个用于连接滑杆的挂环。凹陷面积较大时，也可以并列焊多个拉环并穿上拉轴，以使矫正力能均匀地作用于变形表面。拉环可用装配垫圈来代替，像这类小零件在车间则随处可见。这种连接方式也适用于薄板类构件的变形，特别是对那些不便进行矫正操作的部位，如门槛板、加强肋、车身型线等，矫正操作十分方便。

挂环方式虽然能承受稍大一点的矫正力，但是焊接挂环会破坏钢板背面的缓蚀层，整形后要去掉挂环并对焊接点进行修磨。

3. 牵引法

惯性锤法所需的矫正力完全依赖手动，故仅适于矫正较小的变形以及强度、刚度不高的构件。对于像箱式断面的梁式构件和较为严重的变形，惯性锤法就显得无能为力。

牵引法则是借助外力的牵拉作用，来实现对骨架、横纵梁、翼子板、门槛等变形的矫正。如图 2-66 所示，选用合适的装夹定位装置与车门或车身的变形部位固定后，就可以借助外力轻而易举地将变形矫正过来。

有些场合不宜将装夹定位装置直接夹持在车身的某些部位上，此时同样可以用焊接挂环的方式实现与牵引的连接，如图 2-67 和图 2-68 所示。

有时车身构件并非是向车内方向的挤压变形，而表现为向外弯曲的膨胀形式。这时需要

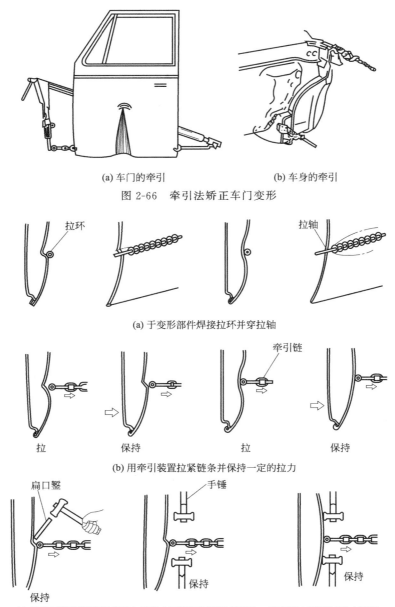

(a) 车门的牵引　　　　　(b) 车身的牵引

图 2-66　牵引法矫正车门变形

(a) 于变形部件焊接拉环并穿拉轴

(b) 用牵引装置拉紧链条并保持一定的拉力

(c) 用扁口錾修整型线或用木槌敲击凹陷周围的隆起部分，使变形在振动过程中恢复

图 2-67　用挂环法牵引车身的局部变形

图 2-68　挂环法牵引车身实例

运用牵引法加以矫正，只不过是做反向牵引而已。有效的矫正方法是利用具有向内收缩功能的工具或设备，使外胀式变形得以向相反的方向收缩。当车身的变形发生在单边时，向内牵引收缩的固定方法亦应有所变化，需要另选强度高的部位作为收缩牵引的基础，以防止车身的另一侧发生不应有的变形。

对于较大的车身构件，有时需要采用支架拉伸的方法进行牵引。如图 2-69 所示，受主梁高度的限制，牵引时须用支架将车身升起一定的高度，然后将牵引设备送入车身底部进行不同方向的牵引操作。图 2-70 所示为牵引设备与木块配合使用。它是借助木块固定并使用牵引设备来矫正局部变形的。图 2-71 所示为牵引设备与拉杆配合使用。它是借助焊上去的拉板并使用牵引设备来矫正局部变形的。

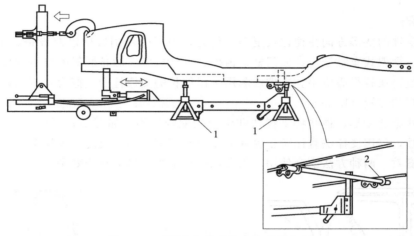

图 2-69　采用支架拉伸的方法进行牵引
1—用专用支架将车身升起一定高度；2—在牵引设备端部附加固定装置

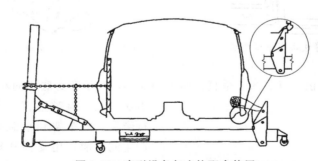

图 2-70　牵引设备与木块配合使用

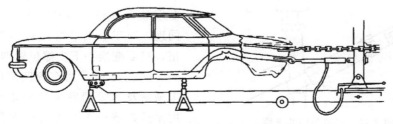

图 2-71　牵引设备与拉板配合使用

除了可以视需要获得足够的矫正力外，牵引法与前述惯性锤法的主要区别还在于惯性锤法所施加的矫正力往往是冲击性的；而牵引法所施加的矫正力则可以从零开始逐渐加大到所需矫正力的极限；牵引法可以从不同角度同时增大牵引力，这对矫正综合变形更有利。可见，牵引法更适合矫正大型构件的多方位变形，尤其是矫正车身的整体变形，非使用牵引法不可。

在牵引法中，除了运用拉链并附以各种定位装置外，带式牵引法也有它的特殊作用和独到之处。如当翼子板边缘被向内挤压变形后，可通过牵引挂在翼子板边缘上的牵引带，使变形得到矫正。当然，需要矫正单边变形时，带的另一端则应固定在其他强度较高的部位。运用牵引带取代拉链牵引的好处在于可避免铁链对车身外表面的刮伤。在牵引的选择方面，也有较大的余地。

4. 支撑法

车身钣金件的变形方向往往比较复杂。但是，由于受牵引方向以及设备、工具等限制，对于开口类、框架式车身结构，如门框、窗框、发动机舱、后备厢等的挤压变形，如果用支撑法矫正就显得比较得心应手。支撑法利用可以伸长的支撑杆的支撑力，将框架式构件的变形顶压至理想的位置（图 2-72）。

对于一些综合变形，往往将支撑法和牵引法配合使用。如图 2-73 所示，翼子板的严重变形波及窗柱，仅用支撑法直接矫正窗柱的变形是不可能的；反之，仅用牵引法矫正前部的变形也很难奏效。两种方法配合使用，就可以获得事半功倍的整修效果。

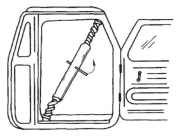

图 2-72 支撑法矫正车身变形

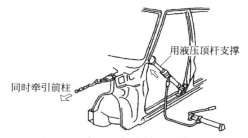

图 2-73 牵引法与支撑法配合矫正

支撑法也适宜矫正车身底部于垂直方向上的变形，对于车身底梁的水平方向变形可用牵引法矫正，但对垂直方向的变形则不好进行牵引。如车架和承载式车身的车底纵梁产生的拱曲，用支撑法矫正就显得十分方便。矫正车架的下拱形弯曲时，将梁的两端于垂直方向固定后，用液压千斤顶支撑变形最大部位，弯曲就很容易得以矫正。同理，对于上拱形弯曲也可以用支撑法矫正，只要变换一下支撑位置即可。

图 2-74 所示为车顶凹陷的支撑。对于车顶罩及其周围发生的凹陷变形，可以使用便携式液压工具并配以专用橡胶接头顶出，矫正过程中使用钣金锤和钣金托模按

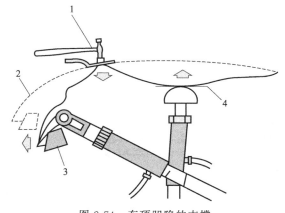

图 2-74 车顶凹陷的支撑

1—弹性敲击；2—原来外形；3—顶梁；4—胶合板

预定的要求（如虚线所示）进行整形即可。

支撑法矫正用起来也比较灵活。一般分为液压和机械式两种，其中液压方式的使用性最好，也比较多见。与支撑工具配套的各种类型的支撑座，可以适用于车身上的不同部位。所以，一般不必借助其他连接方式，就可实现对变形的矫正。

第三节　钣金的收放操作

收放操作是针对金属板的膨胀、收缩变形而进行的。车身维修中无论是冷做还是热做，都会不同程度地造成金属板的变形。如当熔焊、钎焊或对金属板加热时，金属材料便会受热膨胀，而当其再次冷却下来时，金属板就会因收缩导致其变形而失去原来的形状（图2-75）。

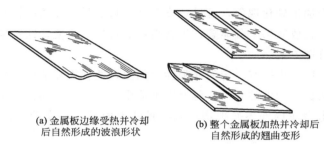

(a) 金属板边缘受热并冷却　　(b) 整个金属板加热并冷却后
　后自然形成的波浪形状　　　　自然形成的翘曲变形

图2-75　金属板的热胀与冷缩变形

钣金作业中，对板类构件所进行的焊接、成形、矫正、敲平等，都会使金属发生延伸或拉紧，对车身局部或整体参数都会产生不同程度的影响。一方面，车身上板类构件发生的尺寸变形，给装配带来一定的困难；另一方面，与延伸相伴随的变形，需进行矫正。

车身钣金构件变形的根源主要是板厚不均。变薄部分金属的组织被拉长，形成疏松状态（俗称"松"），同时引起相邻金属相对紧缩、变厚部分金属相对紧密。

焊接或挖补作业将会使金属受热膨胀，不均匀的加热与冷却也导致金属的延展或收缩。如图2-76所示，将两块金属板对焊时，当已经焊过的区段开始固化收缩时，熔池内的白热金属膨胀而且强度减弱。然后，当已经完成的焊缝金属继续冷却，所产生的收缩力将引起施焊区段内变形继续、积聚变厚，从而造成两块金属板之间相互拉进、靠拢直至重叠，结果使整个焊缝长度缩短，焊缝区域内金属板的翘曲变形便由此形成。

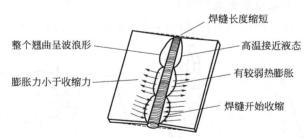

图2-76　金属板对焊产生的热变形

车身钣金件的尺寸和形状（如翘曲、扭曲变形）发生变化超过一定极限时，车身构件就很难正确地装配在一起；薄板类构件呈现的隆起变形，在外力的作用下会弹来弹去，产生"油壶现象"；有时车身构件的内应力还会与汽车运动载荷合并，从而对构件安全性构成一定威胁。这都需要通过收放操作并消除内应力,来恢复车身构件的原始状态。

车身钣金技术中收放作业的目的在于:对伸展、膨胀的金属进行收缩(简称"收");对收缩、拉紧的金属进行延展(简称"放")。收放可以将尺寸误差以及形状与位置误差控制在技术标准之内。

车身钣金的收放作业有三种形式:冷做法、火焰法、电热法。

一、冷做法

用冷做法(也称锤击法)收缩与延展,以钣金锤和托模为主要工具,通过敲击拉紧部位使之放松,从而达到修整的目的。

冷做法收缩与延展的突出优点是,对缓蚀层的破坏程度较低,尤其适合修复耐腐蚀特种钢板;利用金属的冷加工硬化现象,可进一步提高材料的强度和硬度;对薄钢板膨胀、隆起或拉紧、翘曲现象,收放效果十分显著;工具简单而且操作方便。这些也使冷做法成了车身维修中钣金作业的首选方案。

冷做法收缩与延展,也带有一定的局限性。如比较适合修复那些变形程度小、面积不大的构件;对厚钢板或板类构件的收敛、延展则不适用。其缺点是操作效率较低且具有一定的技术难度;反复锤击会使构件表面损伤,尤其是变形面积、程度较大,这一点就显得更加突出。

1. 薄板的延展

薄板的延展作业,是车身钣金技术中的一个基本功。掌握了对薄板的冷做法延展的正确操作要领,还有助于熟练地运用其他延展方法。其他延展方法一般还需要冷做法延展操作的配合。薄板的拉紧与放松会导致其产生两种形态的变形:一是由四周拉紧、中部放松形成的凸鼓变形;二是由四周放松、中部拉紧形成的翘曲、扭动变形。操作前应认真分析、诊断,根据拉紧与放松的特征,确认属于哪种类型的变形,以便区别对待。

对于沿四周拉紧状态而引起的中间隆起,可通过锤击法延展、放松板料的周边,不应再敲击凸鼓中部以免变形加大。基本操作要领是,由四周开始锤击并逐渐向中间移动;锤击边缘时的力度要大、击点要密,随着击点向中心的移动,力度应逐渐减小并使击点逐渐变疏[图2-77(a)]。如此,金属板就可从四周开始延展、放松,趋向至隆起面的中心,中凸变形自然会被消除。

对于沿四周放松、中部拉紧形成的翘曲、扭动,修理时与上述操作有所不同。锤击则从板料的中间部位开始,并逐渐呈放射性地向四周边缘扩散。与前述操作的相同点在于,敲击

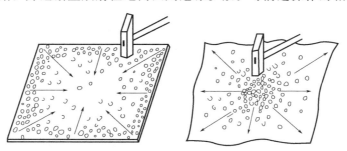

(a) 放松板料的周边以矫平中部凸鼓　　(b) 放松板料的中部以矫平四周的翘曲

图 2-77　薄板的延展

力度也是由强到弱，锤击点要由密变疏[图2-77(b)]。锤击使板面中间延展，拉紧状态被放松，翘曲和扭动现象自然被消除。

操作过程中还应注意延展的正确运用，不能一概而论。比如：对板面上存在的局部凹凸，则实在没有必要将凹凸的周围敲击膨胀。遇此情形可先用钣金锤、顶铁等将板面修平，然后再按上述要求进行延展作业。否则，不仅会使修整作业复杂化，而且可能适得其反。

2. 收缩锤和收缩顶铁的应用

对车身上板类构件的膨胀并由此而引起的隆起变形，最有效的冷做收缩法是应用图2-78所示的专用收缩锤和收缩顶铁，在膨胀隆起部位进行类似于敲平的锤击操作。收缩顶铁的应用方法，可参照精平采用"紧贴法"。为适应覆盖件的不同曲率，收缩锤与收缩顶铁的端面也有几种形状变化，供实际操作时视情况合理选用。

用上述方法收缩中凸的隆起变形时，不允许同时使用收缩锤与收缩顶铁，否则达不到理想的收缩效果。合理的做法是，视实际情形交替使用收缩锤与收缩顶铁，一般是收缩顶铁的使用机会不大于收缩锤的运用次数。其意义在于，收缩锤敲击过频容易导致金属表面损伤，因为锤纹的作用会使钢板外表变得不够光滑。与收缩锤和收缩顶铁交替使用的工具，是敲平作业所用的钣金锤与顶铁。

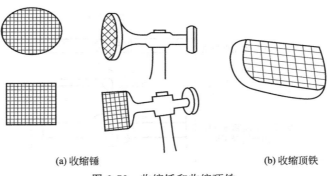

(a) 收缩锤　　　　　　　　(b) 收缩顶铁

图2-78　收缩锤和收缩顶铁

用收缩锤和收缩顶铁冷做收缩的原理十分简单。用收缩锤（内侧选平面顶铁）或收缩顶铁（外侧选平面锤）对板料锤击的过程中，收缩锤或收缩顶铁端面上的花纹，能使被锤击的金属发生微小的多曲变形。显然，这种因敲击再次发生的微小变形，将板类构件的表面拉紧、收缩，中凸隆起变形也随之消除。

车身维修的钣金操作实践证明，上述冷做收缩方法具有操作简便、收缩效率高等许多优点，对操作者的技能水平要求不十分严格，而且还具有独到的新颖之处。尽管国内车身维修行业中还很少应用，但随着特种合金材料在车身上的广泛应用，这种方法将以其不可比拟的优越性，在车身维修行业中迅速流行、推广。

应用冷做法进行收放操作时，要十分注意板类构件的形态变化，要有针对性地调整敲击点的位置、范围、力度、疏密等，这些因素都会直接影响收放的工作质量和效率，并形成明显不同的收放结果。当冷做法收放作业接近完成时，一般还要做一次精平。用平锤、橡胶钣金锤等做最后的调整敲击，可使整块金属板的组织舒展均匀，表面光滑、平整。

二、火焰法

用火焰法收放可以获得比冷做法大得多的收缩量和延展量。这种方法更适合膨胀程度大、拉紧状态严重而且面积范围大的变形。上述情况如果应用冷做收放法，不仅难以奏效，而且对构件表面的锤击损伤也会增大。使用火焰收放法则可以十分有效地解决这类问题。

对需要延展的板类构件，只要在加热和加热后的冷却过程中不停地锤击，就可以获得比冷做法大得多的延伸量。这种类似于锻打的作业方式，与冷做法延展相比有异曲同工之处，因为加热使金属的塑性提高，强度下降，加之锤击力的作用，理所当然地会获得明显的延展效果。火焰法延展特别适用于需要较大延展量的厚钢板。

1. 火焰法收缩原理

火焰法收缩（俗称收火）是利用金属热胀冷缩这一性质来达到收缩目的的。如图 2-79 所示，当利用火焰对钢板迅速加热时，受热点及其周围就会以此为核心向外膨胀，并延伸至一定的范围。距受热点越近，金属的延伸量、膨胀量就越大；反之，则延伸量、膨胀量越小。由于受热点周围的金属仍然处于冷硬状态下，就限制了膨胀的扩展，形成沿周方向固定，使受热部分的金属不仅未能向外延伸，反而造成了一定程度的向心压缩载荷。加热则使受热点变成金属的垂直扩张，延伸量也为受热点金属的膨胀变厚所代替。

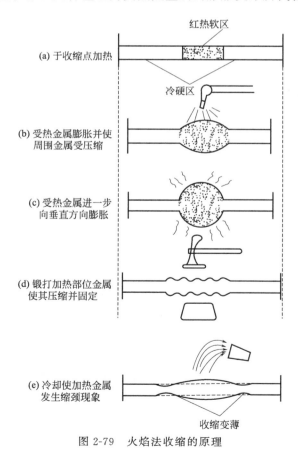

图 2-79 火焰法收缩的原理

在此状态下，如果尽快使红热区冷却，受热点及其周围的板料就会收缩，局部表面积将比受热前小一些，金属内部也会伴随着产生拉伸应力。如对受热点及其周围的金属进行轻轻地锻打，垂直方向膨胀的金属就被压缩并固定下来，材料的内应力因此被消除。加上冷却的作用，就可以获得更大的收缩量。由此达到对板类构件膨胀、隆起的收缩目的。

冷却方式有风冷和水冷之分。前者的冷却速度稍慢，故收缩量比水冷要小一些；后者为急冷，金属的收缩量相对较大。这是因为用水对加热部位进行急剧冷却，会在四周形成更大的向心拉伸力。在加热金属周围产生的缩颈现象，使板料的收缩量更大、效果更明显。冷却方式需要依变形程度和膨胀状态的不同而定。无论采取哪一种冷却方式，加热时的速度必须是急剧的，以免对周围金属产生更大的热影响。

火焰法加热对同一点最好是一次性的，加热点的大小也应控制在直径20～30mm范围内。实践表明，即使适当增大加热点的面积，一般也不会收到更显著的收缩效果。这是因为膨胀与收缩量的大小，均受到金属热胀系数和金属质量等多方面的限制。尤其是当车身维修的钣金作业接近竣工状态时，更应避免过度加热，尽量减少加热点数量，以免给精平和涂装作业带来更多的麻烦。加热温度一般应控制在500℃以内，钢板受热点变为深褐红色。当构件的板料较厚需要大面积收缩时，方可适当加热到700～750℃，相当于钢板受热点变为樱红色或浅红色。

需要注意的是，由于高强度钢在车身上的广泛应用，给经验法判断火焰加热温度带来一定的困难，因为不同厂家生产的高强度钢其加热的临界温度是不同的。如果能够查出金属材料的性能及其加热临界温度则更好。

用热蜡笔可以更加精确地控制金属板的加热温度。这种彩色加热蜡笔，可以用于监视金属材料的实际加热温度，比用经验控制加热时观察金属板颜色的方法更精确、更可靠。使用时先按加热温度要求选择符合控制要求的蜡笔，在金属板的加热区域画上蜡笔标记。使用火焰加热至蜡笔上所标明的指定温度时，加热蜡笔记号便会熔化，此时应立即停止加热。

用火焰法对车身板类构件进行收缩操作后，金属表面则会显得不光滑，这时还需要用敲平法（精平）对收缩过的部位做精细的修整。对构件尺寸、形状位置误差等，也要进行一次最后的检查与矫正。

火焰收缩法的优点是收缩效率高，操作过程也比较直观。缺点是火焰加热会由于金属的热传导作用而破坏周围的涂层；温度高对周围构件的热辐射也大，甚至需要拆除部分构件后才能施工。钣金作业中应尽量减少火焰法收缩的应用机会，尤其是当车身材料为耐腐钢板时，这种要求显得更加重要。

2. 用火焰法收缩局部隆起的操作实例

车身维修中利用火焰法对薄板进行收缩处理，是钣金工利用金属延伸（膨胀）或收缩，将变形的金属恢复到原来的尺寸和形状的有效方法。当车身局部发生损伤或变形时，碰撞处必然会有一定量的金属产生拉伸而隆起。

采用火焰法收缩凹陷时，应先确定整个需要进行收缩的区域及其中心和最高点，按金属板厚度选择合适的氧乙炔焊嘴，点火后将其调整到中性焰，缓慢加热收缩区最高点直到出现樱红色。随着收缩区域温度的提高，金属板将随之膨胀而隆起，此时去掉加热火焰后迅速用平锤敲击隆起部位，经数次连续击打后使隆起塌陷，冷却后可初步消除隆起并得到较好的收缩效果（图2-80）。

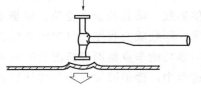

图2-80　初敲平皱褶的方法

加热时应注意对加热点尺寸的控制，加热点直径一般为 18mm 左右。加热点的温度不宜过高，焊枪与金属板的距离不要过近，否则会使加热点处的薄板烧穿造成更大的损伤。完成粗略整形后，应按照图 2-81 所示方法，用钣金托模或修平刀顶住锤击点的另一面，同时用钣金锤敲平加热点区域及周围皱褶与波峰。运锤时应注意的操作要领如下。

① 锤击次序按图 2-82 中所标出的顺序号进行，落锤点在波峰处从锤击点开始向中心滑动（即向加热中心移动）。

② 锤击操作的速度宜快不宜慢，因为薄板的散热速度较快，当金属冷却下来之后平皱的效果将会大大减弱。

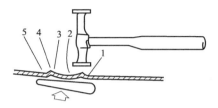 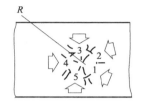

图 2-81　用钣金托模敲平皱褶　　　　图 2-82　收缩时的锤击次序及运锤方向
　　　1~5—锤击次序　　　　　　　　1~5—锤击次序；R—快速滑移向中心锤击

③ 严格控制锤击的力量不要过大，因加热区的金属变软且强度较弱，多余的金属有向加热区转移的倾向并使之变厚，如果锤击过度则会使该区域的金属减薄形成再度拉伸。

火焰法收缩敲平时的技术关键是对敲击力度的控制。采用"紧贴法"本身就容易使板料延展，敲击时不能像砸钉子那样用力大而猛。一般初期的敲击力度可稍大一些，随损伤面积收缩程度变化，敲击力度应随之减弱。这是因为在加热收缩后的敲平过程中延展量增大时，可采用收缩法来重新消除隆起和变形。特别是车身材料的优化（如高强度钢板和表面处理钢板等的应用，有条件使板类构件趋于变薄和不便于收缩），给收缩作业带来许多困难，操作时应将延展量控制在最小，保证一次成功。反复在金属板的同一部位进行加热和收缩操作是不可取的。

三、电热法

冷做法需要在构件的两面同时操作，火焰法的热辐射范围大，使其作业场合受到某些条件限制，而电热法有许多不可比拟的优点。

多功能车身整形焊机及其与之配套的电热棒和电热收缩锤，是电热法收缩的主要工具和设备。它的工作原理比较简单，作为电源的主机通电后，对电热棒或电热收缩锤加热。根据需要选择不同变形状态下的整形工具——电热棒或电热收缩锤，就可以实现对薄板类车身构件膨胀、伸展的电收缩。电热法收缩的效率高，质量好，变形小，热影响低。

如图 2-83 所示，将电热棒（碳棒）通电加热后，便可直接在待收缩钢板上回转滑动，使膨胀、隆起的金属受热。依据实际情况采用风冷或水冷方式冷却加热点，板类构件的伸展、膨胀就会收缩（机理同火焰法），变形和内应力得到消除，从而达到修复的目的。另外，与多功能车身整形焊机配套的电热收缩锤，是一件比较合适的工具。电热收缩锤能够在加热过程中，锤击被加热金属使热膨胀得以固定。它是在通电加热状态下拍击钢板表面的，与冷做法中的敲平作业存在明显的不同，收到截然不同的结果。

电热法收缩不像火焰法在构件表面上留下因加热而导致的不平，也不会有火焰法那样大的辐射热而殃及其他构件。收缩终了一般不用平锤、顶铁等工具敲平；有时还可不必拆除内饰板等关联部件，从车身外侧直接进行收缩操作；对钢板表面的烧损面和对周围涂层的破坏程度等都比火焰法轻得多；对面积较大薄板类膨胀变形，有较好的收缩效果。缺点是受加热速度和能量限制，对厚板或深度变形的收缩则难以奏效。

(a) 用电热棒加热并收缩车身翼子板　　(b) 多功能车身整形焊机

图 2-83　电热法收缩

四、收放的检验

综合变形共存的多曲面车身覆盖件，需要收缩、延展两种作业方式交替进行。这两种截然不同的变形和区域，可采用图 2-84 所示的触摸法并依靠经验判定。

依经验法判断时，眼和手有机地结合，仔细观察、分析车身覆盖件曲面的原始变化趋向，用手掌触摸检查时，应沿手指的指向顺向于钢板表面上滑动，对变形的感触要比用手掌随意滑动敏感些。如果带上薄手套按此法检查，对变形的手感会更好些。如果用外切样板或凹形胎检查，视情况延展（收缩）与检具不贴合处的钢板。如果用内切样板或凸形胎检查，则应视情况延展（收缩）与检具贴合处的钢板。

图 2-84　用触摸法检验平滑程度

车身构件的变形与损伤往往需要综合运用矫正、敲平、收放等手段。应针对具体情况合理地确定维修工艺与步骤，注意将收放操作放在损伤被基本修复之后进行，最后还要通过填平、打磨、防锈、底层处理、表面涂装等作业，使被修复的金属表面光滑如初。

第四节　车身覆盖件的仿制

车身覆盖件的手工仿制有其实际意义。在车身维修过程中，可以通过对车身覆盖件的仿制达到矫正的效果。被覆盖件表面形状所限制的车身，借助外形、轮廓、线条和表面的圆滑性等确定汽车的外观。进行车身覆盖件的手工仿制时，先弄清构件表面上各曲线之间的相互关系，由这些曲线所限制的表面确定仿制原则。只有在这几方面均能达到与原车身构件的相互协调、流畅时，才会使最终修复效果产生比较协调的感觉，仿制才算是成功的。

一、车身覆盖件表面的类型

车身覆盖件表面的类型基本上可以分为平面、单曲面和空间曲面三种。

1. 平面

车身构件中最简单的形式是平面。在实际中很少采用较大的平面式结构，这是因为平面不利于保证适当的刚度和造型特性。车身构件即使采用此结构，也必须在其表面上制肋或制成不同形状的凹槽（图2-85），消除由纯平面所导致的不良特性。

通过局部处理所形成的加强型平面构件，一方面可以提高构件的刚度，减少发生翘曲变形的机会；另一方面通过调整力和振动频率的分布情况，有效地避免应力集中和共振现象的发生。

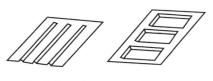

(a) 带凸肋的平面　　(b) 带凹槽的平面

图 2-85　平面构件的表面类型

加强型平面除多用于车身内部承载构件之外，在涉及车身表面造型的外部构件中一般不宜采用。

2. 单曲面

最简单的表面形状是单曲面［图2-86(a)］，与平面相比，单曲面在车身构件上的应用相对多一些。如城市客车、长途客车及其他装有大型厢式车身的汽车，都具有这样类型的单曲面形状构件。

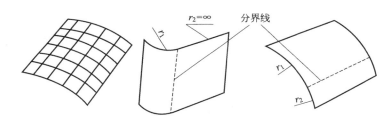

(a) 由直线运动所形成的单曲面　　(b) 不圆滑的过渡

图 2-86　不同曲率表面的过渡

单曲面构件的表面仅在一个方向上具有曲率，而且其曲率半径往往是不定的。定曲率半径所形成的单曲面构件，由平面向有一定曲率的表面过渡，会呈现不圆滑的情况［图2-86(b)］。即使采用两种不同的半径，也会在衔接线处发生明显的转折。只有在少数情况下，才能用较宽的装饰件成功地将其接合部掩饰起来。

手工仿制单曲面构件应注意不同曲率的过渡，一定要避免在结合部位形成较为明显的形状变化。否则，即使不大的非圆滑曲面过渡不良也会造成一种不好的印象，构件表面涂漆后形成的反光，将产生凹凸或波折放大的光学效果。

3. 空间曲面

如果采用空间旋转曲面或变母线的复杂曲面［图2-87(a)］，将车身构件的过渡部分制成抛物线、椭圆线等形状，上述转折现象就会得以消除［图2-87(b)］，车身的外观感以及抗振性能等也会相应得到提高。

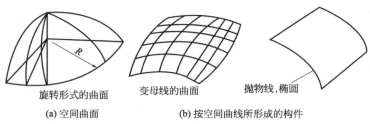

图 2-87 空间曲面的形成

事实上绝大部分车身构件采用的都是空间曲面，从而使整个车身表面获得为多方所接受的圆滑性。车身设计与制造过程中，对构件曲面的选择非常精细。在熟知空间曲面制取方法的基础上，使整个车身表面制取同一个曲线族，如此才可以获得线条流畅和圆滑的感觉，使车身构件组合后形成一个协调的整体。

二、手工仿制操作

空间曲面车身覆盖件的手工仿制，可分为有胎具仿制和无胎具仿制两种方法。前者需要预先制作与目标曲面相同的胎具，不适合车身覆盖件的单一仿制；后者仅凭手工操作，很适宜解决无商品件供应情况下修理的急需。锤击成形的操作方法如下。

无胎具仿制也并非徒手而为，而应选用具有平面、弧形、方孔、圆孔等各类几何形状的平台及砧铁。这些对手工成形、仿制车身覆盖件都是很有帮助的。手工锤制的初期，应使用木槌、尼龙钣金锤或橡胶钣金锤等非金属工具，待其达到粗成形的程度时再改换其他钣金锤。敲击操作要从板料的中部开始，逐渐呈放射性的趋势由内向外扩散。在锤制过程中可随其成形的程度，随时剪掉确认为多余部分的料边，以免影响敲击操作和测量。

对于拉伸程度较大的部位，可用火焰法对其局部加热使之提高塑性。因为冷做法不仅成形困难，而且还容易使金属材料发生撕裂现象，所以此时一般不用冷做法。不得已时也可在局部剪口，待完成形状的锤制作业后再将其补焊完整。

对于收缩程度较大的部位，亦可采用火焰法收缩或通过加热使局部收缩成皱褶；必要时可在局部剪口使之重叠，待完成形状的锤制作业后再剪去多余部分并焊妥。

对于用分割方式成形的构件，应严格按尺寸要求划定切割线并将接口剪齐、修平；焊接时应按焊接技术中规定的操作要求进行。

手工仿制车身覆盖件的最后一道工序是修边与加工。待上述各项作业全部完成后，再进行修边、钻孔、开槽等项加工。剪边时应按尺寸要求划定切线，沿线剪切后还要对边缘加以修磨。钻孔、开槽等机械加工均应放在最后进行，因为矫正、修整等操作有可能使原来的定位失准。随后，还要将仿制好的构件打磨干净并及时涂刷一层缓蚀剂。

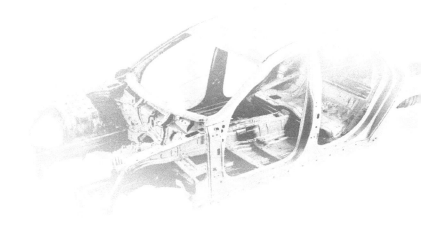

第三章
钣金焊接工艺与设备

第一节 焊接工艺基础知识

一、焊接工艺特点

焊接是指通过热量，将不同块体的钣金件永久性连接在一起的工艺过程，是将车身钣金件连接在一起的主要方式。一直以来，车身修复时主要使用氧-乙炔焊和手工电弧焊的焊接方法，来焊接车身上的钣金零部件和车身结构性钣金件。

随着高强度钢在整体式车身上的广泛使用，上述两种方法逐渐失去了其主导地位。因为氧-乙炔焊焊接将导致高强度钢板过热、材质改变、钢板变薄，从而造成其性能恶化，削弱钢板的力学性能。另外，由于热量较为集中，焊接时产生的应力较大，且难以采取有效控制措施。而手工电弧焊焊接后的焊缝部位一般硬度较高，但韧性不足，薄板容易出现熔穿孔。相对于 CO_2 气体保护焊，手工电弧焊对薄板的焊接质量相差较远。

目前，汽车钣金维修行业应用于车身焊接的方式，主要有 CO_2 气体保护焊和电阻点焊，而氧-乙炔焊虽然有缺点，但在钣金维修中仍能发挥其他作用，如金属表面清洁、加热后取出难以松动的螺钉等。

二、焊接种类

汽车上零部件的连接方法比较多，一般可以根据连接的特点将其分为两大类：一类是可拆卸式连接，又称机械连接，例如螺栓连接、键连接、楔连接；另一类是不可拆卸式连接，这种连接方式的拆卸只有在破坏零件后才能实现，例如焊接、铆接和粘接等。在汽车钣金修理作业中，焊接占的比重很大。由于焊接生产效率高、不受形状限制、焊接后可保持车身的整体性、不增加车身重量、对空气和水的密封性好等优点，一直是车身制造和车身修复的主要连接方式。

焊接是对焊件进行局部或整体加热，使焊件产生塑性变化，形成焊件间的原子结合，从而实现永久连接的工艺方法。车身组件多由钢板或型钢构成，常用的焊接方法有气焊、二氧化碳保护焊、手工电弧焊等。

按焊接过程的物理特性不同可分为熔化焊、压力焊和钎焊，如图3-1所示。

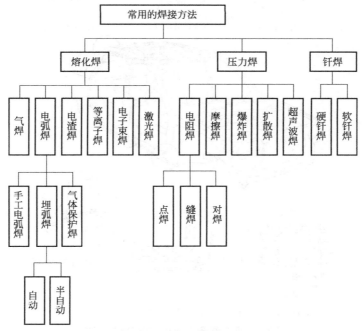

图3-1　常用的焊接方法

1. 熔化焊

熔化焊是将被焊金属在焊接部位加热到熔化状态，并向焊接部位加入熔化状态的填充金属（焊条），冷凝以后，两块被焊件即形成整体的焊接方法。根据熔化方式不同，熔化焊又分成气焊、电弧焊、电渣焊、等离子焊等六种方法。其中气焊、电弧焊在汽车修理中使用最多。

2. 压力焊

用电极对金属焊接点加热使其熔化并施加压力，使之焊接在一起的方法称为压力焊。各种压力焊中，电阻焊的点焊方法在汽车制造业中是不可缺少的（如车身点焊）。因为点焊不会使焊件产生变形，在汽车修理中获得广泛应用。

3. 钎焊

钎焊是采用熔点低于母材的钎料（钎焊填充材料），加热熔化，滴在焊接区域，将工件焊接成一体的焊接方法，如铜焊、锡焊。由于钎焊时，工件受热的温度低于工件材料的熔点，不影响工件的整体形状，因此被广泛应用于对水箱、油箱等的修理作业中。

汽车制造中使用的各种焊接方法如图3-2所示。车身修理前，先要查阅汽车制造厂家提供的汽车维修说明书，了解各部位焊接的特点。修理时要尽量采用点焊法或气体保护焊；除了在制造时进行过钎焊的零部件外，车身的其他部位切勿进行钎焊；切勿在新型汽车车身上使用气焊。

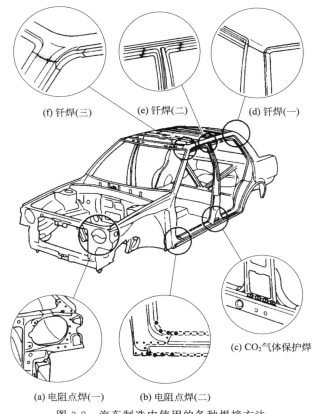

图 3-2 汽车制造中使用的各种焊接方法

三、常用焊接名词及术语

常用焊接名词及术语,见表 3-1。

表 3-1 常用焊接名词及术语

序号	焊接名词及术语	含 义
1	焊接工艺	焊接过程中的一整套工艺程序及技术规范,包括焊接方法、焊前准备、装配、焊接材料、焊接设备、焊接顺序、焊接操作、焊接工艺参数及焊后处理等
2	电弧	由焊接电源供给,在两极间产生强烈而持久的气体放电现象,可分为交流电弧、直流电弧和脉冲电弧
3	熔点	熔点是指金属经过加热后由固态转为液态时的温度;反之,冷却后由液态转为固态的温度,称为凝固点。与沸点不同,熔点受压力的影响很小,大多数情况下一个物体的熔点就等于凝固点
4	熔深	熔深是指母材熔化后熔池内最深位置与母材表面之间的距离,即俗称的渗透性能。也可以理解为,在母材表面下方热量所能熔化的深度
5	母材	待焊钣金件的材料。焊接时,应根据母材来选择焊料
6	熔池	金属加热熔化后具有一定几何形状的液态金属,即焊缝凝固前的熔融状态。熔池与电流、电压和焊枪的角度、焊接速度、焊材种类、母材自身的特性有关。与前两者的关系更为密切,电流越大,熔池越深;电压越大,熔池越宽

续表

序号	焊接名词及术语	含义
7	焊缝	焊接形成的两个被连接体的接缝称为焊缝。焊缝的两侧在焊接时会受到焊接热量作用,发生组织和性能变化,这一区域被称为热影响区
8	焊层	焊接的层数,主要针对较厚的堆焊
9	保护气体	防止熔池和电弧与空气发生有害反应的气体,由气瓶提供,从焊枪喷出
10	惰性气体	不与其他元素发生反应的气体,如氦、氖、氩、氪、氙、氡,通常情况下,它们不与其他元素化合,而仅以单个原子的形式存在
11	活性气体	常温下很活跃,可与其他元素发生反应的气体,如氧气、氢气
12	焊丝	丝状熔化电极。由于焊丝不需要经常更换,因此生产率比焊条高
13	熔化电极	一种向电弧传导电流,同时会作为填充金属而熔进焊缝的电极,这里特指焊丝
14	填充金属	也称填料,焊接时用于添加到焊缝、堆焊层中的金属合金材料的总称,通常可以增加焊接接头的强度和质量,包括焊丝、焊条、钎料等
15	还原剂	可从熔池和电弧中去除氧、氮、氢的物质
16	送丝速度	从焊枪送出焊丝的速度
17	预热	在焊接之前加热母材。某种情况下,焊接前对焊件接口处预热、焊时保温和焊后热处理可以降低金属的硬度,改善焊缝质量,减少热裂纹倾向
18	飞溅	焊接过程中溅出的液体金属颗粒,飞溅会在工件表面留下不需要的金属粒
19	熔滴	焊条或焊丝前部端头受热熔化,并向熔池过渡的液态金属
20	坡口	在焊件的待焊部位加工或装配成的一定几何形状的沟槽,称为坡口。坡口形式有不开坡口(I形坡口)、Y形坡口、双Y形坡口、U形坡口等

第二节　氧-乙炔焊接工艺

在汽车制造和维修作业中,焊接一直是必不可少的生产作业手段。传统的氧-乙炔焊(气焊)在以往的车辆挖补、事故车修复等工作中发挥了巨大的作用。但由于其具有热量难以集中、变形大、焊接质量差、易氧化等缺点在汽车维修行业中将会逐步被淘汰。目前,仍有一些中小型维修企业在继续使用它,而一些规模较大的维修企业、4S店等已相继制定出对其使用时间、操作部位等方面的限制,适用范围也仅局限于对车辆修复时的热收缩、钎焊、表面清洁、切割非结构性部件等。取而代之的是一些具有高速、低耗、变形小、易操作、使用范围广、焊接质量高等优点的如二氧化碳气体保护焊、电阻焊等,它们在事故车修复工作中起到越来越重要的作用。

一、氧-乙炔焊接设备

氧-乙炔焊接是熔焊的一种形式,将乙炔和氧气在一个腔内混合,在喷嘴处点燃后作为一种高温热源(大约3000℃),将焊丝和母材熔化,冷却后使母材熔合在一起。

氧-乙炔焊接设备包括焊炬、减压器、回火防止器、气瓶及橡胶管等,如图3-3所示。

1. 钢瓶

分别装有氧气、乙炔气。氧气瓶由无缝高等级钢制成，瓶身为蓝色，使用时应注意不要将瓶中氧气全部用完，应至少留 100kPa 以上的氧气压力，严防乙炔倒灌引起爆炸。乙炔瓶用较薄的钢板焊接而成，瓶身为白色且瓶径较粗，其工作压力为 14.7MPa。

2. 气压调节器

如图 3-4 所示，气压调节器是用来将气瓶中的高压气体，降低到焊枪（焊炬）需要的工作压力，并保持焊接过程中压力基本稳定的调节装置，因此也称为减压器。如图 3-5 所示，氧气调节器的承受压力较高，安装螺纹为右旋；乙炔调节器的承受压力较低，安装螺纹为左旋。使用减压器时，首先缓慢打开氧气瓶（或乙炔气瓶）阀门，然后旋转减压器调压手柄，待压力达到所需值为止。一般将氧气的工作压力调节到 0.5MPa，乙炔的工作压力调节到 0.05MPa。停止工作时，先松开调压螺钉，再关闭氧气瓶（或乙炔气瓶）阀门。

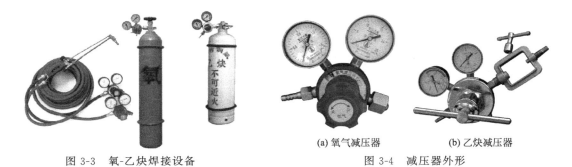

图 3-3 氧-乙炔焊接设备　　图 3-4 减压器外形

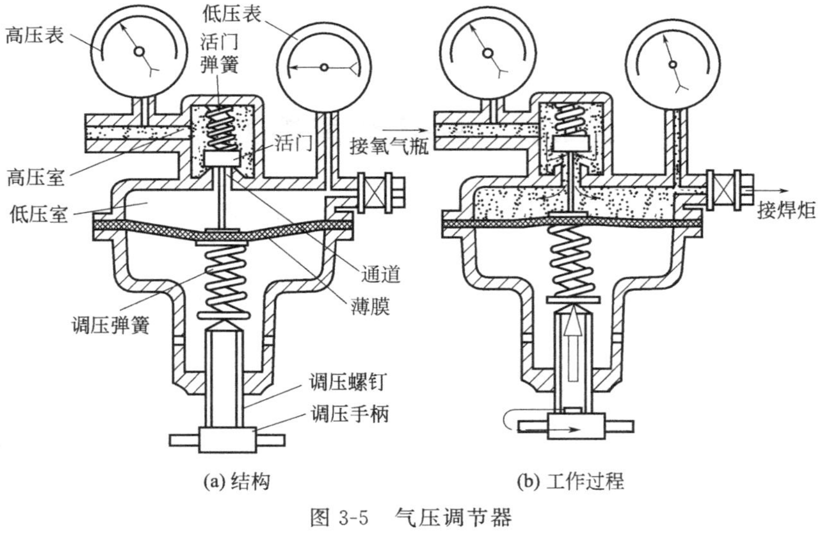

图 3-5 气压调节器

3. 单向阀

通常气压调节器通向焊枪（焊炬）方向的端部安装有单向阀，防止气体回流，保证乙炔瓶的安全，有水封式与干式两种（图 3-6 和图 3-7）。正常气焊时，火焰在焊嘴外面燃烧，当发生气体供应不足或管路、焊嘴阻塞时，火焰逆行进入喷嘴，经混合管、射吸管沿着乙炔管路向回燃烧。

(a) 干式　　　　(b) 水封式

图 3-6　回火防止器　　　　　图 3-7　回火防止器安装位置

4. 氧乙炔胶管

国标《气体焊接设备焊接、切割和类似作业用橡胶软管》（GB/T 2550—2016）规定：乙炔胶管为红色，氧气胶管为蓝色（图 3-8）。通过使用的接头不同来区分焊炬和割炬上的相应管路：氧气管接头六角帽没有标记，乙炔管接头六角帽有标记（图 3-9）。

图 3-8　氧气胶管和乙炔胶管　　　　图 3-9　乙炔管上接头标记

5. 焊炬和割炬

焊炬将气瓶内流出的氧气和乙炔在焊炬体内以适当的比例混合并产生火焰，产生的火焰能够将钢熔化。割炬将需要切割的金属割开。

如图 3-10(a) 所示，焊炬工作时，先打开氧气阀门，后打开乙炔阀门。两种气体便在混合管内均匀混合并从焊嘴喷出，遇明火后即可燃烧。控制各阀门的大小，可调节氧气和乙炔的不同混合比例。一般焊枪（焊炬）备有 5 种直径不同的焊嘴，以便用于焊接不同厚度的工件。

如图 3-10(b) 所示，"气割"就是利用氧炔焰先把准备切割的钢铁件的切割处烧到红热程度，然后吹入高压纯氧气流，使被切割的部分在氧气中剧烈燃烧，熔化成液体，并被气流冲掉，从而达到切割目的。如图 3-11 所示，"割枪"与"焊枪"不同之处，就是多了一根纯氧气流喷射管和多了一个节门，其余的构造原理与焊枪大体相似。

"割枪"的使用方法：先拧开乙炔气开关，并稍微拧开些氧气开关，点燃后，调节氧气的供应量，使氧炔焰成为中性焰（即乙炔与氧气量适当）。切割时先用氧炔焰把准备切割的某一点上烧到红热，再拧开高压纯氧气流开关，使金属在氧气流中剧烈燃烧熔化成液体，冲掉，然后将割枪沿着准备切割的线移动，将金属切割掉。切割时，对割枪的倾斜角度、切割速度和氧气压力等都有要求。

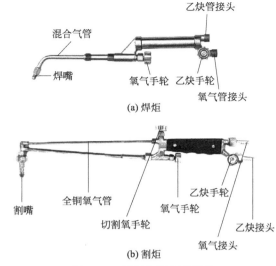

图 3-10 割炬和焊炬的结构

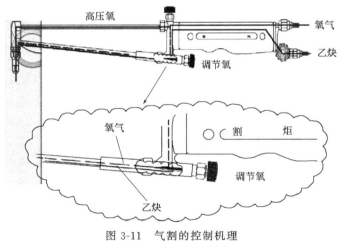

图 3-11 气割的控制机理

6. 焊丝和焊剂

（1）焊丝　气焊时焊丝被熔化并填充到焊缝中，因此焊丝质量对焊接的性能有很大影响。各种金属在进行焊接时，均应采用相应的焊丝。焊丝的直径主要根据工件厚度来决定，可参考表 3-2。

表 3-2　碳钢气焊焊丝直径选择

工件厚度/mm	1.0～2.0	2.0～3.0	3.0～6.0
焊丝直径/mm	1.0～2.0 或不用焊丝	2.0～3.0	3.0～4.0

（2）焊剂　焊剂的作用是去除焊缝表面的氧化物，保护熔池金属及增加液态金属的流动性。气焊低碳钢时，因火焰本身已具有相当的保护作用，可不使用焊剂。气焊铸铁、有色金属及合金钢时，则需用相应的焊剂。常用的焊剂有 CJ101（用于焊接不锈钢、耐热钢，俗称不锈钢焊粉）、CJ201（用于焊接铸铁）、CJ301（用于焊接铜合金）、CJ401（用于焊接铝合金）等。

二、火焰的类型及调整

1. 火焰的类型

氧-乙炔的火焰作为焊接和切割的热源，根据两种气体的比例不同，产生不同配比的火焰，包括中性焰、碳化焰和氧化焰三种形式，不同的火焰有着不同的用途。火焰由焰心、内焰、外焰组成。

(1) 中性焰（也称标准火） 如图3-12所示，氧、乙炔比例为1∶1（体积分数）。焰心呈尖锥形，色白而明亮，轮廓清楚。焰心温度较低，一般为800～1200℃。内焰呈蓝白色，内焰处在焰心前2～4mm部位，燃烧最激烈，温度最高，可达3000～3200℃。这个区域最适合焊接。外焰处在内焰的外部，与内焰没有明显的界线，颜色从淡紫色逐渐向橙黄色变化，温度为1200～2500℃。

图3-12 中性焰

中性焰在燃烧时生成的一氧化碳及氢气，能与金属中的氧作用使熔池中的氧化铁还原，焊缝质量比较优良。

(2) 碳化焰（也称还原焰） 如图3-13所示，碳化焰中的氧气少于乙炔气的含量。焰心较长，呈蓝白色。内焰呈淡蓝色，它的长度与碳化焰内乙炔的含量有关。外焰带有橘红色。碳化焰三层火焰之间没有明显轮廓。碳化焰的最高温度为2700～3000℃。

图3-13 碳化焰

火焰中过剩的乙炔可分解为氢和碳，氢使钢产生白点，碳可使焊件中的含碳量提高。碳化焰不能用于焊接低碳钢及低合金钢，可用于焊接高碳钢、中高合金钢、铸铁、铝和铝合金等材料。

(3) 氧化焰 如图3-14所示，氧气含量高于乙炔气，整个火焰具有氧化性。焰心短而

图3-14 氧化焰

尖，内焰很短，几乎看不到，外焰呈蓝色，火焰挺直，燃烧时发出剧烈的"嘶嘶"声。氧化焰的长度取决于氧气的压力和火焰中氧气的比例，氧气的比例越大，则整个火焰就越短，噪声也就越大。氧化焰的最高温度可达3100～3400℃。

过多的氧和铁发生作用生成氧化铁，使钢的性质变坏、脆化，熔池的沸腾现象也比较严重。一般材料的焊接，绝不能采用氧化焰。氧化焰可用于焊接黄铜和锡青铜。气割时，通常使用氧化焰。

2. 氧-乙炔焊焊炬的调整操作

（1）火焰的点燃和调整　首先分别将氧气和乙炔调节器调节到适当的压力。将乙炔调节阀打开约1/2圈，点火，进而继续开大乙炔调节阀使之出现红黄色火焰。

缓慢打开氧气调节阀，使火焰变蓝直至获得清晰鲜明的亮白色焰心为止，此时为中性焰，中性焰可用来焊接低碳钢（如部分汽车外部覆盖件）。在中性焰的基础上进行调节，可分别获得碳化焰、氧化焰。

（2）火焰的熄灭　首先关闭乙炔调节阀，然后关闭氧气调节阀。

（3）焊炬角度调整　在氧-乙炔焊的焊接中，焊炬可朝向焊缝或背向焊缝操作，称为正向焊接或逆向焊接，在这两种操作中焊炬和焊丝的角度要有所调整，如图3-15所示。

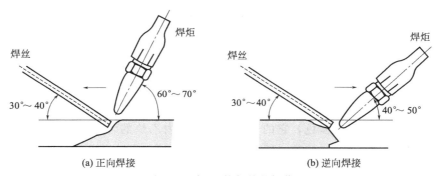

图3-15　氧-乙炔焊接的操作

第三节　二氧化碳气体保护焊焊接工艺

现代车身中的纵梁、横梁、立柱等结构件都是应用高强度钢或超高强度钢制造的，二氧化碳（CO_2）气体保护焊在焊接承载式车身上的高强度钢板方面比其他常规焊接方法更适合。

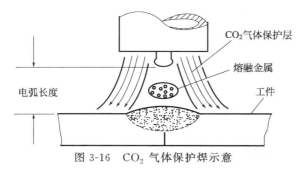

图3-16　CO_2气体保护焊示意

CO_2气体保护焊是惰性气体保护焊中的一种。惰性气体保护焊是利用惰性气体将电极、电弧区以及焊接熔池置于其保护之下的电弧焊接方式，简称为气体保护焊。用于保护焊的惰性气体主要有氩气和二氧化碳气两种。前者俗称氩弧焊，后者称为CO_2保护焊。CO_2气体保护焊示意如图3-16所示。

一、二氧化碳气体保护焊的优点及原理

1. 二氧化碳气体保护焊的优点

与常规的焊条电弧焊和氧-乙炔焊相比,二氧化碳气体保护焊有许多优点。不管是在高强度钢构件及承载式车身的修理中,还是在车身外部覆盖件的修理中,都可以使用二氧化碳气体保护焊。二氧化碳气体保护焊的优点如下。

① 操作方法容易掌握。操作人员只需经过短期的指导和练习,就可学会并基本掌握设备的使用方法。与高级电焊工采用传统的焊条电弧焊相比,初级的二氧化碳气体保护焊焊工都可以做到焊接的质量高、速度快、性能稳定。

② 二氧化碳气体保护焊可使焊接板件100%熔化。因此,经二氧化碳气体保护焊焊接过的部位可修平或研磨到与板件表面同样的高度,而不会降低强度。

③ 在薄的金属上焊接时,可以使用弱电流,预防热量对邻近部位的损害,避免可能发生的强度降低和变形。

④ 电弧平稳,熔池小,便于控制。确保熔敷金属最多、溅出物最少。

⑤ 二氧化碳气体保护焊更适合焊接有缝隙和不吻合的地方。对于若干处缝隙,可迅速在每个缝隙上点焊,不需要清除熔渣,焊后可以很方便地将这些部位重新上漆。

⑥ 一般车身钢板都可以用一根通用型的焊丝来焊接。

⑦ 车身上不同厚度的金属可用相同直径的焊丝来焊接。

⑧ 二氧化碳气体保护焊焊机可以方便地控制焊接温度和焊接时间。

⑨ 采用二氧化碳气体保护焊,对需要焊接的小区域的加热时间较短,因而减少了板件的疲劳和变形。因为金属熔化的时间极短,所以能够进行立焊和仰焊操作。

二氧化碳气体保护焊的应用不局限于车身的修理,它还可以焊接排气结构、各种机械的底座、拖车的牵引装置、载货车的减振装置以及其他可用电弧焊或气焊的地方,都能达到良好的焊接效果。

2. 二氧化碳气体保护焊的原理

CO_2 气体保护焊使用一根焊丝,焊丝以一定的速度自动进给,在母材和焊丝之间出现短弧,短弧产生的热量使焊丝熔化,将母材焊接起来,实现半自动电弧焊接。在焊接过程中,CO_2 气体对焊位实施保护,以免母材被空气氧化。大多数钢材都用二氧化碳(CO_2)进行气体保护焊;对于铝材则采用氩气(Ar)或氩、氦(He)混合气作为气体进行保护焊。

连续进给的焊丝与板件相接触而形成短路,电阻使焊丝和焊接部位受热。随着加热的继续进行,焊丝开始熔化、变细并产生收缩。收缩部位电阻的增加将加速该处的受热。熔化的收缩部位烧毁,在工件上形成一个熔池并产生电弧。电弧使熔池变平并回烧焊丝。当电弧间隙达到最大值时,焊丝开始冷却并重新送丝,焊丝的端部又开始升温,其温度足以使熔池变平,但还不能够阻止焊丝重新接触工件。因此,电弧熄灭,再次形成短路,上述过程重新开始,如图3-17所示。在焊丝周围有一层气体保护层,它防止空气进入发生化学反应并稳定电弧。这种自动循环产生的频率为50~200次/s。

CO_2 气体保护焊的工作过程如图3-18所示。

① 焊丝在焊接部位经过短路→燃弧→短路→燃弧过程,每一次短路,电弧焊丝都从端

部将微小的熔滴转移到母材熔池之中。

② 在焊丝周围有一层惰性气体保护层,以免焊缝被氧化。

③ 焊丝采用自动进给,连续焊接。

④ 在整个焊接过程中,母材受热量小,变形小,不致影响钣金件整体几何形状。

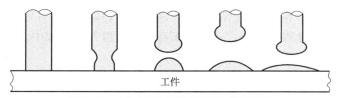

图 3-17 CO_2 气体保护焊焊丝回烧过程

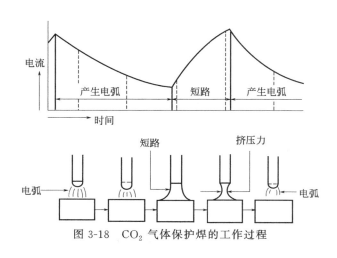

图 3-18 CO_2 气体保护焊的工作过程

二、焊接设备

二氧化碳气体保护电弧焊的设备组成图 3-19 所示,其设备结构如图 3-20 所示。焊接时,焊丝以一定的速度自动进给,在板件和焊丝之间出现电弧,电弧产生的热量使焊丝和板

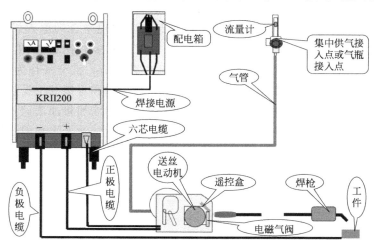

图 3-19 二氧化碳气体保护电弧焊的设备组成

件熔化，将板件熔合连接在一起。保护气体通过减压表调整后按规定流量从枪嘴喷出，保护焊缝。

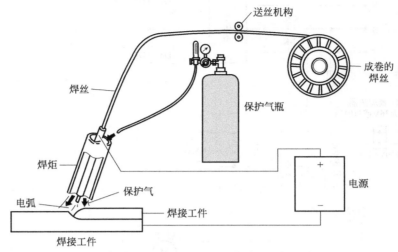

图 3-20　二氧化碳气体保护焊设备结构

1. 焊机

如图 3-21 所示为 NBC 系列抽头分体式 CO_2 焊机，NBC 系列 CO_2 气体保护焊机电气原理如图 3-22 所示，主要由焊机、送丝机构和各种附件组成。

焊机通过变压器把 220V 或 380V 的电压变成只有 10V 左右的低电压，同时电流会变得很大。鉴于焊接对电源的要求，必须使用具有稳定电压的电源。用于汽车车身修理的电源比一般工业焊机的要求要高。因为焊接薄金属板时的输出电流、电压要稳定，否则会影响焊接质量。通过控制面板可进行电压、电流和送丝速度的调节，同时可以进行点焊和脉冲点焊功能的控制。

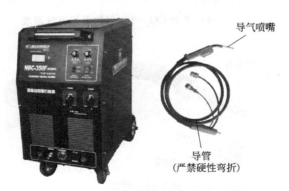

图 3-21　NBC 系列抽头分体式 CO_2 焊机

2. 焊枪

焊枪也称为焊炬，如图 3-23 所示。利用焊枪将焊丝引导至焊接部位，在焊枪上有启动开关，焊枪前部主要有喷嘴和导电嘴。焊枪有两个主要功能：一是提供合适的保护气体；二是导向焊丝，以防止焊丝移出熔池。

一般在焊接中，气体喷嘴的附近会产生氧化物熔渣，必须将它们仔细地清除掉，以免落

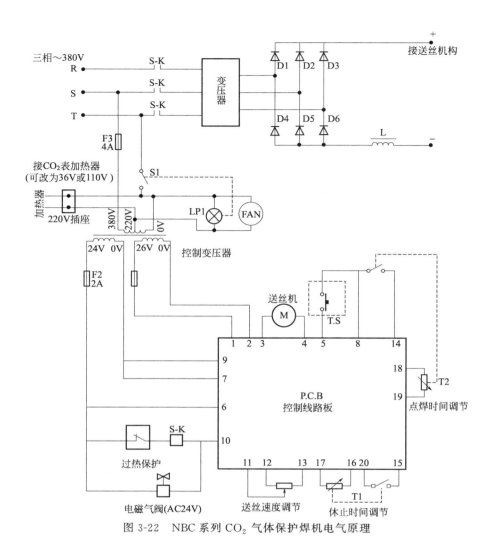

图 3-22　NBC 系列 CO_2 气体保护焊机电气原理

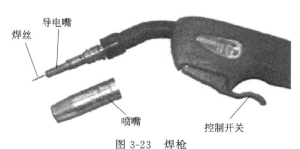

图 3-23　焊枪

入喷嘴内部并形成短路。当送丝速度太慢时，还必须清除因送丝太慢而形成的金属微粒，以免由于堵塞而造成短路。

3. 焊丝和送丝机构

车身修理中使用的焊丝（图 3-24）种类是 AWS-70S-6，使用的焊丝直径为 0.6～0.8mm。目前使用最多的是直径为 0.6mm 的焊丝。直径很细的焊丝可以在弱电流、低电压条件下使用，使进入板件的热量大为减少。焊接时，先用手将焊丝送进约300mm，保证焊丝能够顺利地通过送丝管和焊枪。

送丝机构可对送丝的速度进行控制，将压紧手柄拧紧可使送丝加快，反之变慢。根据送丝主动轮数量可分为单轮送丝机构（图3-25）和双轮送丝机构（图3-26）。

铝焊机使用的就是双轮送丝机构，因为铝焊丝较软，单轮送丝容易将焊丝压变形。而其他类型的焊机，多采用单轮送丝机构。应确保送丝轮轴槽、焊丝导向装置和焊枪的导电嘴的尺寸都与所使用焊丝的尺寸相一致。

图3-24 焊丝

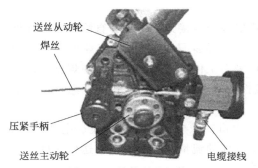

图3-25 单轮送丝机构

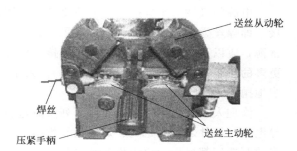

图3-26 双轮送丝机构

4. 保护气体

在焊接过程中，保护气体对焊接部位进行保护，以免熔融的板件受到空气的氧化。保护气体的种类由需要焊接的板件而决定，钢材都用二氧化碳（CO_2）和氩气（Ar）的混合气作为保护气体。而对于铝材，则根据铝合金的种类和材料的厚度，分别采用氩气或氩、氮混合气体进行保护。如果在氩气中加入4%～5%（体积分数）的氧气作为保护气体，可以焊接不锈钢。

在大多数车身维修中都采用二氧化碳和氩气的混合气体作为保护气体，一般采用75%的氩气和25%的二氧化碳，这种混合气体通常被称为C-25气体。二氧化碳作为保护气时使电弧较粗糙且不稳定，焊接时飞溅较多，而二氧化碳和氩气的混合气体能增加电弧稳定性及金属的特性。所以，在较薄的板材上进行焊接时，最好使用二氧化碳和氩气混合气体。

5. 减压表

带有流速调节的减压表能显示气瓶内剩余气体的压力，还能显示所用气体的流量。如图3-27所示。在减压阀的后面有加热器，因为气瓶内二氧化碳是以液态的形式储存的，挥发成气态时会吸热使管路冷却，严重的可能结冰，

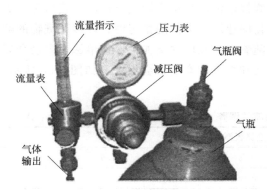

图3-27 二氧化碳减压表

影响焊接质量。在使用过程中，二氧化碳减压表的压力值是基本不变的，当液态的二氧化碳用完后，压力表的指示会变小，需要马上充气。

6. 焊接电源

电源的核心是变压器，它把220V或380V的电压变成只有10V左右的低电压，同时电流会变得很大。鉴于焊接对电源的要求，必须使用具有稳定电压的电源。用于汽车车身修理的电源比一般工业焊机的要求要高，因为焊接薄金属板时的输出电流、电压要稳定，否则会影响焊接质量。焊接的部位要与搭铁接线连接形成电流回路。

7. 控制面板

通过控制面板可进行电压、电流、送丝速度调节，同时可以进行点焊和脉冲点焊功能的控制。

三、焊接参数的调整

电源的极性对于焊接熔深起着重要的作用。直流电源的连接方式一般为直流反向极性连接，即焊丝为正极、工件为负极（采用这种连接时，焊接熔深最大）。如果需焊接的材料非常薄，应以正向极性连接方式进行焊接，即焊丝为负极而工件为正极（焊接时在焊丝上产生更多的热量，工件上的焊接熔深较浅）。采用正向极性的缺点是它会产生许多气泡，需要更多地抛光。

修理人员在焊接时，需要对下列参数进行调整：焊机输入电压、焊接电流、电弧电压、导电嘴与板件之间的距离、焊炬角、焊接方向、保护气体的流量、焊接速度和送丝速度。大多数制造厂都提供一份焊机各种参数的调整范围的数据。

1. 焊接电流的调整

CO_2气体保护焊对电源电压稳定性要求较高，一般将电源、送丝装置、焊丝都装机箱内，并有调节电压和送丝速度的设施在其中。

CO_2气体保护焊电源都是直流的，一般情况下，焊丝接正极，工件接负极，俗称为反接法。反接法电弧稳定，飞溅小，熔深大，焊缝中含氢量低，适用于短路过渡的普通焊接。汽车修理多采用反接法。焊丝接负极、工件接正极称为正接法。正接法焊丝熔化率高、熔化深度较浅，适用于颗粒过渡的高速焊接、堆焊或铸铁补焊等场合。

焊接电流的大小会影响板件的焊接熔深、焊丝熔化的速度、电弧的稳定性、焊接飞溅物的数量。随着电流强度的增加，焊接熔深、剩余金属的高度和焊缝的宽度也会增大，如图3-28所示。

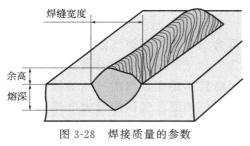

图3-28 焊接质量的参数

焊接电流的调整见表3-3。

表3-3 焊接电流的调整　　　　　　　　　　单位：A

焊丝直径/mm	金属板厚/mm						
	0.6	0.8	1.0	1.2	1.4	1.6	1.8
0.6	20～30	30～40	40～50	50～60			

续表

焊丝直径/mm	金属板厚/mm						
	0.6	0.8	1.0	1.2	1.4	1.6	1.8
0.8			40~50	50~60	60~90	100~120	
1.0					60~90	100~120	120~150

2. 电弧电压的调整

高质量焊接的一项重要因素是适当的电弧长度，而电弧长度是由电弧电压决定的。电弧电压过高时，电弧的长度增大，焊接熔深减小，焊缝呈扁平状。电弧电压过低时，电弧的长度减小，焊接熔深增加，焊缝呈狭窄的圆拱状。由于电弧的长度由电压的高低决定，因此电压过高将产生过长的电弧，从而使焊接飞溅物增加；而电压过低会导致引弧困难。不同电弧电压的焊接效果如图3-29所示。

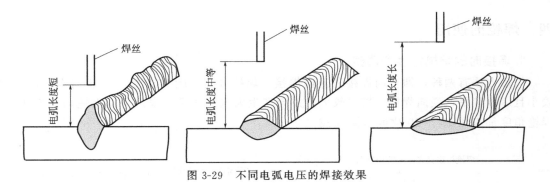

图 3-29　不同电弧电压的焊接效果

3. 焊丝直径

CO_2 气体保护焊的焊丝是选用 H08Mn2Si 或 H08Mn2SiA 合金钢丝制成的。汽车车身钣金件厚度为 1.5~2.5mm，焊丝直径在 0.4~0.8mm 之间，见表3-4。

汽车钣金修理中焊丝直径以 0.8mm 居多。近年来，国外修理设备中，直径为 0.4mm 的细丝应用较普遍。

表 3-4　焊丝直径的选择

焊丝直径/mm	短路过渡		颗粒过渡	
	电流/A	电压/V	电流/A	电压/V
0.6	40~70	17~19		
0.8	60~100	18~19		
1.0	80~120	18~21		
1.2	100~150	19~23	160~400	25~38
1.6	140~200	20~24	200~500	26~40

4. 导电嘴到母材的距离

导电嘴（图3-30）到母材的距离是高质量焊接的一项重要因素（图3-31）。标准的距离为 7~15mm。导电嘴到母材的距离过大，保护气体所起的保护作用减小，同时，焊丝外伸过长反而加快了焊丝熔化的速度，影响焊接质量。但距离过小，焊接难以进行。

图 3-30 导电嘴的位置

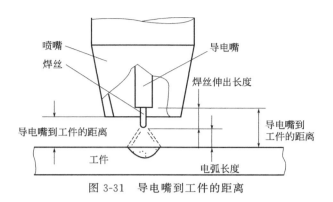

图 3-31 导电嘴到工件的距离

四、焊枪的使用

1. 焊接时的焊枪角度的调整

焊接方法有两种，即正向焊接和逆向焊接。焊接方向如图 3-32 所示。正向焊接的熔深较小且焊缝较平；逆向焊接的熔深较大，并会产生大量的熔敷金属。采用上述两种方法时，焊枪角度都应在 10°～30°之间（图 3-33）。

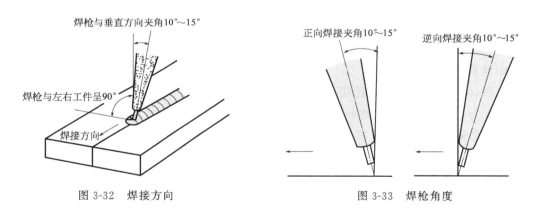

图 3-32 焊接方向　　　　　图 3-33 焊枪角度

2. 保护气体流量的调整

如果保护气体的流量太大，将会形成涡流而降低保护层的效果；如果流出的气体太少，保护层的效果也会降低。应根据喷嘴和板件之间的距离、焊接电流、焊接速度以及焊接环境（焊接部位附近的空气流动）来调整保护气体的流量。

3. 焊接速度的调整

焊接时，如果焊枪的移动速度快，焊接熔深和焊缝的宽度都会减小，而且焊缝会变成圆拱形。当焊枪移动速度进一步加快时，将会产生咬边。而焊接速度过低则会产生许多烧穿孔。一般来说，焊接速度由工件的厚度、电弧电压两个因素决定。表 3-5 给出了不同厚度的板件焊接时的焊接速度。

表 3-5 焊接速度

板件厚度/mm	焊接速度/(m/min)
0.6~0.8	1.1~1.2
1.0	1.0
1.2	0.9~1.0
1.4	0.8~0.85

4. 送丝速度的调整

如果送丝速度太慢,随着焊丝在熔池内熔化并熔敷在焊接部位,将可听到"嘶嘶"声或"啪哒"声,此时产生的视觉信号为反光的亮度增强。当送丝速度较慢时,所形成的焊接接头较平坦。如果送丝速度太快将堵塞电弧,这时焊丝不能充分的熔化。焊丝将熔化成许多金属熔滴并从焊接部位飞出,产生大量飞溅,这时产生的视觉信号为频闪弧光。

在仰焊时,过大的熔池产生的金属熔滴可能会落入导电嘴或进入气体喷嘴,导致喷嘴或导电嘴烧损。仰焊操作时,要采用较快的送丝速度、较短的电弧和较小的金属熔滴,并使电弧和金属熔滴互相接近。将气体喷嘴推向工件,以确保焊丝不会向熔池外移动。如果焊丝向熔池外移动,熔化的焊丝将会产生金属熔滴,直到形成新的熔池来吸收这些熔滴。

一般在焊接中会在气体喷嘴的附近产生氧化物熔渣。必须将它们仔细地清除掉,以免落入喷嘴内部并形成短路。当送丝速度太慢时,还必须清除掉因送丝太慢而形成的金属微粒,以免短路。表 3-6 列出了焊接参数对焊接质量的不同影响,以及焊接参数所需进行的调整。

表 3-6 焊接参数对焊接质量的影响及焊接参数的调整

可改变的参数	需要进行的调整							
	焊接熔深		熔敷速度		焊缝大小		焊缝宽度	
	增大	减小	增大	减小	增大	减小	增大	减小
电流和送丝速度	增大	减小	增大	减小	增大	减小	无影响	无影响
电弧电压	影响小	影响小	无影响	无影响	无影响	无影响	增大	减小
运行速度	影响小	影响小	无影响	无影响	减小	增大	增大	减小
焊丝伸出长度	减小	增大	增大	减小	增大	减小	减小	增大
焊丝直径	减小	增大	减小	增大	无影响	无影响	无影响	无影响
CO_2 含量	增大	减小	无影响	无影响	无影响	无影响	增大	减小
焊炬角	后退到 25°	前进	无影响	无影响	无影响	无影响	后退	前进

5. 焊枪喷嘴的调整

焊枪有两个主要功能:一是提供合适的保护气体;二是给工作部位加压,以防止焊丝移出熔池。

如果绝缘有问题(如喷嘴落入熔滴),应流入焊丝的电流便转移到了气体喷嘴上,引起焊丝的燃烧和飞溅,会将喷嘴烧掉。在脏的或生锈的金属上进行焊接时,会对喷嘴产生严重冲击,必须进行清洁,再进行正常的焊接。在锈蚀的表面进行焊接时,应将送丝速度减慢。

在二氧化碳气体保护焊焊机的几个主要组成部分中,喷嘴最为关键,其次是送丝机构,受到堵塞或损坏的管道将造成送丝速度不稳定,并产生许多金属熔滴,造成气体喷嘴的短路。

调整导电嘴到喷嘴的距离大约为 3mm，焊丝伸出喷嘴 5～8mm。将焊枪的导电嘴放在靠近工件的地方，焊枪开关被接通以后，焊丝开始送进，同时保护气体也开始流出。焊丝的端部和工件相接触并产生电弧。如果导电嘴和板件之间的距离稍有缩短，将比较容易产生电弧。如果焊丝的端部形成了一个大的圆球，将难以产生电弧，所以应立即用偏嘴钳剪除焊丝端部的圆球，如图 3-34 所示。在剪断焊丝端部的圆球时，不可将导电嘴指向操作人员的脸部。

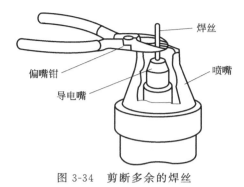

图 3-34 剪断多余的焊丝

如果飞溅物黏附于喷嘴的端部，将使保护气体不能顺利流出而影响焊接质量，应迅速清除焊接飞溅物。导电嘴上的焊接飞溅物还会阻碍焊丝进给，使焊丝无法顺利地通过导电嘴，导致其在焊机内扭曲。此时需用合适的工具（例如锉刀）清除掉导电嘴上的溅出物，然后检查焊丝是否能够平稳地送出。

损坏的导电嘴应及时更换，以确保产生稳定的电弧。为了得到平稳的气流和电弧，应适当拧紧导电嘴。

电源的极性对于焊接熔深起着重要作用。直流电源的连接方式一般采用直流反极性，即焊丝为正极、工件为负极，采用这种连接时，焊接熔深最大。如果需焊接的材料非常薄，应以正极性连接方式进行焊接，焊丝为负极而工件为正极，焊接时在焊丝上产生更多的热量，工件上的焊接熔深较浅。采用正极性的缺点是，它会产生许多气泡，需要更多地进行抛光。

6. 焊接用固定夹具

大力钳、C 形夹钳、薄板螺钉、定位焊夹具或各种专用夹具，都是焊接过程中必不可少的工具。在焊接前要用焊接夹具把所要焊接的部件正确地夹在一起，在无法夹紧的地方，常用锤子和铆钉将两块金属板固定在一起，如图 3-35 所示。

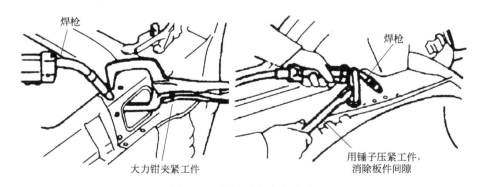

图 3-35 焊接前的夹钳定位

在有些情况下，一块金属板的两边不能同时夹紧。这时可采用薄板金属螺钉将两块金属板固定在一起，以便在焊接过程中得到适当的定位。在用薄板金属螺钉固定之前，应在两块金属板上打一些孔，一般将孔打在金属板上离操作者最近的地方。焊接完成后，要对这些孔进行塞焊。

五、各种基本焊接方法

1. 二氧化碳气体保护焊的焊接位置

在车身修理时，焊接位置通常由汽车上需要进行焊接部件的位置决定，如图 3-36 所示。焊接参数的调整也会受到焊接位置的影响。

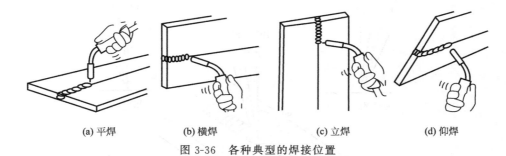

(a) 平焊　　(b) 横焊　　(c) 立焊　　(d) 仰焊

图 3-36　各种典型的焊接位置

（1）平焊　平焊一般容易进行，而且它的焊接速度较快，能够得到最好的焊接熔深。汽车上拆卸下的零部件进行焊接时，尽量将其放在能够进行平焊的位置。

（2）横焊　水平焊缝进行焊接时，应使焊炬向上倾斜，以避免重力对熔池的影响。

（3）立焊　垂直焊缝焊接时，最好让电弧从接头的顶部开始，并平稳地向下拉，采用向下立焊的方法。

（4）仰焊　最难进行的焊接位置是仰焊。仰焊容易造成熔池过大的危险，而且一些熔融金属会落入喷嘴而引起故障。在进行仰焊时，一定要使用较低的电压，同时还要尽量使用短电弧和小的焊接熔池。将喷嘴推向工件以保证焊丝不会向熔池外移动，最好能够沿着焊缝均匀地拉动焊炬。

在实际的车身焊接操作中，尽量要采用平焊或横焊的方式来操作，以达到最好的焊接效果。不能采取这两种焊接位置的，只要把焊接部件转换一个角度即可。

2. 基本焊接方法

（1）定位焊　这种方法实际上是一种临时点焊（图 3-37），就是在进行永久性焊接前，用很小的临时点焊来取代定位装置或薄板金属螺钉，对需要焊接的工件进行固定。各焊点间的距离大小与板件的厚度有关，一般其距离为板件厚度的 15～30 倍（图 3-38）。定位焊要求板件之间要正确对准。

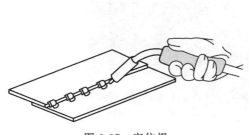

图 3-37　定位焊

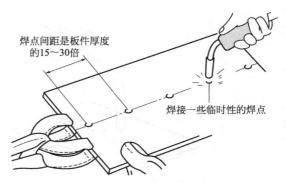

图 3-38　定位焊的焊点间距

（2）连续焊　焊枪缓慢、稳定地向前运动，形成连续的焊缝（图3-39）。操作中保持焊枪的稳定进给，以免产生晃动。采用正向焊法时，连续地匀速移动焊炬，并经常观察焊缝。如果不能正常进行焊接。原因可能是焊丝过长。焊丝过长，金属的焊接熔深将会减小。为了得到适当的焊接熔深，以提高焊接质量，应使焊枪靠近板件。平稳、均匀地操纵焊炬，将得到高度和宽度恒定的焊缝，而且焊缝上带有许多均匀、细密的焊波。

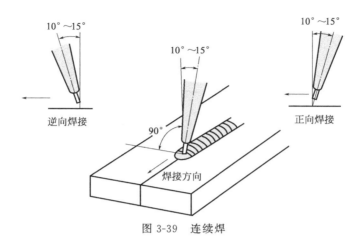

图3-39　连续焊

（3）塞焊　塞焊在维修中用来代替汽车制造时所用的电阻点焊，塞焊焊件的强度很高，可用于结构件、装饰板和薄钣件的焊修。

如图3-40所示，塞焊在焊接之前需要先在外侧焊板上钻或冲出孔来。焊接时应将两焊板夹紧，焊枪垂直于有孔的焊板，将焊丝伸入孔内，控制好焊接时间进行定点焊接（图3-41）。

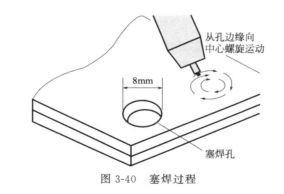

图3-40　塞焊过程

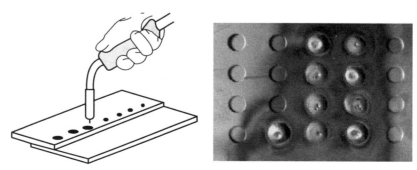

图3-41　塞焊

对于要求多层焊板的塞焊，应将孔径作阶梯形设置，逐层塞焊。

（4）点焊 当送丝定时脉冲被触发时，电弧引入被焊的两块金属板，将两层金属板熔化焊接在一起，如图3-42所示。进行气体保护焊点焊时，需要使用专用喷嘴，而不用标准喷嘴（图3-43）。焊接时，先根据焊件情况调整点焊时间、焊接电流和电压。

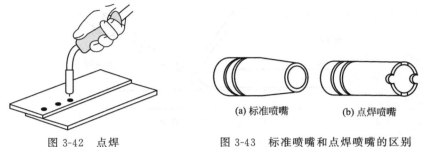

图3-42 点焊　　　　　　图3-43 标准喷嘴和点焊喷嘴的区别

二氧化碳气体保护点焊又称作可熔性点焊，因为焊丝在焊接处熔化。可熔性点焊有多种操作方法，在所有的车身部位借助各种喷嘴都可进行可熔性点焊。当对厚度不同的金属进行点焊时，应将较轻的金属焊接到较重的金属上。

与脉冲焊接相比，点焊通常需要较多的热量。对点焊工艺参数进行调整时，最好借助于金属样品。为了检验点焊的质量，可将焊接在一起的两个样品拉开。高质量的焊接接头会在底层的试样上裂开一个小孔。如果焊接接头很容易被拉开，则应延长焊接时间或提高焊接温度。每完成一次点焊，都应断开触发器，然后将触发器合上，以便进行下一次点焊。二氧化碳气体保护点焊的优点是完成焊接后容易对焊缝的隆起部分进行抛光，而且抛光不会产生任何需要重新填满的凹坑。

（5）搭接点焊 搭接点焊是将电弧引入下层金属板，并使熔融金属流入上层金属板的边缘，如图3-44所示。

（6）连续点焊 连续点焊就是一系列相连的或重叠的点焊，形成连续的焊缝，如图3-45所示。

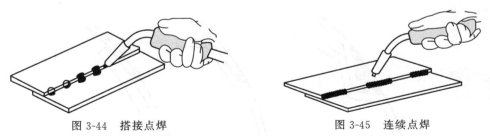

图3-44 搭接点焊　　　　　　图3-45 连续点焊

第四节 钎焊焊接工艺

一、钎焊工艺

1. 钎焊的原理

钎焊类似于将两个物体粘在一起，如图3-46所示，在焊接过程中只熔化钎料（铜、锌等），而不熔化金属板件（有色金属的熔点低于金属板）。在钎焊过程中，熔化的钎料充分扩散到两层板件之间，形成牢固的熔合区。焊接处强度与熔化黄铜的强度相等，小于板件的强度。因此，只能对制造厂已进行过钎焊的部位进行钎焊，其他地方不可使用钎焊焊接。

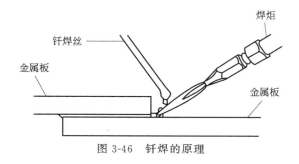

图 3-46 钎焊的原理

钎焊有两种类型，即软钎焊和硬钎焊（用黄铜或镍）。在车身修理中所用的钎焊一般是指硬钎焊。

2. 钎焊的特性

① 钎焊过程中，两块板件在较低的温度下结合在一起。板件不熔化，所以板件产生变形和应力较小。

② 由于板件不熔化，所以能够把焊接时不相熔的两种金属结合在一起。

③ 黄铜在熔化后有优异的流动性，它能够顺利地进入板件的狭窄间隙中，很容易填满车身各焊缝的间隙。

④ 由于板件没有熔化，而只是在金属的表面相结合，所以钎焊接头的强度很低。

⑤ 钎焊操作过程相对比较简单，操作比较容易。汽车制造厂使用电弧钎焊将车顶和后顶侧板连接在一起（图 3-47）。电弧钎焊的原理与气体保护焊相同（图 3-48）。不过电弧钎焊使用氢气来代替气体保护焊接中的 CO_2 或 Ar/CO_2 混合气，还需要专用的钎焊丝。电弧钎焊施加在工件上的热量很少，工件的变形或弯曲很小。与黄铜熔敷在工件上的钎焊方法相比电弧钎焊缩短了焊接和抛光的时间。另外，电弧钎焊不会产生有毒物质。

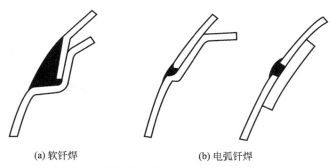

(a) 软钎焊　　　　　　　　(b) 电弧钎焊

图 3-47 采用软钎焊或电弧钎焊的车身构造

在车身修理中使用的钎焊设备通常与氧-乙炔焊的设备相同。进行钎焊时，需要氧-乙炔焊炬、钎焊条、焊接护目镜、手套等。

3. 钎焊使用材料

为了提高钎焊材料的焊接性能，例如流动性、熔化温度、与板件的相容性和强度等，钎

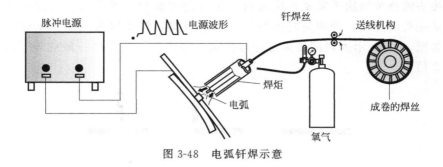

图 3-48 电弧钎焊示意

焊材料都是由两种或两种以上的合金构成的,见表 3-7。车身修理所用的钎焊丝的主要成分为铜和锌。

表 3-7 钎焊材料

钎焊材料的分类	主要成分
黄铜钎料	铜、锌
银钎料	银、铜
磷铜钎料	铜、磷
铝钎料	铝、硅
镍钎料	镍、铬

4. 焊剂的作用

暴露在空气中的金属表面一般都有一层氧化膜,加热会使这层氧化膜变厚。需要钎焊的金属表面上如果有氧化层或粘有外来杂质,钎焊材料就不能和板件充分黏结,而且表面张力将使钎焊材料变成球形,不黏附在板件上,如图 3-49(a) 所示。

给板件的表面涂上焊剂后,加热焊剂变成液态,变成液态的焊剂会清除金属表面的氧化层,如图 3-49(b) 所示。氧化层被清除后,钎焊材料将黏结在板件上。焊剂还可以预防板件表面进一步氧化,增加板件和钎焊材料之间的黏结强度。

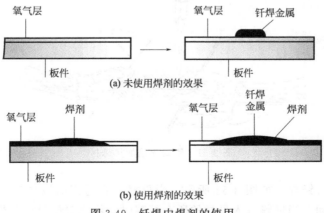

图 3-49 钎焊中焊剂的使用

5. 钎焊接头的强度

由于钎焊材料的强度低于板件的强度,接头的形状和间隙决定了钎焊接头结合的强度。钎焊接头的强度取决于需要连接的两个工件的表面积，因此需要焊接的部件应该尽量加宽搭接接头的宽度，即使是同种材料之间的钎焊，钎焊接头也比其他焊接接头的表面积大，如图3-50所示为焊接接头与钎焊接头。搭接部位的宽度一般应等于或大于金属板厚度的3倍。

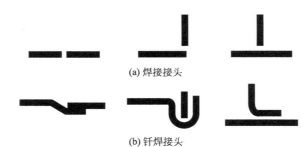

图3-50　焊接接头与钎焊接头

二、钎焊的操作要领

（1）清洁母材表面　如果母材表面上粘有氧化物、油、油漆或灰尘，就应在钎焊前清洁表面。如果让这些污染物留在金属表面上，将最终导致钎焊的失败。尽管已使用钎剂来清除氧化层和大部分污染物，但还不足以清除掉所有的污染物。所以，要用钢丝刷对表面进行机械清洁。

（2）施加钎剂　母材被彻底清洁以后，在焊接表面均匀地加上钎剂。如果使用的是带钎剂的钎焊条，则不需要进行该项操作。

（3）加热母材　如图3-51所示，调节焊炬气体的火焰，使它稍微呈现出碳化焰的状态。将母材的接合处均匀地加热到能够接受钎料的温度，根据钎料熔化的状态，推断出钎料的适当温度。

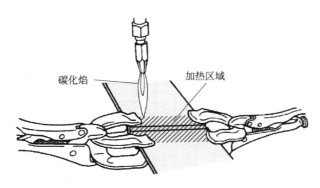

图3-51　用碳化焰加热母材

（4）对母材进行钎焊　如图3-52所示，当母材达到适当的温度时，将钎料熔化到母材上，并让其自然流动。当钎料流入母材的所有缝隙时，停止对母材接合处的加热。

（5）钎焊后的处理　钎焊部位充分冷却以后，用水冲洗掉剩余的钎剂残渣，并用硬的钢丝刷刷净金属表面。烧干且发黑的钎剂可用砂轮或尖锐的工具清除。如果没有完全清除掉剩余的钎剂残渣，油漆就不能很好地黏附，而且接头处还可能产生腐蚀和裂纹。

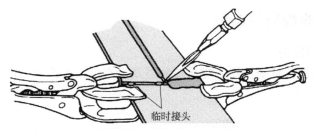

图 3-52　一旦母材加热后钎焊料就可以涂覆在表面上

三、钎焊注意事项

① 由于钎料容易流过被加热的表面，必须将整个接合区加热到同样的温度。

② 不能让钎料在母材加热前熔化，否则钎料不和母材相黏结。

③ 如果母材的表面温度太高，钎剂将不能清洁母材，这将使钎焊的粘接力减小、接合强度降低。

④ 钎焊的温度必须比黄铜的熔点高出 10～89℃。

⑤ 焊枪喷嘴的尺寸应略大于金属板的厚度。

⑥ 预热金属板，这样才能更有效地熔敷钎料。

⑦ 固定金属板，预防母材的移动和钎焊部位的开裂。

⑧ 均匀地加热焊接部位，不可使母材熔化。

⑨ 需要调整热量时，可使焊枪和金属表面平行或移开火焰，使钎焊部位短暂地冷却。

⑩ 应尽量缩短钎焊的时间（以免降低钎焊的强度）。

⑪ 避免同一部位再次钎焊。

第五节　电阻点焊工艺

在汽车车身的生产制造中，除了在前立柱部位少量采用气体保护焊外，95％以上的焊接都是采用电阻点焊，一辆车大约有 4000 个电阻点焊焊点，如图 3-53 所示。在汽车车身维修中，修复点焊部位要采用电阻点焊或者惰性气体保护焊塞焊方式。

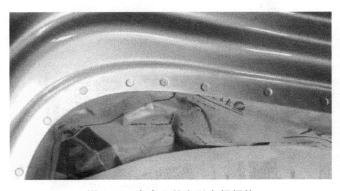

图 3-53　车身上的电阻点焊焊接

一、电阻点焊机的构造与调整

1. 电阻点焊机的构造

电阻点焊机的部件包括变压器、焊接控制器及带有可以更换的电极臂和电极头的点焊枪等，如图 3-54 所示。

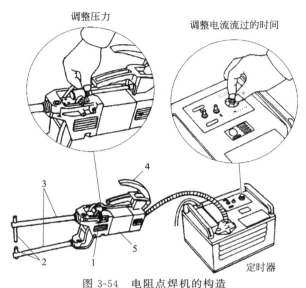

图 3-54 电阻点焊机的构造

1—调压旋钮；2—电极；3—电极臂；4—加压手柄；5—变压器

（1）变压器 变压器将低电流的 220V 或 380V 车间线路电压转变成低电压（2～5V）、高电流的焊接电流，避免了电击的危险。小型点焊机的变压器可安装在焊枪上，也可安装在远处，通过电缆和焊枪相连。安装在焊枪上的变压器的电效率高，变压器和焊枪之间焊接电流损失很小。焊枪和变压器分离的点焊机的变压器功率必须较大，而且要使用较大的线路电流，以补偿连接变压器和焊枪的长电缆所造成的电力损失。

（2）焊机控制器 焊机控制器（图 3-55）可调节变压器输出焊接电流的强弱，并可以

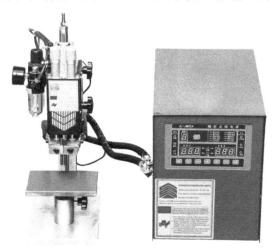

图 3-55 焊机控制器

精确地调节焊接电流通过的时间。在焊接时间内，焊接电流被接通并通过被焊接的金属板，然后电流被切断。一般车身维修所用的焊接时间最好在 1/6～1s（10～60 次/min 循环）范围内。

焊机控制器应能够进行全范围的焊接电流调整。焊接电流的大小由被焊接金属板的厚度和电极臂长度来决定。当使用缩短型电极臂时，应减小焊接电流；而使用加长型或宽距离的电极臂时，应增大焊接电流。

(3) 点焊枪　如图 3-56 所示，焊枪通过电极臂向被焊金属施加挤压力，并流入焊接电流。大多数电阻点焊机都带有一个加力机构，可以产生很大的电极压力来稳定焊接质量。这些加力机构可以是用弹簧的手动夹紧装置或由气缸产生压力的气动夹紧装置。有些小型的挤压型电阻点焊机不具备加力机构，它完全靠操作人员的手来控制压力的大小，因此它不能用于维修车身时的焊接操作。

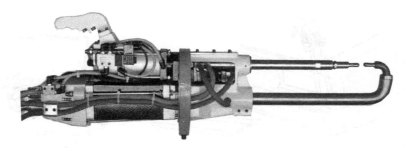

图 3-56　电阻点焊机的焊枪

车身维修所使用的大多数焊枪随着焊臂的加长焊接压力会减小，焊接质量也会下降。当配备 100mm 或更短的缩短型电极臂时，其最大焊接能力达两层 2.5mm 加厚的钢板。一般要求配有加长型或宽距离电极臂的焊机至少可焊接两层 1mm 厚的钢板。

用于承载式车身维修的电阻点焊机应带有全范围的可更换电极臂装置（图 3-57），能够焊接车身上各个部位的板件。所选用的各种电极臂应可以焊接汽车上大多数难以焊接的部位，如轮口边缘、流水槽、后灯孔，以及地板、车门槛板、窗洞、门洞等。维修人员在维修车身时，应查阅修理手册，选择合适的专用电极臂，以便对汽车上难以焊接的部位进行焊接。

图 3-57　各种类型的电极臂

2. 点焊机的调整

为了使点焊部位有足够强度，在施焊之前应对挤压式电阻点焊机进行检查和调整。

① 根据焊接部位的具体情况，选择合适的电极臂，如图 3-58 所示。

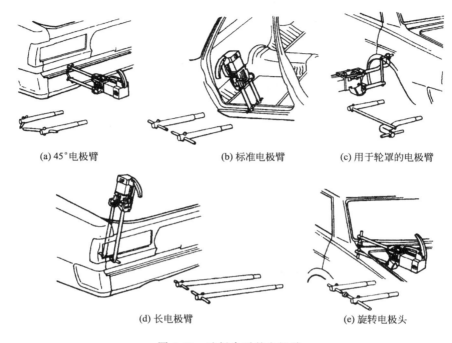

图 3-58　选择合适的电极臂

② 调整电极臂长度。电极臂应尽量缩短其外伸长度，以获得较大压力。长度调好后，要将电极臂和电极头紧固，以免在焊接时发生松动而影响焊接质量，如图 3-59 所示。

③ 调节上、下两电极，使之对准并在同一直线上，如图 3-60 所示。

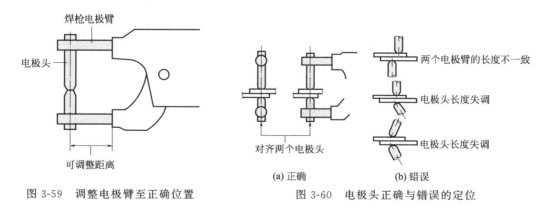

图 3-59　调整电极臂至正确位置　　　　图 3-60　电极头正确与错误的定位

④ 检查电极头直径。电极头直径 D 与板厚 T 有关，推荐值为 $D=(2T+3)\mathrm{mm}$，如图 3-61 所示。

电极头直径合适后，还要用锉刀将电极头表面锉光，清除杂质后再投入使用。如果电极头直径不符合要求，则应使用电极头切刀将它的直径切至合适的尺寸，然后将端部修平，才能投入使用。电极头每进行 5～6 次点焊后，应令其冷却再投入使用。若电极头烧毁，应及时修整。

⑤ 调节电流通过时间。根据金属板的厚度来调节电极臂的长度和焊接时间。

二、车身电阻点焊工艺

1. 电阻点焊的特点

在修理大量采用高强度钢和超高强度钢的车身时,要求采用电阻点焊机进行焊接修理。这种焊接方式像制造厂进行焊接那样进行点焊连接。在使用点焊设备时,操作者

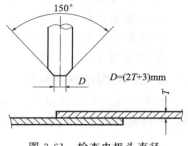

图 3-61　检查电极头直径

必须选择合适的加长臂和电极,以便到达需要焊接的部位。采用挤压式电阻点焊机进行焊接时,应适当调整对金属板的夹紧力。在一些设备上,可同时调整电流强度和焊接时间。调整完毕后,将点焊机定位在需要焊接的金属板处,一定要使电极的极性彼此相反,然后触发开关,开始进行点焊。

电阻点焊是汽车制造厂在流水线上对整体式车身进行焊接时最常用的一种方法。在整体式车身上进行的焊接中,有90%~95%都采用电阻点焊,如图3-62所示。

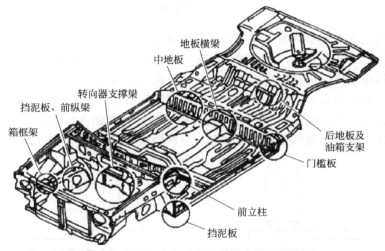

图 3-62　汽车生产过程中电阻点焊的位置

车身修理所用的电阻点焊机通常是指需要在金属板的两边同时进行焊接的设备（双面点焊设备）,而不是指从同一边将两块金属板焊接起来的点焊机（单面点焊设备）。双面点焊用于结构性部件的点焊,而单面点焊的强度比较低,一般只能用于外部装饰性面板的焊接。

电阻点焊机适用于焊接整体式车身上要求焊接强度好、不变形的薄型零部件,如车顶、窗洞和门洞、车门槛板以及许多外部壁板等部件。

电阻点焊过程中产生的热量少,对板件的影响小,可以进行快速、高质量的焊接,对操作者掌握的操作技巧的要求也比较少。电阻点焊焊接的优点如下。

① 焊接成本比气体保护焊等低,没有焊丝、焊条或气体等消耗。

② 焊接过程中不产生烟尘或蒸气。

③ 焊接时不需要去除板件上的镀锌层。

④ 焊接接头的外观质量与制造厂的焊接接头完全相同。
⑤ 不需要对焊缝进行研磨。
⑥ 速度快，只需 1s 或更短的时间便可完成一个焊点的焊接。
⑦ 焊接强度高、受热范围小、金属不易变形。

2. 电阻点焊的焊接原理

电阻点焊是利用低电压、高强度的电流流过夹紧在一起的两块金属板时产生的大量电阻热，用焊枪（焊炬）电极的挤压力把它们熔合在一起的，如图 3-63 所示。

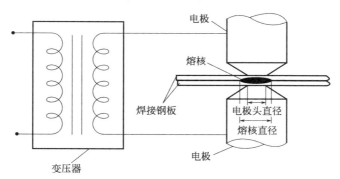

图 3-63　电阻点焊原理

电阻点焊的三个主要参数为电极压力、焊接电流和加压时间。

（1）电极压力　两个金属件之间的焊接部位的强度与焊枪电极施加在金属板上的力有直接的关系。当焊枪电极将金属板挤压到一起时，电流从焊枪电极流入金属板，使金属熔化并熔合。焊枪电极的压力太小、电流过大都会产生焊接飞溅物，导致焊接接头强度降低。焊枪电极压力太大会引起焊点过小，并降低焊接部位的强度，如图 3-64 所示。焊枪电极压力过高会使电极头压入被焊金属软化的部位过深，导致焊接质量降低。

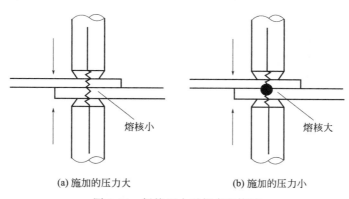

图 3-64　焊接压力对焊点的影响

（2）焊接电流　给金属板加压后，一股很强的电流流过焊枪电极，然后流入两个金属板件。在金属板的接合处电阻值最大，电阻热使温度迅速上升；如果电流不断流过，金属便熔化并熔合在一起，如图 3-65 所示。电流太大或压力太小，将会产生内部飞溅物。如果适当减小电流或增加压力，便可使焊接飞溅物减少到最小值。焊接电流和施加在点焊部位的压力对焊接质量都有直接的影响。

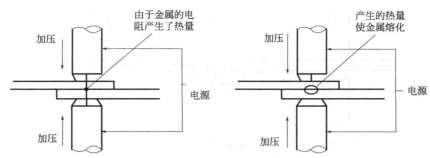

图 3-65 焊接电流对焊点的影响

一般通过对焊点部位的颜色变化就可以判断电流的大小,图 3-66(a) 所示为焊接电流正常时,焊点中间电极触头接触部分的颜色不会发生变化,与未焊接之前的颜色相同;图 3-66(b) 所示为焊接电流大时,焊点中间电极触头接触部分的颜色变深呈蓝色。

(3) 加压时间　电流停止后,焊接部位熔化的金属开始冷却,凝固的金属形成了圆而平的焊点,如图 3-67 所示。焊点施加的压力合适会使焊点的结构非常紧密,有很高的强度。加压时间是一个非常重要的因素。时间太短会使金属熔合不够紧密,焊接操作时的加压时间一般不少于焊机说明书上的规定值。

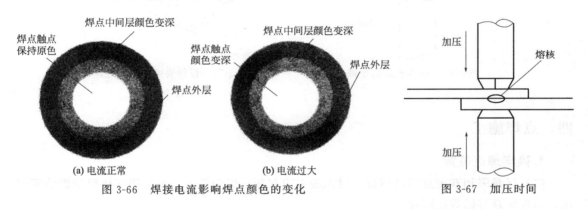

图 3-66 焊接电流影响焊点颜色的变化　　图 3-67 加压时间

三、板件处理

使用电阻点焊机焊接时,除了焊机本身的电流、压力、电极臂等因素影响焊接质量外,还有下列情况在焊接时会影响焊接质量。

1. 板件表面间隙

两个焊接表面之间的任何间隙都会影响电流的通过。不消除这些间隙也可进行焊接,但焊接部位将会变小而降低焊接的强度。因此,焊接前要将两个金属板件表面整平,以消除间隙,还要用一个夹紧装置将两者夹紧,如图 3-68 所示。

2. 板件表面状态

需要焊接的金属板表面上的油漆层、锈斑、灰尘或其他任何污染物都会减小电流而使焊接质量降低,所以要将这些物质从焊接表面上清除掉,如图 3-69 所示。在需要焊接的金属板表面上涂一层电导率较高的防锈底漆,必须将防锈底漆均匀地涂在所有裸露金属板上（包

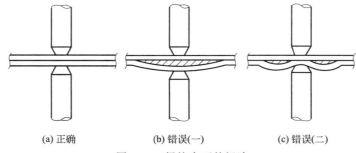

(a) 正确　　　　　　　(b) 错误(一)　　　　　　(c) 错误(二)

图 3-68　焊接表面的间隙

括金属板的端面上），如图 3-70 所示。

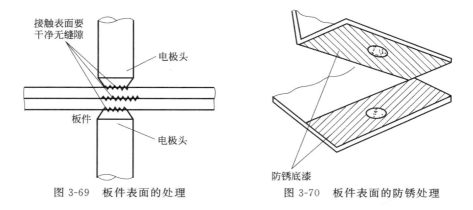

图 3-69　板件表面的处理　　　　图 3-70　板件表面的防锈处理

四、点焊施工

1. 确定焊点位置

（1）尽量采用双面点焊法施焊　对无法实施双面点焊的部位，可采用气体保护焊的塞焊法，以保证良好的焊接强度。

（2）保持焊接夹角　焊接时保持电极与金属板之间夹角为 90°。否则，电流强度会减小，直接影响焊接质量，如图 3-71（a）所示。

（3）两次点焊　当三层或多层金属重叠在一起时，应进行两次点焊，如图 3-71（b）所示。

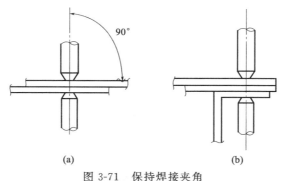

图 3-71　保持焊接夹角

2. 焊点数量和距离

(1) 焊点的数量　维修用的电阻点焊机功率一般小于制造厂的点焊机功率。因此，和制造厂的点焊相比，修理中进行点焊时，应将焊点数量增加30%，如图3-72所示。

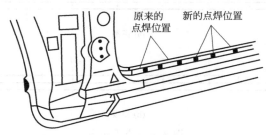

图 3-72　焊点数量

(2) 焊点的间距　两层金属板之间的结合力随着焊接间距的缩小而增大。但如果再进一步缩小间距，金属板之间的结合力将不再增大。这是因为焊接电流将流向已焊接过的焊点而被分流，焊接部位流过的电流变小，焊接强度下降。随着焊点数量的增加，这种往复的分流电流也增加。而这种分流电流并不会使原先焊接处的温度升高。电阻点焊时焊接间距的选取标准见表3-8。

表 3-8　电阻点焊时焊接间距的选取标准

板材厚度 t/mm	焊点间距 S/mm
0.4	≥11
0.8	≥14
1.0	≥17
1.2	≥22
1.6	≥30

(3) 边缘距离　焊点到金属板边缘的距离是由电极头的位置决定的。即使焊接的情况正常，如果焊点到金属板边缘的距离不够大，也会降低焊点的强度。在靠近金属板端部的地方进行焊接时，焊点到金属板边缘的距离应符合规定值（表3-9）。如果距离过小，将会降低焊接强度并引起金属板变形。

表 3-9　焊点到金属板的边缘和端部的最小距离

板材厚度 t/mm	焊点间距 l/mm
0.4	≥11
0.8	≥11
1.0	≥12
1.2	≥24
1.6	≥16
2.0	≥16

3. 点焊顺序

点焊作业时，不要只沿一个方向连续进行点焊，这种方法会使电流产生分流而降低焊接质量。应按正确的顺序进行焊接，如图3-73所示。如果电极头过热而改变颜色，应停下来使之冷却。

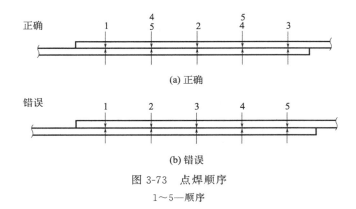

图 3-73 点焊顺序
1~5—顺序

4. 转角部位焊接

不要在转角部位进行点焊（图 3-74），否则会因为焊接时产生应力集中而导致板件开裂。如前支柱和中心支柱的上部顶角，后顶侧板的前上方角落，前、后窗框的转角部位等需特别注意。

5. 多层板件点焊

当三层或更多层的金属板重叠在一起时，应进行两次点焊或加大焊接电流，如图 3-75 所示。

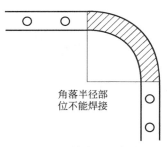

图 3-74 转角处的焊接

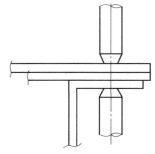

图 3-75 多层金属板的点焊

五、点焊质量检验

点焊质量可采用外观检查（目测）或破坏性试验来检验。

1. 外观检验

通过眼看和手摸来检验焊接的完成情况，需要检验的项目如下。

（1）焊点位置　焊点位置应在凸缘的中心，不可超过边缘。维修时点焊不能在车身钣件原来的焊点位置进行。

（2）焊点数量　焊点数量应大于或等于汽车制造厂焊点数量的 1.3 倍。

（3）间距　修理时的焊接间距应略小于汽车制造厂的焊接间距，焊点应均匀分布。当间距值最小时，以不产生往复换向电流为原则。

(4) 压痕　压痕即电极头压痕，焊接表面的压痕深度不得超过金属板厚度的一半。

(5) 气孔　不得有肉眼可以看见的气孔。

(6) 溅出物　戴手套在焊接表面擦过时，不应被绊住。

2. 破坏性试验

大多数破坏性试验都需要使用许多复杂的设备，而大多数车身修理厂都不可能有这些设备。因此，这里介绍两种已在车身修理厂得到广泛应用的比较简单的方法。

(1) 破坏性试验（利用试件）（图3-76）

① 采用与工件相同的材料和厚度的试件，并将其焊接在一起。

② 沿箭头方向施力，以断开点焊处，检查断裂件的状态。

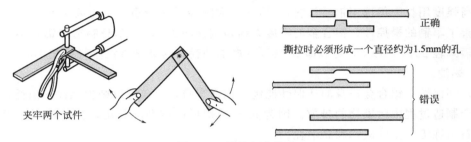

图 3-76　焊接部位检验

如果板件上出现尺寸符合规格的通孔，则该焊接应被判为正确；否则表明强度不足，需要调整参数继续试焊。

(2) 无损检验（在车身钣件修复位置进行）

① 焊接后，按图3-77所示将检验錾子插入固体小块（焊接部位）的旁边。

② 如果固体小块的直径大于3mm，则焊接应被判定为正确。

③ 检验完成后，应修复因检验錾子引起的变形。

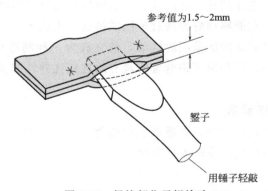

图 3-77　焊接部位无损检验

第六节　铝焊接工艺

铝合金根据其在车身中功能不同，制造工艺不同，可分为铸造件、冲压件、压铸件。车身板件大部分使用冲压件。冲压件有非常高的强度，它们能够加强车身的强度和刚性，使车身能够在剧烈的碰撞中保持结构的完整性。压铸件用来制造能够承载大载荷的部件,明显减轻自身重量,但同时还具有高强度。这些板件外形复杂,通常采用真空压铸的方式生产,使之具有高强度。压铸件还具有高的延展性、良好的焊接性能、较高的塑性,保证它在碰撞时有很高的安全性。这些压铸件采用的铝合金类型是铝硅、铝镁系列铝合金,合金中主要合金元素是镁、硅,还有的加入铜。

一、铝合金维修要求

1. 铝合金的优点

(1) 经济性　虽然铝合金车身的强度、刚性较传统的钢铁车身有一定差距(所以在防撞梁等超高强度用材中仍选用钢质材料),但它大大减轻了车身重量,重要的是减少了燃油消耗,改善了车辆的操控性。铝合金的密度大约是钢铁的1/3,在车身制造中铝合金的应用可以使车辆减轻20%~30%,可以减少10%的燃油消耗,这意味着汽车每行驶100km大约节省0.5L燃油。

(2) 环保性　铝合金车身的环保性能优于钢铁车身,不仅可以减少燃油的消耗,而且减少在生产制造过程中污染物的排放。因为99%的铝可以被循环利用,在一定程度上补偿了从铝矿石冶炼铝产生的成本和高消耗。

(3) 防腐蚀性　铝暴露在空气中很快在表面形成一层致密的氧化物(Al_2O_3),这层氧化物使金属铝和空气隔绝开来,防止氧气对金属铝的进一步腐蚀。正是这种可以迅速形成铝氧化物以抵抗外部氧化腐蚀的性能,使铝成为一种优良的防腐性能材料。铝金属外层的氧化铝具有高熔点的特性,这层氧化物的熔点高达2050℃,在焊接操作时需要去除这层氧化物。如果不去除这层氧化物,焊缝会存在气孔和杂质等缺陷。

在对铝合金件进行焊接之前,一定要用钢丝刷对焊接表面进行处理,就是为了去除表面氧化层,并且去除后要及时进行焊接,防止再次被氧化。

(4) 可加工性　铝有良好的塑性和刚性,一定厚度的板材可以制造整车和部分板件。铝材的一致性要比钢材好,它能够很好地通过冲压或挤压加工成形。

(5) 安全性　铝材具有高的能量吸收性能,使它成为一种制造车身变形区的理想材料,以增加车身的被动安全性。正是由于铝合金所具有的这些优异性能被人们所看中,因此在车身生产中被大量应用。

2. 铝合金件一般维修要求

维修铝合金件时,要使用木槌、铝锤或塑料槌等专用的工具。受到钢微粒污染的工具,应进行彻底清洁,否则会产生严重的表面腐蚀。

3. 铝合金焊接要求

铝合金焊接多使用熔化极惰性气体保护焊设备,需要使用专用的保护气体和焊丝。

(1) 保护气体　由于铝合金具有独特的物理性能和化学性能,在焊接时要使用铝焊丝和100%的氩气。氩气是一种无色、无味的惰性气体。氩气装于钢瓶内,涂有灰色漆以示标记,并写有"氩气"字样。氩气不像还原性气体或氧化性气体那样有脱氧或去氢作用,所以焊前对板件的除油、去锈、去水等准备工作要求严格,否则会影响焊缝质量。

(2) 焊丝　铝及铝合金焊丝用作铝合金惰性气体保护焊和气焊时的填充金属,焊丝直径要与板件厚度对应。

注意：熔化极惰性气体保护焊的铝焊机可用较粗的焊丝焊较薄的板件。而采用二氧化碳气体保护焊焊接薄板时则要使用对应的细焊丝。

二、焊接操作

1. 焊前准备

① 准备好焊接铝合金件需要的设备和工具，并设定焊接工艺参数。若铝合金板厚度相同且接头形式不同，工艺参数应加以调整。搭接接头、T形接头时的电压、电流可稍提高一些。和焊接钢板相比，焊接铝合金板时的送丝速度较快。

② 磨除焊接部位漆膜和氧化膜等杂质。焊接坡口及其附近的表面可用装有80号砂轮的砂轮机除去周围的油漆涂层。在打磨过程中，注意不要打磨过度，以磨除漆膜为目的，尽量不要打磨到铝合金板。当去除油漆后要尽快焊接，因为铝合金板暴露于空气中时，很快就会生成一层氧化膜。氧化膜密度高、硬度大，会阻止底材金属焊接在一起。

③ 清除打磨粉尘及表面油污等。先用空气枪吹除粉尘等杂质，再用丙酮或四氯化碳等有机溶剂除去表面油污。清理好的焊件和焊丝不得有水迹、碱迹等污物。

2. 焊接施工

（1）引弧及试焊　熔化极惰性气体保护焊一般采用接触短路法引弧。引弧时首先送进焊丝，并逐渐接近母材。一旦与母材接触，电源将提供较大的短路电流，产生电弧。如果开始焊接前焊丝头部黏附有焊接材料，则会导致电弧生成不良。将焊丝端部切至一个合适的长度（通常是焊丝直径的10倍）。

以同样材质和厚度的试板进行试焊，如图3-78所示。进行钢质车身焊接时，电压和送丝速度调整到正常值，焊接部位会发出平稳清脆的"嘶嘶"声（而铝材焊接时会发出平稳沉闷的"嗡嗡"声）。焊后观察焊缝的成形情况（图3-79），再进行适当调整。

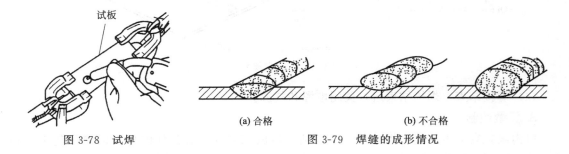

图3-78　试焊　　　　图3-79　焊缝的成形情况

（2）板件定位　使用大力夹钳定位焊接板件。将板件接缝对准，对焊接板件实施定点焊接。实施定点焊接可使两片铝板先定位，并且可以减少主焊接产生的热变形。焊点间距是板厚的15～30倍，如图3-80所示。

（3）焊接　焊枪与焊接部位应接近垂直，用手稳定地支撑焊枪（图3-81），电弧对准目标中心点。将焊枪喷嘴末端靠近板件。使焊枪开关置于"ON"，将焊丝末端接触板件以产生电弧。

使用焊枪时，间歇性地打开和关闭（图3-82），以防止出现热蓄积，并减少焊接烧穿表面的可能。具体间歇时间以不焊穿板件为宜。焊接结束后，不要立即将焊枪拿开，要在结束部位保持3s左右，待保护气体喷射结束后再拿开，防止刚焊接完成的部位被空气氧化。

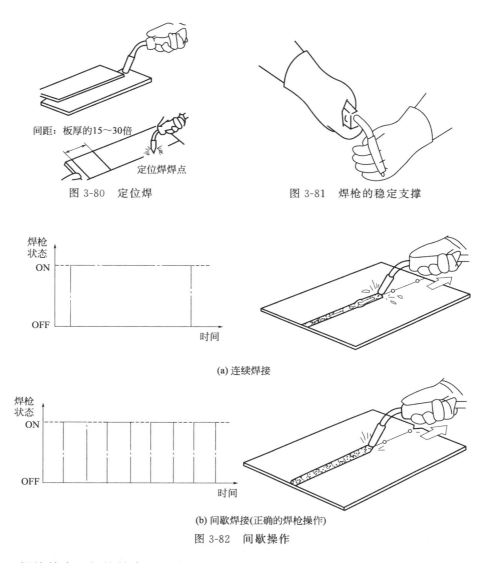

图 3-80 定位焊

图 3-81 焊枪的稳定支撑

(a) 连续焊接

(b) 间歇焊接(正确的焊枪操作)

图 3-82 间歇操作

（4）焊接结束　焊接结束后，关闭电源和气源。

3. 质量检验

以肉眼观察为主，观察焊缝外观，评估焊接的完整性。有条件的也可以使用超声波检验。超声波可以检验任何焊件材料、任何部位的缺陷，并且能较灵敏地发现缺陷位置，但对缺陷的性质、形状和大小较难确定，所以超声波检验常与射线检验（如 X 射线）配合使用。用研磨机研磨去除焊珠和清理焊珠周围的区域时，不要过度研磨，否则可能会减弱铝合金板的强度。

第七节　塑料件的焊接

在现代汽车上，到处可以看到塑料制件（图 3-83）。据统计，目前平均每辆汽车的塑料用量已占汽车自重的 5%～10%，随着汽车轻量化的要求和塑料加工技术的进一步提高，塑料在汽车中的用量还会进一步增加。

图 3-83　汽车塑料件在车外的分布

一、塑料的种类

汽车上使用的塑料件分为热固性塑料、热塑性塑料和复合塑料。

1. 热塑性塑料

热塑性塑料可以通过加热反复地软化和变形，其化学成分不会发生变化。在加热时变软或熔化，而在冷却时则变硬。热塑性塑料可以用塑料焊机进行焊接，也可以进行粘接维修。

2. 热固性塑料

热固性塑料在热量、催化剂或紫外线的作用下会发生化学变化。硬化后形成永久形状，不能通过反复加热或使用催化剂进行改变。热固性塑料通常用挠性零件维修材料进行维修。一般情况下，用化学粘接方法修理热固性塑料，而热塑性塑料则使用焊接的方法修理。

3. 复合塑料

为了获得特定的性能将不同的塑料和其他成分混合在一起就形成了一种复合塑料。例如玻璃纤维加强型复合塑料板，通常称为片状模塑料（SMC）。使用 SMC 的原因很简单，相比较传统的材料，它重量轻、耐腐蚀、耐凹痕并且较容易修理。使用 SMC 和其他纤维增强塑料（FRP）不是新技术，它们已经用在汽车的各种部件上多年。使用加强塑料的大的外部车身板也很常见。新鲜的是这些板件用胶黏剂粘到金属立体车架上，增加了整个汽车的结构刚性，这一点和早期汽车上的外部板不同。

塑料焊接只是针对热塑性塑料，而热固性塑料是不可焊接的，这是塑料焊接修理前必须明确的一点。

在车用塑料中，居前七位的塑料材料品种与所占比例大致为：聚丙烯 21%、聚氨酯 19.6%、聚氯乙烯 12.2%、热固性复合材料 10.4%、ABS 8%、尼龙 7.8%、聚乙烯 6%。汽车上常用塑料的特性及应用见表 3-10。

表 3-10 汽车上常用塑料的特性及应用

名称	ISO 识别码	特性	用途	颜色	备注
聚丙烯	PP	柔软,有弹性,不易断裂	保险杆,工作台,车内饰板,车门内饰板	白色,黑色	不可从旧件上取料作焊条
丙烯腈-丁二烯-苯乙烯	ABS	硬度高,易折断,杂质少,不易变形,焊接牢靠	镀铬件,桃木件,格栅,手把	白色,奶油色	可从旧件上取料作焊条
聚酰胺6（尼龙6）	PA6	硬度高,耐高温,易折断,易老化,焊接牢靠	水箱,水管头,保险盒,插接头	黑色	可从旧件上取料作焊条
聚甲醛	POM	柔软,结实,不易老化	膨胀水箱,油箱,遮阳板	白色,黑色	不可焊接

二、塑料的焊接原理及设备

1. 塑料的焊接原理

塑料焊接是利用热量把塑料基料和焊条加热或单独把焊条加热至熔融状态后使之连接（黏结）在一起。塑料的焊接特点是，因塑料的导热性极差，使其在焊接过程中很难保持热量的均匀性。加热时，塑料的表面已经软化而表层下面没有软化，若继续加热，可使塑料的软化幅度加大，但表层已经烧焦。因此，塑料焊接都是采用非明火加热，如热空气加热焊接、无空气加热焊接和超声波焊接等。

维修中一般都采用热空气加热焊接。热气焊过程中，作为焊接热源载体的气体，最常用的是压缩空气，因为它价格低廉，在很多情况下能获得令人满意的结果。氮气用于对氧化敏感的塑料如聚乙烯（PE）的焊接。

钢铁焊接时，金属焊接和焊条是在互熔冷却后连接在一起的。而塑料焊接只是在熔融状态下粘接在一起的，所以其焊接强度远不如钢铁焊接。

塑料焊接时，为了达到好的结合力，对塑料焊条要施加压力。操作特点：一只手加热焊条；另一只手给焊条施加压力。

2. 热空气塑料焊接设备

（1）焊接设备 车身塑料件焊接应采用塑料焊枪，塑料焊枪是采用陶瓷或不锈钢加热元件来产生热空气，热空气的温度为230～340℃。热空气通过焊嘴吹到车身塑料件及焊条上，使其软化，将加热后熔化的塑料棒压入接缝即可，在焊接过程中，塑料的收缩量较金属大，所以在焊接时应多留焊接余量。典型的热空气塑料焊枪及各种焊嘴如图3-84所示。焊接时，可根据需要选择不同的焊嘴。

① 定位焊嘴。定位焊嘴主要用于断裂板件或长的焊缝在真正焊接前的定位焊。进行定位焊时，必须将断口对准、固定，不使用焊条，而是将喷嘴头压紧在断口底部，使两侧板件同时熔化形成定位焊点。必要时还可断开重新进行定位。

② 圆形焊嘴。圆形焊嘴焊接速度较慢，比较适合小型件和复杂件上短焊缝的焊接，尤其适合焊填小的孔洞，以及尖角部位和难以靠近部位的焊接。

③ 加速焊嘴。加速焊嘴主要用于长而直的焊缝。加速焊嘴夹持着焊条，并对焊条和焊件进行预热。一旦开始焊接、焊条自动进入预热管，由焊嘴端部的尖形加压掌（导门板）向焊条施加压力，所以用一只手就可完成操作，热量和压力均衡，而且焊缝更加均匀一致，焊

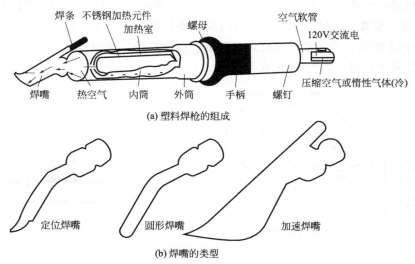

图 3-84 典型的热空气塑料焊枪及各种焊嘴

接速度也提高很多,平均速度可达 1000mm/min。

(2) 热空气塑料焊枪的使用规则 不同的设备制造商提供的热空气塑料焊枪不会完全相同,因此关于焊枪调整、停机及使用程序最好查看制造商的使用说明书,下面给出的是一般的使用规则。

① 选择和安装焊嘴。根据需要选择好焊嘴,并将焊嘴安装在焊枪上。

② 接通气源。将气源、压力调节器及软管与焊机连接,初始压力应根据焊机的功率而定或参考制造商的使用说明书。

③ 通电预热。在推荐的气压下预热焊机,切记在气体流动的状态下预热焊枪,否则可能烧坏焊枪。

④ 示温及调整。将一个温度计放在距焊枪末端约 6mm 处检查焊枪的温度。热塑性塑料的焊接温度一般为 204～399℃,如果温度过高,可加大空气流量(或压力),直至温度降到要求值;如果温度过低,可降低空气压力。

⑤ 焊接结束后,先断电源,利用流动的冷空气对焊枪进行冷却,待焊枪能用手触摸时,再关断气。如果操作顺序错误,将会损坏焊枪。

(3) 热空气塑料焊枪的维护 维护工作应参考制造商的使用说明书,有些制造商不允许用户自行拆卸设备,否则质保失效。

3. 塑料焊接要点

(1) 塑料焊条的选用 焊条必须和被焊件材质相同,正规塑料件背面都有材质标记(即国际标准符号)。对没有标记的塑料件,维修技师一般都会用电烙铁加热背面隐蔽地方,通过观察塑料熔化状态或闻气味来判断材质。塑料焊条通常采用颜色编码表示,但各制造厂的编码不同,使用时应参阅制造厂提供的技术资料。如果没有成品焊条,可从同类型报废的塑料件上割下一条作为焊条。但 PP 塑料不能从旧件上取料,因为 PP 塑料加热后性质会发生一定变化,会变得更脆,另外,旧件上取的料为平面结构,与焊条结构不同。

(2) 加热矫正 焊接前,要先用热风枪加热矫正受损焊件,使其恢复到原来的表面轮廓,并释放因事故而产生的内应力。

（3）选择焊缝形式　对于板件的裂缝，为了达到预定的焊接强度，应将零件裂缝制作成双"V"（即 X）形坡口。坡口深度一般两边都为零件厚度的 1/3，坡口的角度约为 60°，坡口形式如图 3-85 所示。对于塑料件的垂直角接，也应在垂直件的两侧开 V 形坡口，并要注意两个零件之间的距离，如图 3-86 所示。

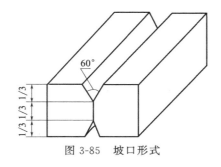

图 3-85　坡口形式

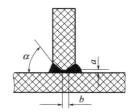

图 3-86　塑料件的 V 形填角焊
$a=1mm$；$b=1\sim1.5mm$；$\alpha=50°\sim55°$

（4）制作坡口　坡口一般用专用砂轮机来制作，磨头为锥形，对于较小的地方和锁扣根部，不便用砂轮机，则用电烙铁烫出坡口或用小刀割出坡口。

（5）固定焊缝　选择合适的位置，用电烙铁将焊缝烫连在一起，以防焊接时的错位。在何处烫、烫几个点，要以能否定位为原则。连接点也不宜过多，否则可能会造成孔洞、砂眼，给后续的涂装工作增加难度。

（6）控制好焊接温度　若焊接温度过高，会使塑料烧焦或扭曲；若焊接温度过低，则会使焊接强度降低。

（7）掌握正确的焊接速度　若焊接的速度过快，会使塑料的熔融程度不足而降低焊接强度；但焊接的速度若过慢，也会使塑料变形甚至烧焦。

（8）给焊条施加合适的压力　若压力过大，会使焊缝变宽且扭曲，或在焊条未达到熔融程度已嵌入焊缝，造成焊接不牢固；若压力小，又会使焊缝的接触面积变小，焊接强度降低。

塑料板的焊缝不应出现棕黄色或皱褶。若出现此现象，说明焊接温度过高。焊缝应看出沿接触两侧焊条与板材完全融合。焊条不应比焊接前拉长或压粗，与原来圆形断面相比，应略显扁平状。如果焊缝不完全互熔，焊缝中有明显的焊条形状，说明焊接热量不足。良好的焊缝应在焊缝的两侧出现小流线或波纹，说明压力和热量适当，焊条与塑料板完全熔合。

三、塑料件的焊接

1. 手工塑料焊接

在焊接前，首先要按照图 3-87 所示塑料件焊接的施工程序进行。对于小型塑料件、复杂形状的塑料件及焊缝不长的塑料件，不宜使用高速喷嘴进行焊接，而应使用圆形喷嘴用双手操作进行焊接，焊接程序如下。

① 塑料如有变形，可以用红外灯或电热吹风机加热变形部位及其周围，如图 3-88 所示。然后用手将变形部位修正回原形即可，如图 3-89 所示。

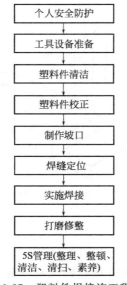

图 3-87 塑料件焊接施工程序

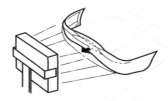

(a) 用红外灯加热变形部位

(b) 用电热吹风机加热变形部位

图 3-88 加热变形部位

② 使用专用砂轮机在损伤部位开坡口为 60°左右的双 V 形坡口，如图 3-90 所示。

③ 用干净的布擦去坡口处的塑料碎屑，注意不要使用塑料清洁剂清理。

④ 选择合适的点，用电烙铁对裂缝进行定位。

⑤ 选择圆形喷嘴并将其安装到焊枪上。

⑥ 接通压缩空气，并将气压调整到焊枪规定的压力。

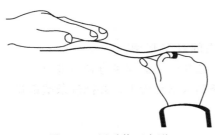

图 3-89 用手修正变形

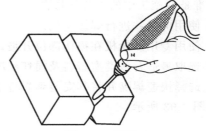

图 3-90 开坡口

⑦ 插上电源插头，开始预热焊枪。然后将温度计放在距喷嘴 6mm 处检查热空气的温度，焊接的温度范围应在 200~400℃，如温度不在此范围，应进行调节。

⑧ 起焊（图 3-91）。一只手拿焊枪，另一只手持焊条，使焊条与母材成 90°夹角，摆动焊枪喷嘴以便同时加热焊条与母材，直到它们发亮、发黏，充分加热，使焊条和零件熔融在一起。

⑨ 连续焊接。采用扇形轨迹移动喷嘴来对焊条和母材进行持续加热，以保证两者的加热程度一致，同时将焊条压入坡口以形成连续的焊缝，如图 3-92 所示。

⑩ 完成焊接。当达到焊接末端时，停止几秒钟后移开喷嘴，并继续保持对焊条施压几秒钟。

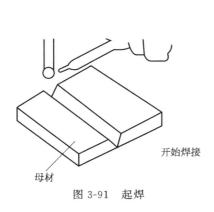

图 3-91 起焊

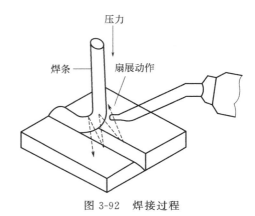

图 3-92 焊接过程

⑪ 断开焊枪的电源，等待一会后再关闭气源。

⑫ 冷却焊缝。焊完后冷却硬化 30min 左右。

⑬ 打磨修整。先用锋利的刀具切割多余的塑料，再用角磨机配百叶轮或打磨机配合 P80、P180、P240 砂纸依次进行打磨，直至达到后道工序的施工要求。

⑭ 进入涂装工序。

2. 快速塑料焊接

对于狭长的、较为平坦的裂缝，可采用快速焊接，其特点是，使用快速焊嘴，对焊条和母材在焊接前先进行预热；焊条的进给、施压和加热均由焊枪一次完成。快速焊接的操作程序与手工塑料焊接基本相同，不同在于起焊与完成后的操作，具体程序如下。

① 施工前的准备。穿戴好必要的劳动保护用品，包括衣帽、眼镜、防尘口罩、防滑手套等。准备好施工中的工具和材料。

② 使用电烙铁进行焊缝定位。

③ 使用专用砂轮机在损伤部位开坡口：60°左右的双 V 形槽。

④ 选取最适合该类型塑料及损坏状况的焊条，选择的成品焊条直径与坡口尺寸应相当。

⑤ 选择快速焊嘴并将其安装到焊枪上，将焊条插入预热管中，并把焊条端部切成 60°斜角，如图 3-93 所示。

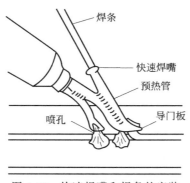

图 3-93 快速焊嘴和焊条的安装

⑥ 接通压缩空气，并将气压调整到焊枪规定的压力。

⑦ 插上电源插头，开始预热焊枪。注意温度是否合适。

⑧ 起焊。一只手使焊枪与母材保持90°角压向母材,另一只手将焊条推下,使之与母材接触,如图3-94所示。

⑨ 连续焊接。当焊条与母材粘接后,将焊枪扳成与母材成45°角,使预热管的导门板与母材完全接触,慢慢拉动焊枪进行焊接。

在起焊后的25~50mm内,因焊条与母材的粘接长度短,在移动焊枪的同时,要对焊条施加一定的推力,使焊条顺利进给。当焊条与母材粘接牢固后,只需移动焊枪而不必对焊条施加推力,焊条即可自动进给,如图3-95所示。

⑩ 结束焊接。在焊接过程中,必须保持焊接速度的恒定。焊接结束时,将焊枪垂直于母材,用锋利的小刀从导门板处切断焊条,并抽出焊条。

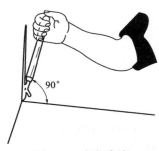

图 3-94 起焊角度

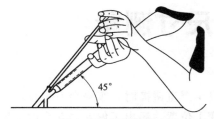

图 3-95 连续焊接

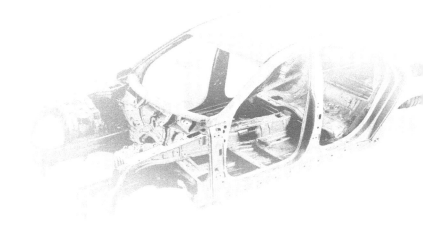

第四章
车身尺寸测量

汽车发生严重碰撞时,车身会发生变形,安装各个总成的构件或支架不仅受到破坏,而且可能改变了位置,超出了偏差,就会改变转向机构或悬架部件的几何形状和尺寸,或造成机械部件的移位,从而使转向和操纵不畅,传动系统出现振动和噪声,各个活动的零部件产生过度磨损,制动不灵。为保证汽车使用性能良好,总成的安装位置必须正确,因此在修理后要求车身尺寸配合公差不能超过±3mm。

车身的测量对于汽车钣金维修技术人员非常重要。承载式车身在碰撞中的损伤情况比车架式车身要复杂得多,在维修前首先要通过准确的测量,才能正确评估车身变形情况,确定损伤部位和未损伤部位,制定合理维修方案。在维修过程中,还要对车身进行全程测量和监控,保证拉伸和矫正有效进行。在维修结束时,还要通过对车身进行全面的测量,保证维修偏差在允许范围之内。

第一节 车身数据图的识读

要想将车身的尺寸恢复到标准值,掌握原车车身尺寸是最基本的。如果没有原车车身的尺寸数据,对测量来说会有很大的难度,后续的车身修理也是不准确的。这样会对修复后汽车的各项性能产生一定的影响。

一、汽车的外廓尺寸

1. 汽车的外廓尺寸参数

(1) 车长 L (图4-1) 汽车车长是垂直于车辆纵向对称平面并分别抵靠在汽车前、后最外端突出部位的两垂面之间的距离。简单地说,就是沿着汽车前进的方向,最前端到最后端的距离。

车身长意味着纵向可利用空间大,前后排腿部活动空间都比宽裕,乘坐人不会有压抑感。但车身太长会给转弯、调头和停车造成不便;相反,如果车身较短,例如微型车,前排的乘客经常是腿没有办法伸直，而后排乘客的膝盖常常顶到前排座椅背部，无论是坐在前排还是坐在后排都很容易产生疲劳感。

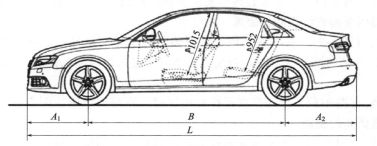

图 4-1　车长、轴距、前悬和后悬尺寸

（2）车宽 S（图 4-2）　汽车车宽是平行于车辆纵向对称平面并分别抵靠车辆两侧固定突出部位的两平面之间的距离。简单地说，就是汽车最左端到最右端的距离。

两侧固定突出部位并不包括后视镜、侧面标志灯、示位灯、转向指示灯、挠性挡泥板、防滑链以及轮胎与地面接触部分的变形。宽度主要影响乘坐空间和灵活性。对于乘用轿车，如果要求横向布置的 3 个坐位都有宽阔的乘坐感（主要是足够的肩宽），那么车宽一般都要达到 1.8m。近年由于对安全性的要求，车门壁的厚度有所增加，因此车宽也普遍增加。车身过宽的好处是乘坐在后排的乘客不会感到拥挤，大大提高了乘坐舒适性，但这会降低车在市区行驶、停泊的方便性，因此对于轿车来说车宽 2m 是一个公认的上限。接近 2m 或超过 2m 的车都会很难驾驶。但汽车的宽度也不能过窄，过窄会使前、后排的乘客感到拥挤，长时间行驶也同样易使人产生疲劳感。

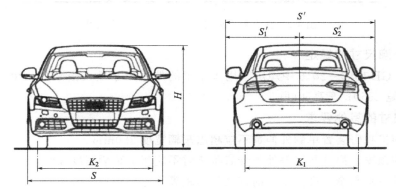

图 4-2　车宽、车高和轮距尺寸

（3）车高 H（图 4-2）　汽车车高是车辆支撑平面与车辆最高突出部位相抵靠的水平面之间的距离。简单地说，就是从地面到汽车最高点的距离。

汽车车高通常是指汽车在空载但可运行（加满燃料和冷却液）的情况下的高度。车身高度直接影响车的重心和空间。大部分轿车高度在 1.5m 以下，与人体的自然坐姿高度相比低很多，减少了乘坐者的头部空间，主要是出于降低全车质心的考虑，以确保高速拐弯时不会翻车。

MPV、面包车等为了营造宽阔的头部空间和载货空间，车身高度一般在 1.6m 以上，但随之使整车重心升高，高速拐弯时很容易翻车，这就是高车身车种的一个重大特性缺陷。

此外，大部分的室内停车场都有高度限制，一般为1.6m，这也为车身高的车型带来了某种限制。

（4）轴距B（图4-1） 汽车呈直线行驶位置时，同侧相邻两轴的车轮落地中心点到车辆纵向对称平面的两条垂直线之间的距离。

（5）轮距K（图4-2） 在支撑平面上，同轴左右车轮两轨迹中心间的距离，分前轮距K_1和后轮距K_2（轴两端为双轮时，为左右两条双轨迹的中线间的距离）。轮距越宽，汽车的稳定性越好。

（6）前悬A_1（图4-1） 汽车呈直线行驶位置时，汽车前端刚性固定件的最前点到通过两前轮轴线的垂面间的距离。

（7）后悬A_2（图4-1） 汽车后端刚性固定件的最后点到通过最后车轮轴线的垂面间的距离。

（8）最小离地间隙C（图4-3） 满载时，车辆支撑平面与车辆最低点之间的距离。

（9）接近角α（图4-3） 汽车空载时，前端突出点向前轮引出的切线与地面的夹角。

（10）离去角β（图4-3） 汽车空载时，后端突出点向后轮引出的切线与地面的夹角。

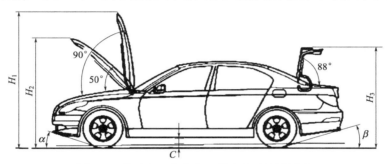

图4-3 接近角、离去角、最小离地间隙尺寸

2. 车身外廓尺寸的规定

国家标准 GB 1589—2016 中规定乘用车车身的外廓尺寸最大极限为（单位：mm）：车长 12000；车宽 2550；车高 4000。

3. 外廓尺寸的其他要求

① 车辆间接视野装置单侧外伸量不应超出车辆宽度 250mm。

② 车辆的顶窗、换气装置等处于开启状态时不应超出车辆高度 300mm。

③ 汽车的后轴与牵引杆挂车的前轴之间的距离不应小于 3000mm。

④ 汽车必须能在同一个车辆通道圆内通过，车辆通道圆的外圆直径D_1为 25.00m，车辆通道圆的内圆直径D_2为 10.60m。汽车和汽车列车由直线行驶过渡到上述圆周运动时，任何部分超出直线行驶时的车辆外侧面垂直面的值（车辆外摆值）T不得大于 0.80m，单铰接客车的车辆外摆值T不得大于 1.20m。

二、车身三维测量的原理

1. 车身测量的意义

汽车车身测量是车身维修中不可缺少的重要环节，关系着车身维修的质量，一方面用于对车身技术状况的诊断；另一方面用于指导车身维修。它是维持或恢复车身的正常工作能力、延长使用寿命并使其处于完好技术状态的主要依据。

由汽车车身的基本构造与机能可知，车身整体定位参数如果发生变化，对行驶性、稳定性、平顺性、安全性和使用性等都有至关重要的影响。整体定位参数，是指那些对汽车发动机、底盘、车身主要构件的装配位置有直接影响的基础数据，如汽车的前轮定位、轴距误差和各总成的装配位置精度等。这些可以定量测得的表征车身外观、装配尺寸和使用性能的参数值，是原厂技术文件上作了重要规定的技术数据。

车身整体变形的认定，主要依赖于对关键要素的测量结果，它有助于对变形做出正确的技术诊断，为合理制定维修方案提供依据。其中，属于单一构件变形时，可以通过更换或修复相应的构件来解决；属于关联部件变形时，从变形较大的构件入手逐一进行矫正和修复；而对于车身的整体变形，则应以基础构件为基准，综合、全面地对整体定位参数值进行校对和修理。以测量结果为依据制定的维修方案，不仅可行而且可靠，是实现正确诊断和高质量维修的基础。

对车身的矫正或更换主要构件，需要通过测量来保证其相关的形状尺寸精度和位置准确度。维修过程中不断测量车身定位参数值，可以确保修复作业是否在质量控制之下。在维修或恢复车身完好技术状况、工作能力和使用寿命的作业中，应遵循的技术标准除可以进行定性评价的技术要求外，更多的则是依照测量结果进行定量评价的技术指标。更确切地说，测量对修复效果起着量化的验证作用。

2. 车身测量基准的选择

车身修复中对变形的测量，实际上就是对车身及其构件的形状与位置偏差的检测。选择测量基准又是形状与位置偏差检测中十分重要的内容，像使用直尺测量数据一样，要有一个零点作为尺寸的起点。同样，车身三维测量也必须先找到长度、宽度和高度的测量基准。只有找到基准，测量才能顺利进行。

(1) 控制点的选择　车身测量的控制点，用于检测车身损伤及变形的程度。车身设计与制造中设有多个控制点，检测时可以测量车身上各个控制点之间的尺寸，如果测量值超出规定的极限尺寸时，就应对其进行矫正，使之达到技术标准规定范围。承载式车身的控制点如图4-4所示。控制点1通常是在前保险杠或前车身散热器支撑部位；控制点2在发动机舱的中部，相当于前横梁或前悬架支承点；控制点3在车身中部，相当于后车门框部位；控制点4在车身后横梁或后悬架支承点。

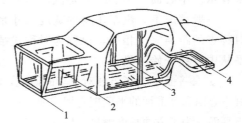

图4-4　承载式车身控制点的控制点

对车身进行整体矫正时，可根据上述控制点的分布，将车身分为前、中、后三部分，如图4-5所示。这种划分方法主要基于车身壳体的刚度等级和区别损伤程度，应分析并利用好各控制点在车身测量基准中的作用和意义。

车身设计和制造以这些控制点作为焊接和加工的定位基准。这些控制点是在生产工艺上留下来的基准孔，同样可以作为车身测量时的定位基准。此外，汽车各主要总成在车身上的装配连接部位，也必须作为控制点来对待，因为这些装配连接部位的位置都有严格的尺寸要求，这对汽车各项技术性能的发挥有着重要的作用。例如，汽车前悬架支承点的位置正确与否，会直接影响前轮定位角和汽车的轴距尺寸；发动机支承点则会影响到发动机和传动系统的正确装配，如有偏差会造成异响甚至零件损坏。

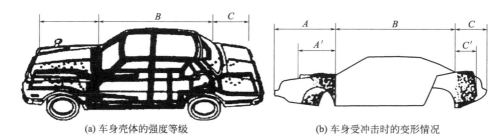

(a) 车身壳体的强度等级　　　　(b) 车身受冲击时的变形情况

图 4-5　车身按吸收能量强弱的分段

实际上，对控制点的测量就是对车身关键参数的检查，不仅汽车制造厂储存有这些重要数据，车身测量设备制造商也根据这些控制点的标准数据来设计自己的车身测量系统数据体系，形成目前车身修复中比较实用和流行的测量方法。

（2）三维测量的尺寸基准

① 基准面。基准面是指与汽车车底平行且距车底一定距离的一个假想平面，如图 4-6 所示。在车身尺寸测量图中，基准面在侧视图上投影成一条直线，用基准线来表示。基准面既是汽车制造厂和车身测量设备制造商测量及标注车身所有高度尺寸的基准，也是维修时测量车身高度尺寸的基准。

图 4-6　基准面

基准面是个假想的平面，确定时的位置可高可低。车身维修手册中的高度基准选择与维修时的高度基准选择，两者同汽车的车底距离不一致，会造成高度尺寸不相符合的情况。

② 中心面。中心面是指将汽车分为左右相等的两半的一个假想平面，如图 4-7 所示。中心面与基准面相互垂直，在车身尺寸测量图中，在俯视图上它投影成一条直线，用中心线来表示。中心面（中心线）是汽车车身所有宽度尺寸，也叫横向尺寸的测量基准。

一般情况下，汽车车身的宽度尺寸是对称的，即从中心线到右侧某点的距离与到左侧相对称点的距离完全相等，也称为对称式结构。但也有非对称情况，即非对称式结构，也仍然是从中心线开始测量。

③ 零平面。为了方便对汽车的研究，将车身看作是一个长方形结构，并利用两个能同时垂直中心面和基准面的平面把它划成前、中、后三个部分。这两个平面处于前、后桥附近，也是假想平面，为了方便长度测量，把它们确定测量长度尺寸的起点叫零平面，如图 4-8 所示。

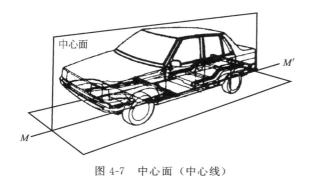

图 4-7　中心面（中心线）　　　　图 4-8　零平面

对于承载式结构，中间车身段在汽车设计时就已经把它的强度定为最强，所以在检查结构的正确性时，应把中部车身作为基础，先测量中部车身，如果中部车身由于撞击而变形，只能移到车身上未受损伤的一端进行。要对车身进行准确的测量，必须从至少三个已知正确的尺寸开始测量，也即至少有三个参考点处在理想位置，最好有四个或五个。

（3）车身测量基准的选择　在实际测量工作中，高度基准面一般使用车身矫正仪的平台平面；宽度基准面是车辆的中心面与测量系统的中心面重合或平行的平面；长度基准面不在平台或测量尺上，而是在车身上，可以找到前或后的零平面作为长度基准面，来测量其他测量点的长度数据。

三、车身数据图的识读

各汽车生产厂家都有汽车车身数据，有些车身测量维修设备公司也通过测量来获得数据。不同的维修设备公司和厂家提供的数据格式可能不同，但要表达的基本内容是一致的，都要提供出车身主要结构件、板件（车门、发动机罩、后备厢盖、翼子板等）的安装位置，以及机械部件（发动机、悬架、转向系统等）的安装尺寸。下面学习怎样通过车身数据图来辨别车身上测量点的三维数据。

1. 车身底部数据图的识读

不同厂家提供的数据图在形式上可能有所不同，但是基本的数据信息是相同的，都要反映出车身上测量点的长、宽、高的三维数据。下面以几种常见的数据图来解读车身数据图中的内容。

（1）车身底部三维尺寸数据图的识读　图4-9所示为车身底部测量三维尺寸数据，图的上半部分是俯视图，下半部分是侧视图，用一条虚线隔开。图的左侧部分代表车身的前方，右侧部分代表车身的后方。要读取数据，首先要找到图中长、宽、高的三个基准。

① 宽度数据。在俯视图中间位置有一条贯穿左右的线，这条线就是中心面，又称为中心线，它把车身一分为二。在俯视图上的黑点表示车身上的测量点，一般的测量点是左右对称的。两个黑点之间的距离有数据显示，单位是毫米（mm）[有些数据图还会在括号内标出英制数据，单位是英寸（in，1in=25.4mm）]，每个测量点到中心线的宽度数据是图上标出的数据值的1/2。

② 高度数据。在侧视图的下方有一条较粗的黑线，这条线就是车身高度的基准线（面）。线的下方有从 $A\sim R$ 的字母，表示车身测量点的名称，每个字母表示的测量点一般在俯视图上部显示两个左右对称的测量点。俯视图上每个点到高度基准线都有数据表示，这些数据就是测量点的高度值。

③ 长度数据。在高度基准线的字母 K 和 O 的下方各有一个小黑三角，表示 K 和 O 是长度方向的零点。从 K 点向上有一条线延伸至俯视图，在虚线的下方位置可以看出汽车前部每个测量点到 K 点的长度数据显示。从 O 点向上有一条线延伸至俯视图，在虚线的下方位置可以看出汽车后部每个测量点到 O 点的长度数据显示。长度基准点有两个，K 点是车身前部测量点的长度基准，O 点是车身后部测量点的长度基准。

例如，我们要找 A 点的长、宽、高的尺寸，首先要在图中找出 A 测量点在俯视图和侧视图上的表示位置，从俯视图中可以找出左、右 A 点之间的距离是520mm，A 点至中心线

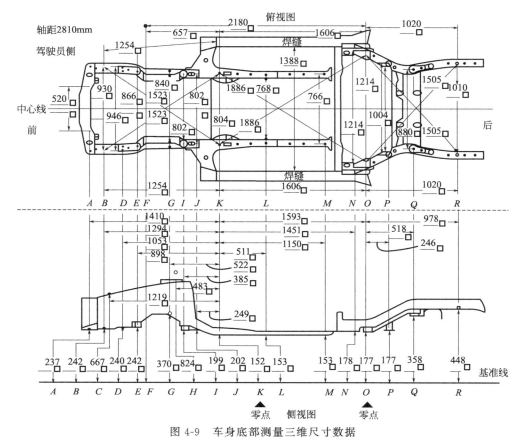

图 4-9 车身底部测量三维尺寸数据

的宽度值是前述距离的一半,即 260mm。从侧视图的高度基准线可以找出 A 点的高度值为 237mm。从 A 点和 K 点的向上延伸线可以找出长度值为 1410mm。

要使用这种数据图配合测量系统进行测量时,首先要把测量系统的宽度的基准调整到与车辆的宽度基准一致或平行,然后调整车辆的高度,让车辆的高度基准与测量系统的高度基准平行,长度基准就在车身下部的基准孔位置。找到基准后,可以使用各种测量头对车身进行三维测量了。

(2) 车身数据图的识读 图 4-10 所示为只用俯视图来表达的车身底部数据。左侧为发动机室数据,右侧为车身底部数据,同样要找到图中表示基准的长、宽、高三个基准。图的左侧部分代表车身的前方,右侧部分代表车身的后方。

① 宽度数据。在俯视图的中心部位有一条线把车身一分为二,这条线就是中心面。车身的测量点用数字 1~28 表示,每个数字代表车身上左、右两个测量点。分别通过每个测量点到中心面的数据,可以直接读出任一测量点的宽度数据。

② 高度数据。在数据图的上方有一排图标,有圆圈、六角形和三角形等,内部有 A、B、C 和 E 等字母及数字。圆圈表示测量点是一个孔,六角形表示测量点是一个螺栓,三角形表示测量部件的表面。A、B、C、E 等字母表示测量时所用测量头的型号。数字表示高度数值,有时同一个点有两个高度值,是因为在有螺栓时或拆掉螺栓后测量的高度是不同的。

第四章 车身尺寸测量

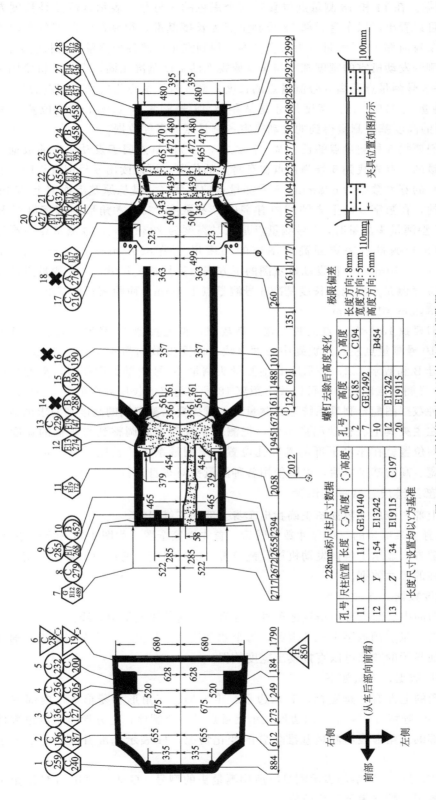

图 4-10 只用俯视图来表达的车身底部数据

③ 长度数据。在 14 和 18 测量点位置有两个黑色的×符号，表示这两点是长度方向的基准。在图中可以看出，以车身后部 18 号测量点为长度基准，得到汽车前部各个测量点的长度数值；以车身前部 14 号测量点为长度基准，得到汽车后部各个测量点的长度数值。

数据图左侧的发动机室的宽度基准与车身俯视图的宽度基准相同，在发动机室图下方的数字是表示 1~5 号测量点距离 6 号测量点的长度，而 6 号测量点为发动机室新的长度基准，它距离 18 号测量点 1790mm。高度尺寸是从距离 18 号测量点 1790mm 的位置，再向上 850mm 作为新的高度基准测量得到的发动机室各测量点的高度数据。

例如，我们要找 5 号测量点的长、宽、高数据，5 号测量点属于发动机室的数据，它是用门形尺架测量的。首先找到 5 号测量点在车身上的位置，可以读出 5 号测量点的左右分别到中心面（线）的宽度数据为 628mm。5 号测量点的高度尺寸是从原基准面向上 850mm 为新的基准测量的，在数字 5 的下方圆圈内有字母 C 和数字 233，六角形内有字母 C 和数字 200，表示用 C 型测量头测量时，5 号测量点是孔时高度为 233mm，5 号测量点为螺栓时高度为 200mm（5 号测量点距离原高度基准的高度尺寸是：850mm－233mm＝617mm 和 850mm－200mm＝650mm）。在发动机室图的下方表示的是长度尺寸，5 号测量点的长度尺寸是 184mm（5 号测量点距离新长度基准 6 号测量点 184mm，而距离长度基准 18 号测量点是 1790mm＋184mm＝1974mm）。

例如，我们要找 10 号测量点的长、宽、高数据，首先找到 10 号测量点在车身上的位置，可以读出 10 号测量点左右分别到中心面（线）的宽度数据为 465mm。在数字 10 的下方圆圈内有字母 B 和数字 452，表示用 B 型测量头测量 10 号测量点圆孔时，高度数据值是 452mm。从 10 号测量点的延伸线可以找出距离 18 号测量点的长度数据值是 2394mm。

要使用这种数据图配合测量系统进行测量时，首先要调整车辆的高度到要求的数值，然后把车辆固定在主夹具上。移动测量系统，把测量系统的中心调整到与车辆的宽度中心一致。长度基准的位置就在车身下部的基准孔位置，把测量系统的长度零点设定在此基准孔上。找到长、宽、高的基准以后，可以使用各种测量头对车身进行三维测量。

2. 车身上部三维尺寸数据图识读

根据车身上部三维尺寸数据图正确找出车身上部的三维尺寸。

① 选择车身上某部位的三维尺寸数据图后，首先浏览全图，如图 4-11 所示。图 4-11 的左侧表示汽车前方，显示了包括发动机罩铰链位置、前后风窗、前后门、背门、窗角，以及前、中、后立柱的尺寸数据。

② 读取宽度数据，方法如下。

a. 在俯视图的中心部位有一条线把车身一分为二，这条线就是中心线。

b. 车身上的测量点用数字 1~17 表示，每个数字代表车身上左右两个测量点。通过每个测量点到中心面显示的数据可以直接读出宽度数据。

③ 读取高度数据，方法如下。

a. 在数据图的上方有一排图标，有六边形、正方形、三角形和菱形等，内部有 C、E、F、DS、GF、GC 等字母和数字。六边形表示测量点是一个螺栓；正方形表示测量部件的表面；数据图下部的三角形表示测量基准位置的变化情况，H 表示基准升高；菱形表示非重要测量点。

b. C、E、F、D、S 等字母表示测量时所用测量头的型号，G 表示要用 G 型测量头与其他测量头配合使用。数字表示高度数值。

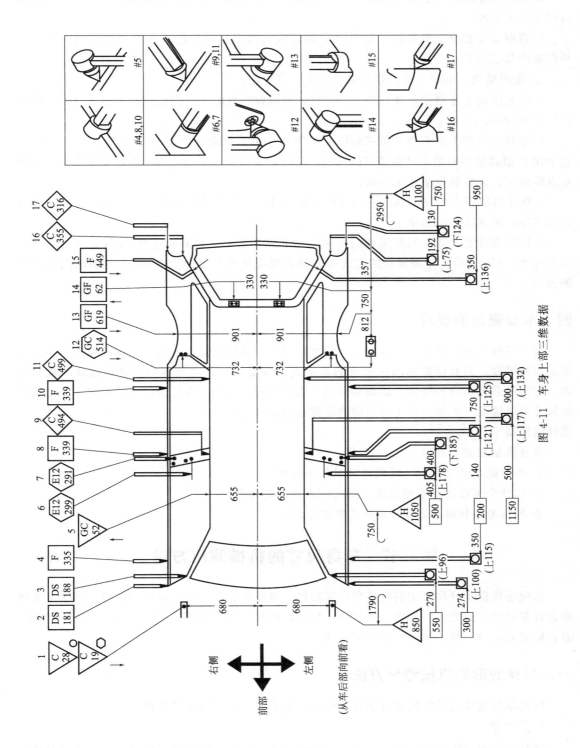

图 4-11 车身上部三维数据

④ 读取长度数据，方法如下。

a. 找到长度基准。上部测量点长度的基准与车身底部测量点的长度基准一致，一般有前后两个长度基准。

b. 读取长度数据。数据图下部箭头上的数值为测量点的长度尺寸，读取数值时要分清是以哪个基准点开始的。

⑤ 读图举例，确定 1 号测量点的长、宽、高数据。

a. 首先找到 1 号测量点在车身上的位置，可以读出左右 1 号测量点到中心面（线）的宽度数据为 680mm。

b. 在数字 1 的上方有两个倒三角以及圆圈和六边形标志，内有字母 C 及数字 28 和 19，表示用 C 型测量头测量 1 号测量点圆孔时，高度数据值是 28mm，用 C 型测量头测量 1 号测量点螺栓时，高度数据值是 19mm。

c. 在 1 号测量点的延伸线的下部有标有数字 1790 的弯箭头，表示 1 号测量点位于车身后部基准点前方 1790mm 处。

d. 同时要注意，在 1 号测量点的延伸线的下部还有一个内部有字母 H 和数字 850 的三角形标志，850 表示 1 号测量点的高度尺寸是在以此高度基准向上 850mm 为新的高度基准测得的。

四、车身测量的要求

对于任何车辆，基准点（参考点）都是检验车身其他各点位置是否正确的基准。对事故车的车身维修，只有使损伤部位所有的基准点都恢复到事故前原有的位置，维修才能算完成。对于承载式车身的维修，必须要对整个维修过程进行测量并记录尺寸的变化。全过程监控尺寸变化情况，才能对每个环节的维修质量做出及时的评估，为下一个环节的工作做出预见性的调整。

车身测量的要求有以下几个方面。

① 准确地找到参考点，精确地测量各个尺寸。

② 在整个维修过程中要经常、反复、不断地进行测量。

③ 各参考点都维修好后，再次检验整车的尺寸。

第二节　车身尺寸的机械测量方法

机械法测量车身尺寸主要是指利用钢板尺、钢卷尺、车身测量量规和机械三维测量系统等进行车身尺寸的测量。传统方法简单、快捷；机械三维测量要求非常熟练才能提高效率，但它们的测量精度都不如电子测量方法高。

一、车身变形的机械测量方法

检测车身整体变形的常用方法有测距法、定中规法、坐标法等几种。

1. 测距法

测距法是指直接测量车身各控制点之间的距离或各总成的安装位置尺寸，将所量得的数据与车身技术参数中所给定的值相比较判定变形程度的方法。通过测距法可以直接获得定向位置点与点的距离，是最简单、实用的一种测量方法。它主要通过测距来体现车身构件之间的位置状态。测距法所使用的量具是钢卷尺、轨道式量规等。

(1) 钢卷尺　钢卷尺测量简单、方便，工具费用低，但测量误差大，不够准确，用于对精度要求不高的场合。因为车身测量的许多基准点是孔洞，利用钢卷尺进行测量时，最好能把它的钩头做一下处理，变细一些，可以直接伸入测量孔中，这样可以提高效率和准确度。

在用钢卷尺测量的基准点是孔时，一定要注意尺寸数据的读取方法，建议不要读取钢卷尺在基准点孔中心位置的刻度，应该读取基准点孔边缘位置的刻度，如图 4-12 所示。因为用眼睛来判断孔中心位置是很困难的，而观察孔边缘比较容易。

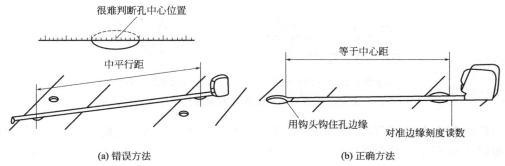

图 4-12　利用钢卷尺测量时尺寸的读取方法

当测量两个直径相等的孔时，利用图 4-12(b) 的方法就十分容易读出，但当测量两个孔直径不一样时，测量的结果要稍做计算，测量方法如图 4-13 所示。

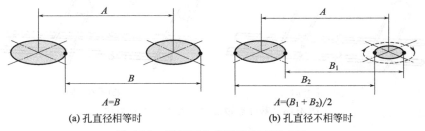

图 4-13　测量两个参照孔距离的方法

(2) 轨道式量规　也叫专用测距尺或杆规，在车身测量两点间的中心距离时比钢卷尺要灵活、方便，特别是在有些基准点之间有阻碍物或者高度不在同一平面上时，显得更加有优势。

轨道式量规结构组成有轨道尺、测距尺和测量头等。轨道尺上有尺寸刻度，可以直接读出两个测距尺间的距离；测量尺高度是可以调整的，可以在轨道尺上移动，根据测量基准点之间距离调整到适当位置；测量头是圆锥形的，有自动定心作用。轨道式量规结构及其使用方法如图 4-14 所示。

当两个基准点的孔径都比测量头的圆锥直径小时，用轨道式量规测量最为方便，不管两个孔径大小是不是一样，只要用图 4-14 所示的方法，把测量尺调整到合适位置和合适高度让两个测量头能自然地落到测量孔中，然后从轨道尺上读数位置直接读出相应刻度即可。如果基准点的孔径比测量头的圆锥大，或者孔的深度太浅，测量头的自动定心功能就失去了作用，这时要想测得准确尺寸，同样采用边缘测量的方法，如图 4-15 所示。

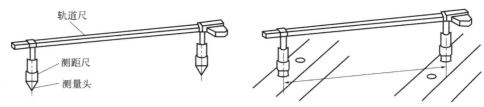

图 4-14 轨道式量规结构及其使用方法

(a) 测量头失去自动定心作用　　(b) 应在孔的边缘测量

图 4-15 测量头失去自动定心作用时要在孔的边缘进行测量

如果两个孔径大小不同，要测出中心距，同样可以先分别测出内侧边缘距和外侧边缘距离，如图 4-16 所示，然后把这两个测量结果相加再除以 2 即可。例如，有两个圆孔，一个孔径为 15mm，另一个孔径为 30mm，测得内缘的距离为 582mm，外缘距离为 760mm，则两孔的中心距为 (582+760)/2＝671(mm)。

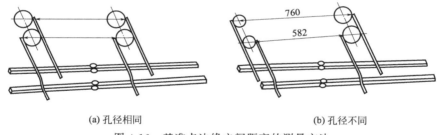

(a) 孔径相同　　(b) 孔径不同

图 4-16 基准点边缘之间距离的测量方法

轨道式量规可以用于车身不同部位的测量，在测量过程中必须及时做好记录，并且基准点之间的尺寸要相互印证，可以通过对角线测量方法印证。如果测量前知道相应位置的正确尺寸，就能准确地确定损伤变形或者及时知道维修恢复的程度。如果没有标准的参考尺寸可用，可以采用同样牌号、生产年份、型号、车身类型的完好汽车作为参考，得到正确的车身尺寸。

轨道式量规和钢卷尺都主要用来测量两点之间的距离，但轨道式量规可以测量点对点的距离，也可以测量线对线的距离，在车身测量中一定要根据车身尺寸图表说明或者根据需要来测量。点对点的测量指用轨道式量规测出两个点之间的直线距离；线对线的测量指测量两点轴线间的距离。线对线的测量必须在测量前调整好左右测量尺的高度，保证其与两个点的轴线重合或者平行，如图 4-17 所示。

2. 定中规法

定中规法就是在控制点中悬挂定中规，通过观察定中规间的相对位置来判断车身的变形。车身的许多变形尤其是综合性变形，用测距法测量往往体现得不十分明显，所反映出的问题也不够直观。如图 4-18 所示,当车身或车架与汽车纵轴线的对称度发生变化时,就很难用测距法对变形做出准确的判断,如果使用定中规法,就可以比较好地解决这类测量问题。

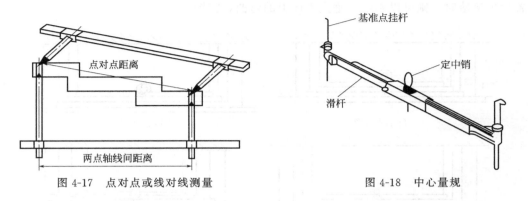

图 4-17 点对点或线对线测量　　　　　　图 4-18 中心量规

将图 4-19(a) 所示的定中规挂于车架的基准孔上,通过检查定中销是否处于同一条轴线上以及定中规尺面是否相互平行,就可以判断车架是否存在弯曲、翘曲或扭曲变形,如图 4-19(b) 所示。

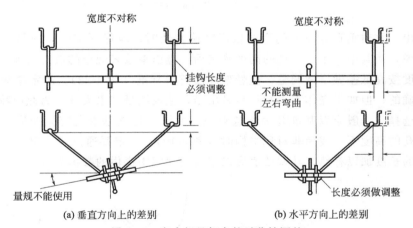

图 4-19 定中规悬架点的对称性调整

将图 4-20(a) 所示的定中规挂于车身壳体骨架的基准孔上,通过检查定中销、垂链及平行尺是否平行以及定中销是否处于同一条轴线上,就可以十分容易地对骨架变形做出相应的

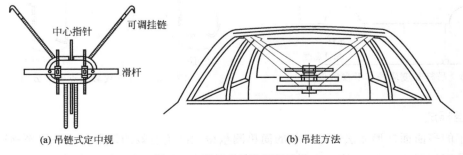

图 4-20 骨架立柱变形的检查

诊断，如图 4-20(b) 所示。

使用定中规判断车身变形有其规律可循。如当定中销发生左右方向的偏离时，可以判断为水平方向上的弯曲；当定中规的尺面出现不平行时，可以判断为扭曲变形；当尺面的高低位置发生错落时，则可以判断为垂直方向上的弯曲，如图 4-21 所示。

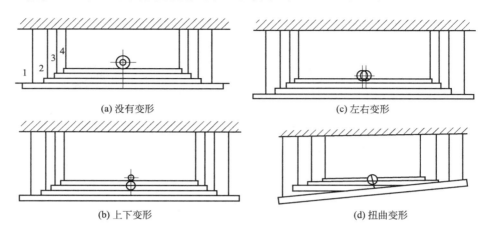

图 4-21　变形的判断方法
1~4—定中规的不同吊杆长度

应当指出，欲对垂直方向上的弯曲做出精确判断时，应保证定中规的吊杆长度符合要求。也就是说，当其中一个定中规的高度确定后，应以参数表规定的数据为准，对其他定中规吊杆的长度按高低差做增减调整，使悬架高度符合标准（图 4-22）。用定中规法测量从理论上讲是精确的，但如果操作不当却很容易出错，造成测量结果失准。为此应特别注意对定中规挂点的选择。一般应以基准孔为优选对象，并注意检查基准孔有无变形等（图 4-23）；当左右基准孔的高度不一或为非对称结构时（图 4-19），一定要通过调整定中销的位置或吊杆（吊链）的长度加以补偿，其调整值应以车身尺寸图中提供的数据为准。

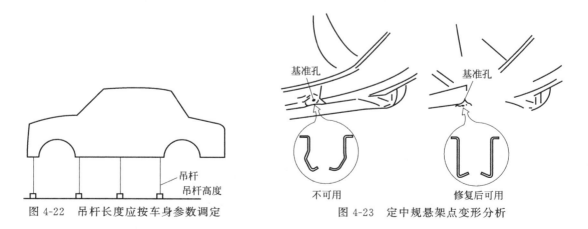

图 4-22　吊杆长度应按车身参数调定　　图 4-23　定中规悬架点变形分析

3. 坐标法

轿车的多曲面外形无法通过一般的简单测量得到准确有效的结果，可采用坐标法进行测量。如果使用图 4-24 所示的桥式测量架，就可以比较容易地实现这方面的工作。

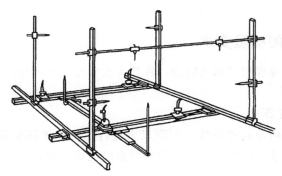

图 4-24　桥式三坐标测量架

桥式测量架由导轨、移动式测量柱、测量杆和测量针等组成。在测量过程中，可以根据需要调整其与车身的相对位置，使测量针在接触到车身表面的同时，还能够直接从导轨、立柱、测杆及测量针上读出所对应的测量值。

坐标法的测量原理并不复杂，它利用车身构件的对称性原则，用测量架采集被测点上 X、Y、Z 三个方向的数据。如图 4-25 所示，通过用一组平行于 XZ 平面的平面 α 截取被测件型面，交线即为所在面的曲线；同理，也可用平行于 YZ 平面的一组平面 β 测得等距 X 间隔的各截面曲线。将两组测得的曲线组合，即可获得该构件曲面型线的坐标参数，圆滑连接便可形成该构件表面实样测绘图。对测量结果进行对比、分析，车身构件的外观形状误差便可体现出来。

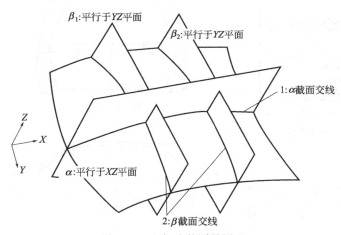

图 4-25　坐标法的测量原理

在使用坐标法时，要注意以下事项。

① 着重对车身上起支撑和固定作用的螺栓孔、柱销孔间距进行测量。有些点至点的测量为两点间直线测量距离。

② 进行水平方向的测量时，量规臂应与车身基准面平行，量规臂上的指针长度应根据需要进行适当的调整。

③ 车身尺寸说明书上的测量要求是多样的，重要的一点是必须使用与车身说明书或维修手册要求一致的测量方法，否则很容易发生测量误差。

④ 对车身说明书标注出的所有点都要进行测量。变形量通常以说明书上的尺寸为准并

与实际测量结果做比较。

二、车身各部尺寸的测量要求

车身各部尺寸可以按理想平面的概念，将其大致分成 4 个部分，所使用的专用量具应能满足测量要求。

1. 车身上部的尺寸测量

车身上部损伤可以用导轨式量规或测距尺来进行，其具体测量部位如图 4-26 所示。当然，对照维修手册或厂家说明书，还可以找到更多的检查、测量点，这些都足以判定车身上部所发生的变形。

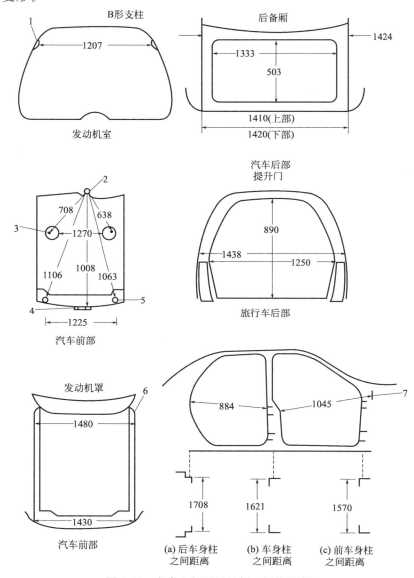

图 4-26 车身上部测量示例（福特汽车）
1—安全带紧固螺栓；2—刮水器枢纽；3—撑杆支柱上的交叉件；4—发动机罩碰销；
5—发动机罩减振孔；6—车颈部位；7—前翼板支架

2. 车身前部的尺寸测量

由于车身前部受损后，需进行发动机罩及前端部件的修复或更换，修复过程中和装配后的测量都是必须做的。即使是车身的前右侧受到碰撞，左侧通常也会受到关联损伤或变形，因此也需要在维修之前检验变形的程度。图4-27给出了典型的前部车身测量控制点，对照厂家推荐的车身尺寸表即可对变形程度加以验证。

控制点的对称度是关键性参数，故每一尺寸应该对照另外的两个基准点进行检验，其中至少有一个基准点要进行对角线测量。通常，测量的尺寸越长，其精确度越高。例如，测量发动机室后部上端至下部前端发动机底座间的尺寸，就比测量同一断面内端的尺寸要精确、合理得多，因为它是在车身长度和高度方向上较大范围内的尺寸。从每一对控制尺寸交叉测得两个或多个数据，既保证了测量精度又能够帮助辨别损伤的范围及变形方向。

3. 车身侧板的尺寸测量

车身侧边覆盖件或构件的任何损伤，都可以通过车门开关时的感觉来确定，即把注意力放在影响车门密封的可能性上，找出侧边车身变形所在位置，但还必须通过精确测量才能保证找到位置准确。利用车身的左右对称性进行对角线测量，可检测出侧边车身及门框的变形（图4-28）。

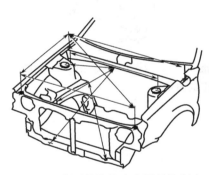
图4-27 典型的前部车身测量控制点

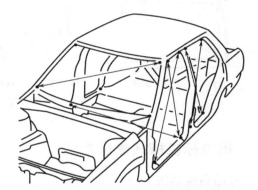
图4-28 侧边车身尺寸测量示例

即使没有发动机室及下部车身的数据，或汽车在倾翻中受到严重创伤，均可使用对角线测量方法。但在检测汽车两侧受损或扭转情况时，仅仅通过对角线测量和检查损伤是不准确的，因为测量不出这两条对角线间的差异；如果汽车左侧和右侧的变形相同，则对角线长度也可能相同，测量时应予以注意。

由于承载式车身是由薄金属冲压后焊接而成的，所以碰撞力很容易被车身壳体构件所吸收，并且受碰撞时惯性力的影响，侧向冲击后形成图4-29所示的对角线变化是十分常见的。因此，测量时不仅要关注被撞一侧的损伤情况，同时还要注意用对角线法检查另一侧的变形和驾驶室门框的变形（图4-30）。

4. 车身后部的尺寸测量

车身后部的变形可通过后备箱开关时的状况做出初步判断，后部地板上的皱褶通常都归因于后部元件的扭弯，因此测量后部车身时也要结合测量车身底部的尺寸进行，这样可为修复作业提供有效的测量数据。

测量过程中应注意以下事项。

① 所有尺寸单位均为 mm。

② 尺寸公差为±3mm。

③ 所有尺寸均为直线长度。

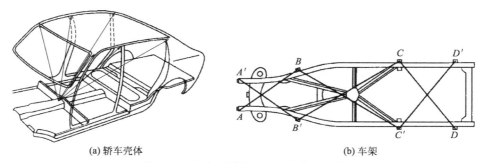

(a) 轿车壳体　　　　　　　　　(b) 车架

图 4-29　注意不同断面上对角线的变化

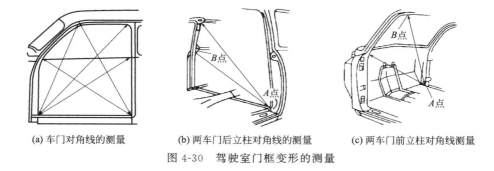

(a) 车门对角线的测量　　(b) 两车门后立柱对角线的测量　　(c) 两车门前立柱对角线测量

图 4-30　驾驶室门框变形的测量

三、三维坐标机械式测量系统

1. 专用测量系统

（1）专用测量系统的测量原理　专用测量系统的设计原理来源于车身的制造过程，在制造焊接过程中车身板件都固定在车身模具上，车身模具是根据车身尺寸制作的，通过模具可以对板件进行快速定位、安装、焊接等工作。专用测量工具根据车身上的主要测量点的三维空间尺寸，制作出一套包含主要测量控制点的测量头（也称为定位器）。在车身变形后，可以通过车身上每个主要控制测量点与它专用的测量头的配合情况来确定测量点的数据是否变化，直到主要测量控制点的位置与专用测量头完全配合后，就能够确定测量点的尺寸已经恢复到位。专用测量系统的测量是把重点放在控制点与测量头的配合上，而不是像其他测量系统那样要测量出数据，然后与标准数据对比才能知道尺寸是否正确。

一套标准的测量头由 14～25 个既可单独使用又可组合使用的专用测量头组成。很多测量头既可以与固定不动的机械部件结合使用，也可以和能够移动的部件结合使用。一套测量头一般可用来测量车身型号相同的汽车。

（2）专用测量头的功能

① 能够通过视觉确定出应该进行检测的测量控制点，如果测量控制点与专用测量头不相配合，就必须对失常的控制点进行矫正。

② 可以同时对所有的控制点进行测定，而不需进行具体的测量。在所有的控制点都矫正、准直之后，汽车上的转向系统、悬架及发动机装置等也就在正确的位置上了。

③ 可以对测量控制点与专用测量头不相配合的地方进行矫正，将受损部位调整到与测量头正好吻合的位置。

④ 专用测量头测量系统可保证在对零件进行焊接之前的定位。

(3) 专用测量头测量的方法　对整体式车身，如车身下部钢板和撑杆支柱总成的矫正，其工作顺序如下。

① 将车身下部钢梁、钢板固定在定位器上。

② 将撑杆支柱钢板安置并固定在钢梁上。

③ 将钢板、钢梁焊接在正确的位置上。

专用测量头最大的优点是专用性，每一款汽车都有一套专用测量头，可以快速精确地修复车身；但它最大的缺点也是专用性，由于一套专用测量头只适用于一个车型，这就限制了它的应用范围。

随着现代汽车竞争的加剧和车辆个性化的发展，车辆的品种越来越多，专用测量头已经不能满足多样性修理的需要，所以现在越来越广泛地应用通用测量系统。

2. 机械式通用测量系统

通用测量系统如门式通用测量系统（图 4-31）、米桥式通用测量系统（图 4-32）等在现代车身修理中被广泛应用。通用测量系统不仅能够同时测量所有基准点，而且能使测量更容易、更精确。

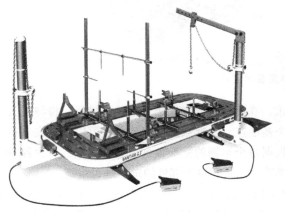

图 4-31　门式通用测量系统

图 4-32　米桥式通用测量系统

在测量时，只要将通用测量系统沿车辆移动，不仅能检查车辆所有基准点，而且能快速地确定车辆上的每个基准点的位置。

正确地安装测量系统的各个部件，用测量头测量基准点，如果车辆上的基准点与标准数据图上的位置不同，则车辆上的基准点可能发生了变形。如果测量头不在正确的基准点位置，则车辆尺寸是不正确的。不在正确位置的基准点必须被恢复到事故前的标准值，然后才能对其他点进行测量。在开始任何测量工作前，都要做好以下准备工作。

① 拆下可拆卸的损坏件，包括机械部件和车身覆盖件。

② 如果损坏非常严重，则对车辆的中部或基础部分先进行粗略地矫正，然后将中部基

准点的尺寸恢复标准数值。

③ 如果某些机械部件不需要拆除，对这些部件要进行必要的支撑。

米桥式通用测量系统主要由底部的米桥尺、横尺及测量头、门形立尺及上横尺组成，此外还有许多辅助测量头和安装各种用途量尺的固定器（图 4-33）。对于机械式测量系统，它的测量精度达到 ±(1～1.5)mm 才能作为合格的车身测量工具。

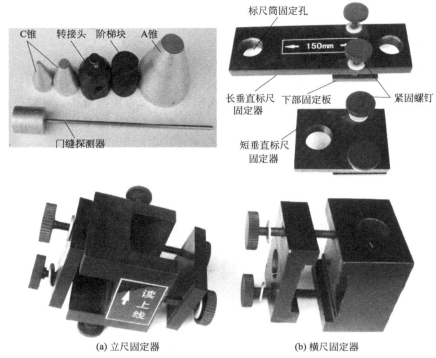

图 4-33　各种测量固定器

在测量时，首先建立起车辆和测量系统的基准，在测量桥或测量架上安装好横尺，将测量头安装在横尺上，就可以同时测量受损车辆上的多个基准点。基准点找好以后，就可以利用安装在测量架上的测量头来测量车身上的各个测量点。根据每个车辆的标准数据，通过测量、对比数据的变化来判定车身部件是否变形，矫正工作是否准确，或者新更换部件的定位是否正确。

该测量系统的各个部件一般都是铝合金制造的，在使用过程中操作必须小心，轻拿轻放，以确保测量系统部件不被损坏。这种测量系统的精确度取决于测量头的位置和精确性，与轨道式量规比较，通用测量系统具有即时读取测量数据的优点。

在实际测量操作过程中，修理人员首先要用测量头来测量基准点。通过各基准点实际测量数据与标准数据相比较，就能很快地确定各个基准点所处的位置是否变形，如果车身上的基准点的数据超过 ±3mm 的公差，就必须对基准点先进行矫正。

第三节　车身尺寸的电子测量方法

电子测量系统使用计算机和专门的电子传感器来迅速、便捷地测量车身结构的损坏情况，性能好的电子测量系统能够在车身拉伸矫正过程中给出实时的测量数据。

在测量系统计算机的数据库中，储存了大量的不同厂家、不同年代的车身数据，这些标准车身数据图可以随时被调出。系统就可以自动地将实际的测量值与标准值进行比较，不用再去人工翻查印刷数据手册或记录测量值，它们都可以在计算机屏幕上显示出来。

一、车身三维尺寸检测原理

1. 典型的车身三维尺寸检测系统结构

典型的车身三维尺寸检测系统结构如图 4-34 所示。该系统包括多个视觉传感器、全局校准、现场控制、测量软件等几部分。每个视觉传感器是一个测量单元，对应车身上的一个被测点，系统组建时，所有的传感器均已统一到基准坐标系下（即系统全局校准），传感器由系统中的计算机控制。测量时，每个传感器测量相应点的三维坐标，并转换到基准坐标系中，全部传感器给出车身上所有被测点的测量结果，完成系统测量任务。

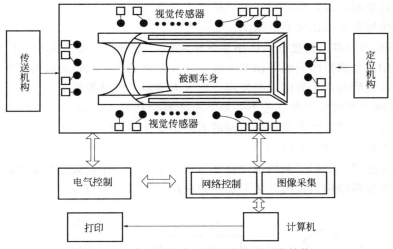

图 4-34 典型的车身三维尺寸检测系统结构

2. 视觉传感器

传感器包括光平面投射器和摄像机两部分，基于三角法测量原理。测量时，光平面投射器投射出光平面，光平面和被测物表面相交形成光条，光条图像由摄像机经图像采集卡进入计算机，经计算机处理得到图像，提取被测点对应的图像特征在像面上的坐标，由摄像机模型及三角法测量原理可以得到被测点的三维坐标。

通常车身上的被测点可归纳成棱线点和一般特征点两类。棱线是车身上不同块面之间的交线，它的装配精度对车辆的空气动力学性能有影响，检测棱线是通过检测其上点的位置完成的；车身上一般特征点是指控制整车装配精度的重要安装定位孔（如发动机安装孔等）及可以表征车身制造精度的一些标准点。棱线点和一般特征点相对视觉传感器而言是两种不同类型的被测点，需要结构光传感器来检测，这种传感器是最早得到应用的视觉传感器，技术发展成熟。

（1）光条结构光传感器和光栅结构光传感器　光条结构光传感器原理如图 4-35 所示，用于测量棱线点；光栅结构光传感器原理如图 4-36 所示，相当于具有多个光平面的光条传感器，一次测量可以同时得到多个不同空间位置上点的三维坐标（如测量圆孔时，可得到圆周上多个点的坐标），由此计算出被测特征点（如圆孔的孔心）的三维坐标。

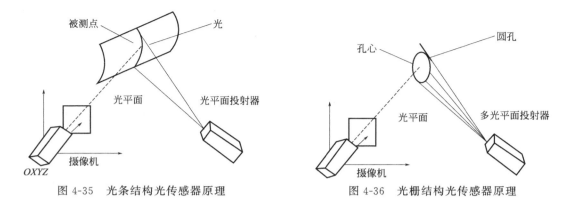

图 4-35　光条结构光传感器原理　　　　图 4-36　光栅结构光传感器原理

上述两种传感器已成功地应用在较早的车身三维尺寸视觉检测系统中。随着应用的逐步深入，这两种传感器暴露出明显的缺陷。

① 传感器校准困难、精度低。传感器在使用前，必须标定光平面和摄像机之间的空间关系，目前使用细丝散射结合经纬仪的方法，这种方法受散射光点无法精确瞄准的影响，校准精度难以提高，同时由于经纬仪的使用，也大大增加了传感器校准工作量。

② 两种传感器结构及校准方法不一致，造成整个检测系统组建及维护困难。在实际的检测系统中，每种传感器的数量随着车型的不同而变化，传感器结构及校准方法的不同会严重影响系统的组建效率和维护成本。

（2）视觉传感器　最新研制的视觉传感器采用了基于立体视觉检测原理的统一结构，克服了以上两种传感器结构及校准方法不统一的缺点，如图 4-37 所示。

图 4-37　基于立体视觉的传感器统一结构摄像机

传感器采用立体视觉检测原理，由双摄像机和结构光投射器组成，被测点的空间坐标由两个摄像机得到的图像中该点对应的立体视差决定。结构光投射器的不同形式决定了传感器的不同类型，采用光条结构光投射器，相当于光条结构光传感器；采用光栅结构光投射器，相当于光栅结构传感器。

此外，还可以通过设计特殊的投射器，进一步扩展视觉传感器的应用范围。基于立体视觉统一结构的传感器具有突出的优点。不同类型传感器的结构和校准方法完全一致，可以采用基于靶标的精确校准技术实现传感器的高精度校准；传感器的适应性优良，对于不同类型的被测点，只需变更传感器中的光投射器即可。

3. 全局校准

完整的车身三维尺寸视觉检测系统由多达几十个传感器组成，每个传感器均在自身的坐标系（传感器局部坐标系）中进行测量，必须将系统中全部传感器局部坐标系统一到一个全局坐标系（系统基准坐标系）中，才能实现系统功能，这就是全局校准技术，图 4-38 所示为全局校准原理。

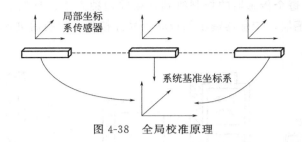

图 4-38　全局校准原理

最直接的全局校准技术就是所谓的金规校准。在校准系统时，制作一个和被测对象完全一致的标准金规（如被测车身），标准金规上分布着控制点，它们对应于被测车身上的被测点，控制点在金规基准坐标系中的位置是严格已知的。校准时，传感器测量控制点，通过控制点的位置坐标可以得到传感器局部坐标系与金规基准坐标系的统一。金规校准方法直观明确，但实际应用时存在重大缺陷，如金规应当和被测对象一致，不同车型的检测系统需要不同的金规等。此外，制作如车身大小的高精度金规，成本高，对于某些大型的车身，实际上近乎不可能。

鉴于金规校准的上述缺点，当前车身视觉检测系统采用的是借助中间坐标测量装置的间接全局校准标准，其原理如图 4-39 所示。该校准技术的核心是由两台经纬仪组成的移动式高精度空间坐标测量装置和一块精密标准靶标。全局校准时，首先将靶标放置在传感器的测量空间内并固定，用传感器测量靶标（靶标上设计有标准圆孔），得到传感器坐标系和靶标坐标系之间的关系；其次，同时用经纬仪坐标测量装置观测靶标在空间的位置，得到靶标坐标系和经纬仪测量装置坐标系之间的关系；再次，用经纬仪坐标测量装置观测视觉检测系统的基准坐标系，得到它们之间的关系；最后，由坐标变换链，即传感器坐标系-靶标坐标系-经纬仪坐标测量装置坐标系-基准坐标系，实现传感器坐标系到视觉系统基准坐标系之间的统一，即全局校准。

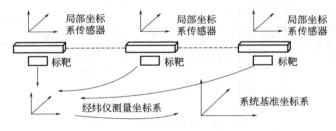

图 4-39　间接全局校准标准

与金规校准相比，基于经纬仪坐标测量装置的全局校准有明显的优势：通用性好、成本低及能够用于不同规模（不同车型）的车身视觉检测系统。特别需要指出的是，如果视觉系统中的传感器采用基于立体视觉的统一结构，则基于经纬仪坐标测量装置的全局校准优点更为突出，不同的视觉检测系统可以采用完全相同的靶标及校准软件，从而给系统的组建和维护带来极大的方便，这对大范围推广视觉检测技术非常有利。

4. 系统控制

车身三维尺寸视觉检测系统是基于计算机控制的大型系统，系统中一般包含几十个传感器，传感器的有效控制对系统的性能有重要的影响。早期的传感器控制采用星形专线连接方案，如图 4-40 所示。每个传感器的控制线和视频线均独立连接到控制柜，计算机通过分配 I/O 端口分别控制传感器，传感器输出的视频信号经控制柜切换后进入图像采集卡，再由计算机处理。

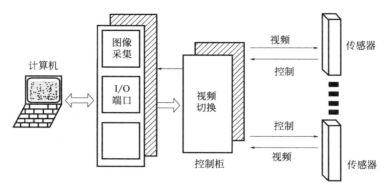

图 4-40 采用星形专线连接的传感器控制

对于大型的车身视觉检测系统而言，上述控制方案存在如下不足。

① 布线复杂，线缆需求量大，影响系统工作稳定的隐患多。

② 系统不具备良好的伸缩性，扩展能力差，即当将一个有 20 个传感器的现有系统扩展到 30 个传感器时，必须重新设计控制柜并布线。最新的视觉检测系统采用了现场总线控制方案，彻底解决了上述问题，其控制原理如图 4-41 所示。其方案具有优良的扩展性能，能够在不改变现有系统结构的基础上，对系统进行平滑扩充，且布线规范，线缆需求量小，安全隐患少，便于维护。目前，系统在使用 RS-485 中继器的情况下，可以扩展 128 个以上传感器。

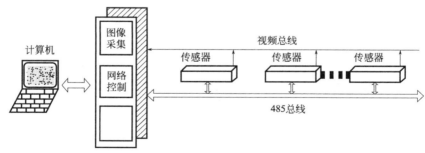

图 4-41 传感器总线控制原理

5. 测量软件

车身三维尺寸视觉检测系统管理的硬件数量多，种类复杂，为保证系统功能的可靠性和达到设计测量精度，必须有强大的测量软件支撑。测量软件的设计必须考虑以下几点。

（1）选择可靠性高的操作系统　视觉检测以图像处理为基础，涉及大量算法和运算量，需要消耗大量的计算机系统资源。

（2）设计算法时应当着重考虑容错性　图像的精确量化处理和一般的变换（几何变化、线形变化、颜色变化等）不同，常常伴随算法的不稳定，以至于产生很大的测量误差。

（3）测量软件必须有直观易用的使用界面　对于普通操作者，应当屏蔽检测系统硬件的复杂性。另外，车身视觉检测系统是在线检测系统，系统在现场工作的实时状态应当在软件界面上有充分的体现，以便操作者脱离现场，减轻工作强度。

车身电子测量系统主要有半机械半电子测量系统、半自动电子测量系统和全自动电子测量系统等几种类型。

二、车身测量系统的种类

1. 半机械半电子测量系统

常见半机械半电子测量系统如 CHIEF 公司的产品 VIRTEX 类型的测量系统，它的测量工具是一个类似轨道式量规的测尺，在量规上安装了位移传感器，在测尺上可以电子显示测量的高度、长度两个方向的数值，一次只能测量两个测量点之间的高度和长度或高度和宽度。然后把数据通过有线或无线传输到计算机的软件系统内，软件系统将测量的数据与系统内标准数据对比，可以得知测量的结果。

这种测量系统在测量中每次只能测量一个或两个控制点之间的位置参数，不能同时测量多个控制点，同时不能随着测量点数据的变化而及时地反映出来，需要不断反复测量不同的控制点来确定相关尺寸的正确性，操作比较烦琐，效率较低。

2. 半自动电子测量系统

常见的半自动电子测量系统如 Car-o-Liner、Car-benc、spenis 等测量系统，使用自由臂方式进行测量，测量自由臂由一节节可以转动的关节连接，每两个臂之间可以在一个平面内 360°转动，多个臂的转动可以移动到空间的任意一个位置。在连接处有角度位移传感器，任何一个关节转过的任何一个角度会被传输记录到计算机上。自由臂的每个臂长是一定的，计算机会自动计算出自由臂端部到达的空间位置的三维数据尺寸。

自由臂测量系统只有一个测量臂，在测量中每次只能测量一个控制点，有的测量臂的端部是测量指针，控制点变形后则测量不准确（如测量一个孔的尺寸，它无法直接找到孔的中心，就需要测量孔的两个边缘才能测量出一个孔的尺寸，孔如有变形则测不准确）。在有些自由臂测量系统中，配备了不同的测量头，测量起来就相对简单一些。

在实际拉伸修复中经常要同时监控多个控制点，而自由臂测量系统不能做到多点同步进行测量。在测量中要不断重复测量不同的控制点，否则有可能在拉伸中导致有些点拉伸数据的失控。同时在测量时只能做到适时测量（合适的时间进行测量）而不是实时测量（随时可以显示当时的测量数据），每次拉伸后要进行控制点的测量，得到数据，而不能随着拉伸的进程随时监控数据变化，容易导致过度拉伸而使修复失败。计算机接收系统在测量前需要进行调平，在测量过程中接收器的任何移动都会导致基准变化而使测量数据不准确。

3. 全自动电子测量系统

（1）红外线测量系统　红外线测量系统包括反射靶、一个红外线发射接收器和一台计算机，如图 4-42 所示。现代红外线测量系统使用起来相对比较容易而且非常精确。它采用红外线测量技术，由两个准分子红外线发射器发射红外线投射到标靶上，每个标靶上有不同的反射光栅，通过接收光栅反射的红外线束测量出数据并传输给计算机，由计算机通过计算可以得到测量点的空间三维尺寸。

红外线系统提供直接且瞬时的尺寸读数。在拉伸和矫正作业过程中，车辆的损伤区域和未损伤区域中的基准点都可被持续监测。将车辆装到矫正架上之后，在车辆的中部下面放置

图 4-42 红外线测量系统的标靶和红外线发射器

红外线发射接收器,然后将红外线发射接收器的电缆插到计算机上。调出被修车辆的车身数据尺寸图。车身数据尺寸图可能有一个、两个或三个视图,一些图表还给出了发动机罩下面和车身上部的尺寸。

按照计算机的提示选择合适数字的标靶、标杆和磁性安装头,并安装到车辆上的测量点上。标靶和安装在测量孔上的磁性(或弹簧片)安装头通常存放在机柜里。磁性安装头(标靶座)将标靶固定在指定的位置或车辆的基准点上。弹簧片或可调节的安装头(标靶座)可以张大,便于安装在车身不同尺寸的孔上。

为了测量车身上部的各个点,要在悬架拱形座(挡泥板上冲压成形的减振器支座)上安装一个专用支架。在量针接触减振器拱形座上特定的点时,支架底部的标靶反射的红外线就可以被红外线发射接收器读取。在车辆上安装好红外线发射接收器和标靶之后,使用计算机对系统进行标定,然后读取车辆的尺寸,通过一系列的计算机命令,测量系统就可以完成对结构损伤的精确测量。

(2)超声波测量系统 全自动电子测量系统中目前应用最广泛的一种是超声波测量系统,它的测量精度可以达到±1mm,测量稳定、准确,可以瞬时测量,操作简便、高效。可以对车辆的预检、修理中测量和修理后检验等工作提供有效的帮助,目前也用在二手车交易的车身检验工作中。

超声波测量系统由超声波发射器、超声波接收器、控制柜(包括计算机,也称主机)及各种测量头组成,如图 4-43 所示。

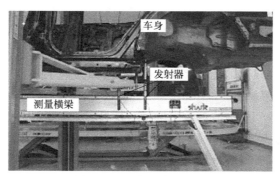

图 4-43 超声波测量系统

发射器通过测量探头、加长杆以及测量探头转接器(图 4-44)等安装到车身测量点的测量孔或螺栓头上,接收器装置在测量横梁上(图 4-45)。发射器发送超声波,由于声音是以等速传播的,接收器可快速精确地测量超声波在车辆上不同基准点之间传播所用的时间。计算机根据每个接收器的接收情况自动计算出每个测量点的三维数据。

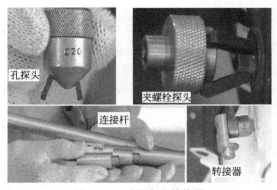

图 4-44 测量头及转换器

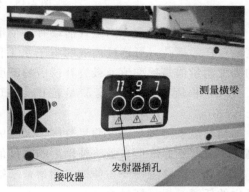

图 4-45 超声波接收横梁

三、奔腾 Allvis 车身电子测量系统的使用

如图 4-46 所示,奔腾 Allvis 车身电子测量系统精确度高,中文界面,操作便捷;配备各种测量头,车身底部和上部尺寸可轻松测量;测量数据即时显示(图 4-47),最高误差为 0.1mm,通过蓝牙技术无线传输;适合各种维修方式操作,如矫正平台、举升机、地框式矫正系统等;测量不受外界干扰,测量精度稳定;具备损坏/维修报告打印输出功能,可用文件证明车辆在维修前、维修中、维修后的状况,包含 5000 余款车身数据。

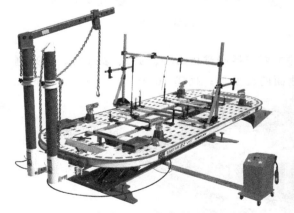

图 4-46 奔腾 Allvis 车身电子测量系统

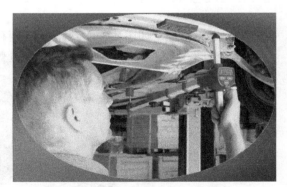

图 4-47 电子测量数据的即时显示

1. 奔腾 Allvis 组成

奔腾 Allvis 是一款具备蓝牙数据传输功能的电子测量系统,主要用于车身及底盘尺寸的精确测量,系统主要部件包括伸缩式电子测量臂、成套的测量附件及适配器、车型数据和蓝牙 USB 等。

(1) 伸缩式电子测量臂 伸缩式电子测量臂如图 4-48 所示,起始位置为 900mm 和 400mm。长度测量范围在 900~2653mm 或 400~2153mm,长度测量精度达到 ±1.5mm。

图 4-48　伸缩式电子测量臂

（2）电子控制盒　测量臂前端有一个带 LCD 显示的电子控制盒，盒内有一个可插入高度测量杆的插孔，可通过内嵌的电子水平仪进行水平基准面的标定及高度测量。LCD 显示的高度测量值是标准值，最终补偿后的高度值显示在计算机上，如图 4-49 所示。

（3）长度测量　长度测量范围：900～2653mm 或 400～2153mm。长度测量精度：±1.5mm。

（4）高度测量　高度测量范围：20～900mm。高度测量精度：±1.5mm。LCD 显示的高度测量值是标准值，最终补偿后的高度值显示在计算机上。

（5）高度测量杆　在伸缩式测量臂末端嵌入了一个快速释放插座，可插入六根高度校准杆中的任意一根，杆号为 A～F，如图 4-50 所示。高度测量范围在 20～900mm，高度测量精度达到±1.5mm。

图 4-49　LCD 显示的电子控制盒

图 4-50　高度校准杆

（6）探头附件　如图 4-51 所示，探头附件主要包括圆锥体 $\phi60$、$\phi35$、$\phi25$ 等，用来测量圆孔及椭圆孔；90°固定器一个，用来测量侧面的转换器；插座 16 个（$\phi8\sim22$），测量螺

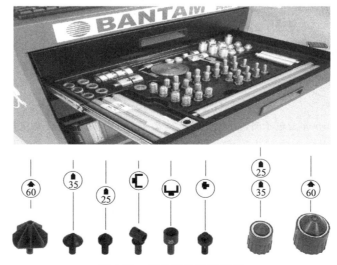

图 4-51　探头附件及加长杆

栓头；M201 适配器 9 个（φ6～18）；磁力座 2 个（φ35 和 φ60）。

（7）蓝牙　蓝牙用来进行无线传输数据，可传输距离 10m，如图 4-52 所示。

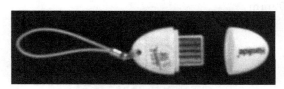

图 4-52　蓝牙接口

2. 设备的测量操作

（1）进入系统　点击桌面快捷方式进入，如图 4-53 所示。

（2）进入工单管理界面　进入主界面，点击工单管理中新建工单子程序，如要查询以前工单可选择工单查询，如图 4-54 所示。

图 4-53　桌面快捷方式

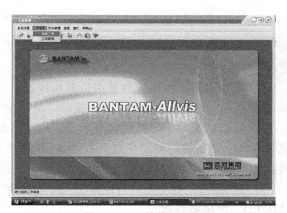

图 4-54　工单管理界面

（3）新建工单窗口　将工单窗口中的内容填写清楚。车型、客户和维修技师可根据实际情况选择。然后单击"OK"按钮，进入下一界面，如图 4-55 所示。

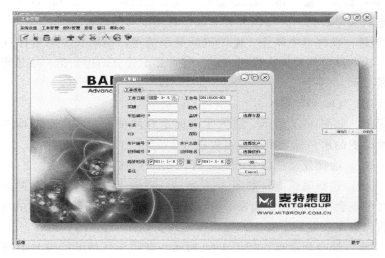

图 4-55　新建工单窗口

(4) 操作过程

① 开机：如图 4-56 所示，在伸缩臂完全缩进状态下，长按"On/O"键进行开机，屏幕显示起始长度尺寸 900mm。

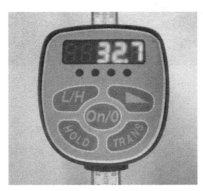

图 4-56　面板操作

② 量程切换：开机状态下长按"On/O"键，切换到 400mm 量程，再长按恢复 900mm 量程。

③ 比较测量：在比较测量两边对称位置时，在测量一边尺寸时，短按"On/O"键，屏幕显示为 0，测量另一侧对称的位置时，屏幕会显示两边的差值。

④ 长高切换键：屏幕默认显示长度尺寸（最右侧的指示灯亮），短按"L/H"键会切换到高度尺寸（右侧的第二个灯亮），默认起始高度为 20mm。长按"L/H"键，指示灯同时间亮，就完成了长高自动切换显示。

⑤ 数据锁定键：按"HOLD"键可将测得数据锁定，伸缩臂数据不变化。再按"HOLD"键接触解锁。

⑥ 数据发送：测量完数据，按一次"TRANS"键，屏幕显示 1~5 数值（数值是递增显示），或通过"L/H"键增加、"HOLD"键递减对数值进行编辑，再按"TRANS"键最左侧指示灯亮，数据发送，指示灯灭，发送成功。

⑦ 亮度调节：长按"▲"键，LED 显示亮度实现由最亮→亮→较暗→暗→最亮的循环变化，首次通电默认为最亮；亮度调节共 4 级，自动滚动循环。

⑧ 三角形测量：在测量中操作"▲"键后显示清零，拉动长度测量杆进行三角形一条直角边的设定，达到设定值后再次操作"▲"键，显示计算的边长值；继续操作"▲"键则切换到正常测量显示。

⑨ 关机：长按"On/O"键。

(5) 水平标定　如图 4-57 所示，进入水平标定有两种方式，点击工具栏的水平标定按钮或点击测量菜单下的水平标定菜单都可以进入。

① 标定第一步：选择发动机位置和标定杆，如图 4-58 所示。

② 标定第二步：选择磁铁点，如图 4-59 所示。磁铁点要选择没有碰撞损坏的孔，尽量是圆孔，被选择的点会用蓝色标识出来。并在底盘图上绘制阴影，阴影内的区域表示超出测量杆的极限。将磁力座安装到车身上，单击下一步。

③ 标定第三步：选择标定点，如图 4-60 所示。在阴影区域外的编号上按下鼠标左键选择标定点，被选择的点会用红色标识出来。

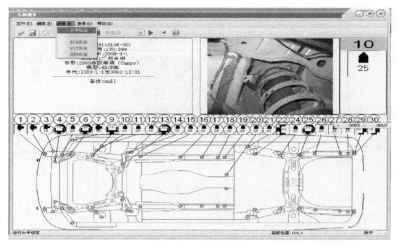

图 4-57 水平标定

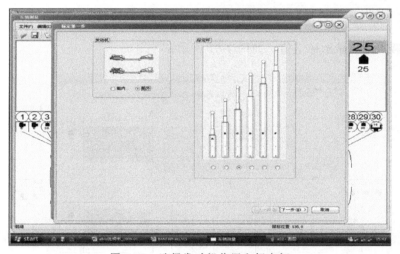

图 4-58 选择发动机位置和标定杆

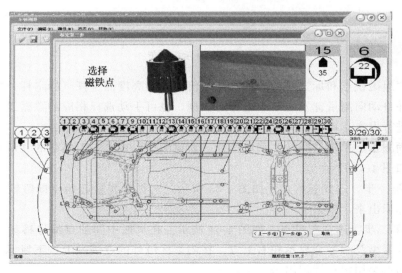

图 4-59 选择磁铁点

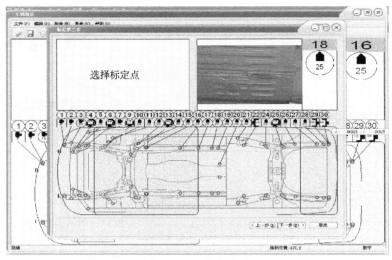

图 4-60 选择标定点

④ 标定第四步：显示标定值，如图 4-61 所示。

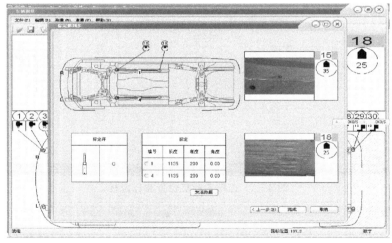

图 4-61 显示标定值

系统将两组磁铁点和标定点的长度及高度值，连同高度测量杆（标定杆）类型一起显示在屏幕上，并自动向测量臂发送第 1 组标定数据，也可手动选择相应的数据组后单击"发送数据"按钮进行发送。单击"完成"按钮弹出提示，确认后完成标定。

（6）车辆测量　单击"测量"菜单选择"新建测量"或单击工具栏的"新建测量"按钮进入界面，如图 4-62 所示。

① 测量第一步：选择起始点，如图 4-63 所示。选择要测量起始点即磁铁点，被选择的点会用蓝色标识出来，单击下一步。

② 测量第二步：选择测量点，如图 4-64 所示。在页面中间的点编号移动，所在点相应实车图和工具类型及编号会显示在右上方。在阴影区域外的点编号上按下鼠标左键选择测量点，被选择的点会用绿色标识出来。

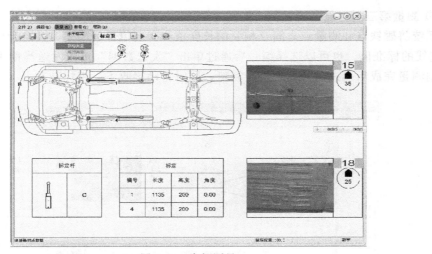

图 4-62 车辆测量

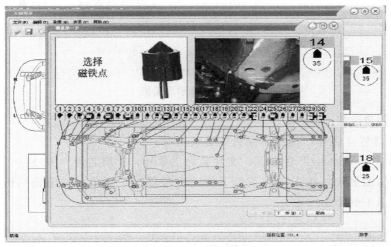

图 4-63 选择起始点

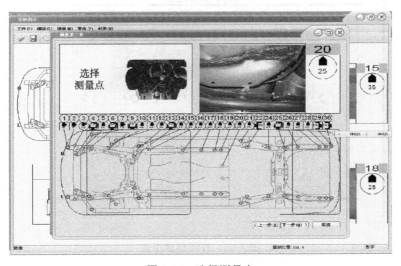

图 4-64 选择测量点

③ 测量第三步：显示测量值，如图 4-65 所示。

系统将磁铁点和测量点之间及相关的长度值和高度值显示出来，并自动向测量设备发送 1 号连线的标准值，也可以选择编号后通过单击"发送数据"按钮发送当前编号的数据，每组数据测量完成后通过蓝牙发送至计算机，同时自动接收下一组标准数据。

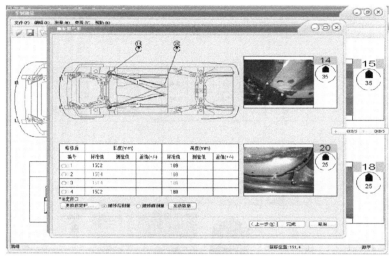

图 4-65　显示测量值

（7）保存测量结果

① 单击工具栏"保存"按钮保存测量结果。

② 保存在"worksbeet"目录下，文件名为工单号，扩展名为"*.SDF"。

（8）打印测量报告　单击文件菜单下的"打印预览"菜单，弹出预览窗口，单击"打印"即可，如图 4-66 所示。

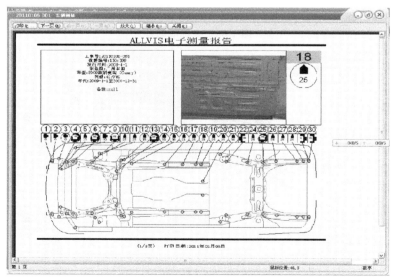

图 4-66　打印测量报告

第五章
汽车车身损伤修复

第一节 板件修复基础知识

车身的钣金修复工艺要根据损伤程度、损伤类型和车身材料等条件来选择适当的修复方法，从而恢复车身原件的形状和性能。手工修复工艺是最传统的修复工艺之一，通常由维修技师一手持钣金锤，一手持顶铁或其他工具进行修复。维修质量主要取决于维修技师的技巧和经验，而好的维修技术并不是一朝一夕能够习得的，因此，为保证维修质量，提高维修效率，现代车身维修多数情况下采用专业设备进行，但部分特殊位置和设备修复后的微钣金仍需要手工操作。

一、钢板的内部结构和物理特性

1. 钢材的力学特性

金属材料的性能包括很多，可分为物理性能、化学性能、力学性能、工艺性能等。对车身维修人员来讲，钢材的力学性能分析很重要，而钢材的力学性能主要有三种，即弹性变形、塑性变形、冷作硬化和加工硬化。

钢板的力学特性都与施加在金属材料上的力，所产生的各种影响有密切的关系。它们都与"屈服点"有关，屈服点（抗拉强度）是指金属材料拉伸断裂前钢材所能承受的最大载荷，如图5-1所示。

（1）弹性变形　弹性变形是金属材料受到外力作用发生变形，当外力撤销后能够恢复到原来形状的能力。例如一块金属板，缓慢地折弯，未达到弹性极限时撤销外力作用，它将会回弹到原来的形状，如图5-2所示。

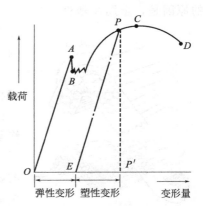

图5-1　钢材的力学性能特性曲线
A—弹性极限；B—屈服点；
C—抗拉强度；D—断裂点

弹性变形就像一棵树受到风吹会变弯曲,当风停后即外力消除,树就自然恢复到原来的状态。而车身金属板上任何比较平坦的部位在外力作用下都可能发生弹性变形,没有变形的钢板其晶粒呈规则有序的排列,在受到外力作用时晶粒未断裂以前,钢材的各个晶粒都可承受相当大的变形和位移,一旦外力撤销,这种变形和位移在晶粒内力的作用下即消失。

（2）塑性变形　塑性变形是指金属材料在外力作用下超过弹性极限载荷,这时再卸除载荷,金属材料也不能恢复原状,其中有一部分不能消失的变形被保留下来。这种保留下来的永久变形即为塑性变形,如图5-3所示。

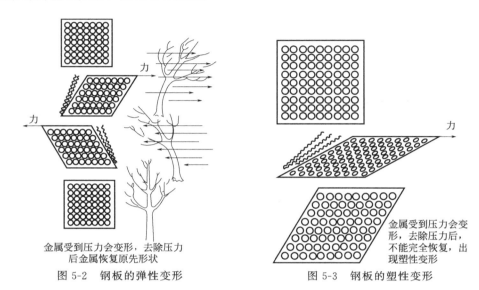

图5-2　钢板的弹性变形　　　　图5-3　钢板的塑性变形

汽车在碰撞过程中受到损伤时,由碰撞而产生的变形将保留下来,产生永久变形的部位周围都会产生弹性变形,但在这种情况下弹性变形无法消除。修理这种类型的损伤时,应首先消除塑性变形,这样弹性变形也会随之消失。

（3）加工硬化和冷作硬化　金属材料在再结晶温度以下产生塑性变形时,强度和硬度升高,而塑性和韧性降低的现象称为加工硬化,又称冷作硬化（图5-4）。产生加工硬化的原因是,金属在塑性变形时,晶粒发生滑移,出现位错的缠结,使晶粒拉长、破碎和纤维化,金属内部产生了残余应力。加工硬化产生过程如图5-5所示。

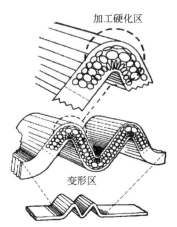

图5-4　加工硬化和冷作硬化

在薄钢板上制造许多的拱起（也叫"筋"）可以强化钢板,进而强化车身,如图5-6所示。因为碰撞使车身变形而产生的加工硬化,会使板件修复增加难度,甚至无法修复。

在维修过程中应该准确认识加工硬化的作用,采取正确的矫正方法把损伤件修复好,也要注意不能伤及在制造过程中形成的冷加工硬化区（图5-7）,否则会破坏车身的强度。可以通过锤击和控制加热的方法处理,让金属材料内部的变形晶粒有所松弛,消除畸变,进而恢复板件的形状,消除内部应力。

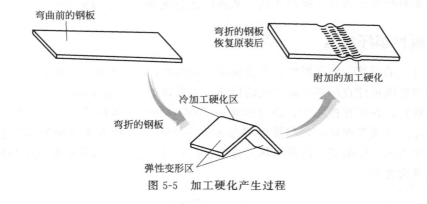

图 5-5 加工硬化产生过程

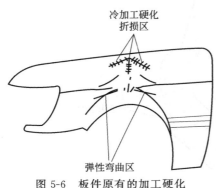

图 5-6 板件原有的加工硬化　　　　图 5-7 在制造过程中形成的冷加工硬化区

2. 钢板的内部结构

钢材和所有金属材料一样，也是晶体结构，它是铁-碳合金晶体。其晶体结构中，各个原子以金属键相互结合在一起，这种结合方式决定了钢材具有很高的强度和良好的塑性，如图 5-8 所示。实际上，钢材的晶格并不都是完全地规则排列，而是存在许多缺陷，它们将显著地影响钢材的性能，这是钢材的实际强度远比理论强度小的根本原因。

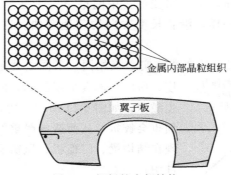

图 5-8 钢板的内部结构

钢材的力学性能由其内部晶体结构和化学成分所决定。在车身损伤维修时，钢材的化学成分不会发生变化，但在敲击、拉伸和加热的情况下，钢材的内部晶体结构可能发生变形，导致微观力学性能发生很大变化，从而改变车身的结构性能。只有充分了解金属材料的性能，才能对车身的损坏做出正确的诊断，从而以此为依据制定合理的维修方案。

二、车身板件损坏类型

金属板件上的损坏一般分两种，即直接损坏和间接损坏，如图5-9所示。直接损坏是指碰撞的物体与金属板件直接接触而造成的损坏，通常以擦伤、划痕和断裂的形式出现，用眼睛就可以观察到。在所有损坏中，直接损坏占10%~20%。碰撞除产生直接损坏外，还会产生间接损坏，在所有损坏中，间接损坏占80%~90%。各构件所受到的间接损坏基本相同，它会产生弯曲、压缩等。间接损坏又分为折损和挤压变形。这其中造成车身结构损伤的情况所占比例会更少。

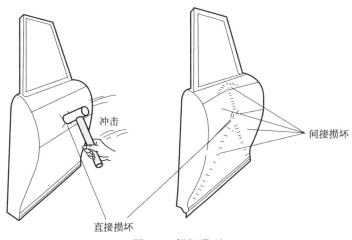

图5-9 损坏类型

1. 折损

折损分为单纯铰折、凹陷铰折、凹陷卷曲、单纯卷曲。在车身板件的损坏中，卷曲损坏的情况较多。

（1）单纯铰折 单纯铰折也叫单纯折损，它是沿着一条直线发生弯折，金属上部受拉而产生拉伸变形，下部受压产生压缩变形，中间层不发生变形，如图5-10所示。单纯铰折的整个过程像一条铰链一样，沿着长度方向均匀地弯曲，这种折损常出现在薄板覆盖件中。

（2）凹陷铰折 箱形截面的弯曲与实心板相同，不同之处是箱形截面中心线处没有强度，所以顶部会出现凹陷，底部会出现铰褶，侧面会产生皱褶，如图5-11所示。矫正时若不加注意，顶部的表面也会铰折，从而造成严重的全面收缩。凹陷铰折常出现在结构梁、门槛板、风窗支柱、中立柱、车顶梁等构件中。

当矫正箱形截面时，铰折部位存在很大的加工硬化，不适当的矫正会使顶部的表面容易发生进一步的凹陷。在修理中必须采用加热的方法并使用拉伸设备，以防止出现凹陷变形，如图5-12所示。

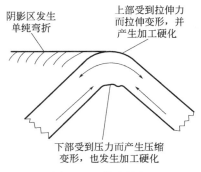

图5-10 单纯铰折

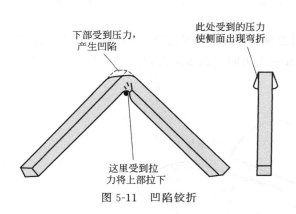

图 5-11 凹陷铰折

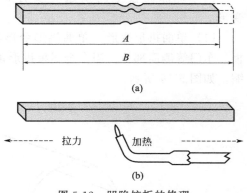

图 5-12 凹陷铰折的修理
A—矫正后的长度；B—需要的长度

汽车结构中带有大量的隆起和凸缘，这些部位都产生了加工硬化，都被看成是局部的箱形截面。整个翼子板可看成是具有局部箱形截面的构件，如图 5-13 所示。和完全箱形截面一样，局部箱形截面也会发生凹陷，两者凹陷的结果相同，两者折损的名称也相同，都是凹陷铰折。不适当的矫正会造成同样的结果：矫正后整个尺寸会缩短。

（3）凹陷卷曲 当折损穿过金属板时，会使金属板的内部向外翻卷，折损部位长度增加，这种变形叫凹陷卷曲。

（4）单纯卷曲 发生凹陷卷曲时，在凹陷部位旁边发生的折损与凹陷卷曲形成一个箭头形，称为单纯卷曲，如图 5-14 所示。

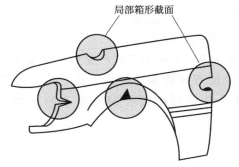

图 5-13 局部箱形截面

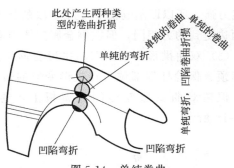

图 5-14 单纯卷曲

2. 挤压

各种金属板件受挤压后，会有不同程度的拱起，拱形高的称为"高拱形"；拱形平坦的称为"低拱形"。金属板上低于原来高度的损坏区域称为"拉伸区"；超出原来高度的损坏区域称为"压缩区"，如图 5-15 所示。

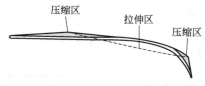

图 5-15 挤压损坏

汽车外部面板上的拱起类型有 3 种：单曲拱形变形、复合拱形变形和双曲拱形变形。

（1）单曲拱形变形　单曲拱形变形的金属板纵向平坦、横向拱起，常见于车身的翼子板、车门等侧面部位。当在金属板拱形顶部施加一个力时，在纵向受到拉伸，在横向受到压缩，如图 5-16 所示。

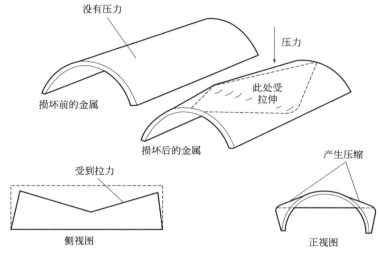

图 5-16　单曲拱形变形

（2）复合拱形变形　复合拱形变形就是平面和拱形的组合，常见于车身的发动机舱盖、后备厢盖等部位。板件受压力为 P，方向由上向下，由于拱形处金属的强度比平面处大，抵抗能力强，所以凹陷卷曲 P 到 BC 段的长度小于 P 到 BF 段的长度。在金属板受到损坏时，P 两边受到的力相同，但左侧金属损坏的面积较大，如图 5-17 所示。

（3）双曲拱形变形　双曲拱形变形就是金属板在两个方向都有拱形变形，常见于车身的车顶、保险杠等部位。在拱形变形的表面上发生的弯曲折损会扩散到离它最近的平坦区，但在双曲拱形变形的金属板上，卷曲通常会从受到碰撞处向各个方向传播，如图 5-18 所示。

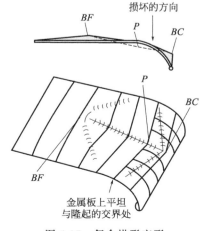

图 5-17　复合拱形变形

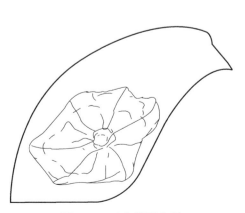

图 5-18　双曲拱形变形

第二节　钣金修复机修复工艺

现代车身的结构日趋复杂，许多车身板件都难以触及它们的内部，或是因为损伤比较轻微且只局限于金属外板，内板没有损坏，如果拆卸内板或拆卸相关构件，采用敲平法修复，对于车身维修来讲工作量无形之中加大了很多，生产效率也大大降低。因此，车身维修中使用另一种方法专门处理这种情况，即将凹陷的金属用拉拔的方法修复，同时利用钣金锤对高点进行敲击，这就是钣金修复机修复工艺。

一、钣金修复机及相关工具

1. 钣金修复机

钣金修复机也称车身外形修复机（也称介子机，如图 5-19 和图 5-20 所示），具有电流调整功能，它可以很轻松地把板件上的凹陷拉出来。钣金修复机可以对焊接垫圈、焊钉、螺柱、星形焊片等进行拉伸操作，还可以使用铜触头和碳棒进行收缩操作。钣金修复机控制面板如图 5-21 所示。

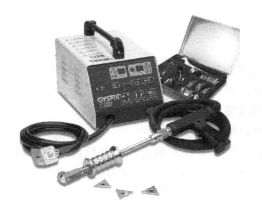

图 5-19　钣金修复机

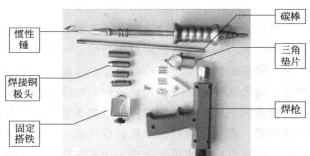

图 5-20　钣金修复机常用部件

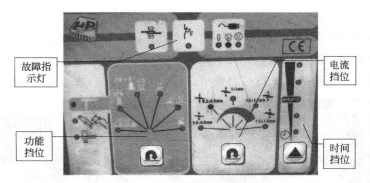

图 5-21　钣金修复机控制面板

钣金修复机焊接原理：钣金修复机的电源是 220V，通过内部的变压器转换成 10V 左右的直流电。主机上有两条输出电缆线，一条为焊枪电缆，另一条为搭铁电缆，在工作时两条电缆形成一个回路。把搭铁连接到工件上，焊枪通过垫圈等介子把电流导通到面板的某一部分上，由于电流达到 3500A 左右，垫圈接触面板的部位产生巨大的电阻热，使温度能够熔化钢铁，熔化的垫圈就焊接到面板上。

使用钣金修复机来修复板面可以直接在损伤的位置打磨整形，不需要拆除车内部的装饰板件，这样便可以提升维修工作效率，减轻维修技师的工作强度。使用钣金修复机来修复板面的缺点是被整平的表面容易出现不同程度的凸点。一些特殊的位置和钣金修复机不易操作的位置无法维修，这些情况仍需要手工修复，所以钣金修复机并不是万能的。

2. 凹陷拉出器和拉杆

维修板件时，如凹陷损伤在密封结构段，从内部使用最长的匙形铁也接触不到，此时可用凹陷拉出器（图 5-22）或拉杆。

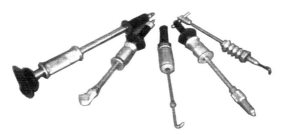

图 5-22 凹陷拉出器

传统方式在进行拉出操作时，都要在皱褶部位钻或冲几个孔，安装好螺柱，凹陷拉出器钩住螺柱后用冲击锤在凹陷拉出器的金属杆上滑动并冲击把手。冲击锤轻打把手，慢慢拉起凹点。使用螺柱拉伸时，在面板上产生的孔要用气焊或锡焊封起来，用车身填料简单修补这些孔。因为这种方法不能提供足够的锈蚀防护，所以已经不再使用。

现在的凹陷拉出器和拉杆一般都配合钣金修复机来使用。在车身的凹陷部位焊接一个焊钉或垫圈，然后用拉杆钩住焊钉或垫圈，拉出凹陷。小的凹坑或皱褶可以用一根拉杆拉平，大的凹坑可以同时使用 3 个或 4 个拉杆拉平。车身锤与拉杆同时使用，当凹坑的低点被拉上来的同时，其拱形部分可以用钣金锤敲打下去，同时敲打和拉引，使面板恢复到原形，可以减少金属延伸。

3. 磨光机

磨光机（图 5-23）是用来进行金属表面打磨处理的工具，分手动、电动、气动 3 种。如在使用钣金修复机时，需要在凹陷处焊上焊片，当修复结束后，折下焊片的位置就会产生毛刺，这种毛刺需要使用磨光机进行打磨修平。使用时要轻拿轻放，不可以生拉硬拽，不可以

图 5-23 磨光机

重抛，注意定期保养及使用前的常规检查，否则会严重影响其使用寿命。正确地使用各种器械才可以提高表面质量，打磨的真正意义在于提高被磨工件表面的平整度，正确的手持姿势与打磨路线如图 5-24 所示。

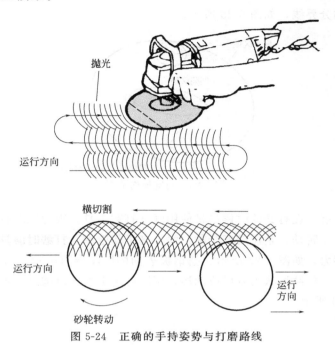

图 5-24　正确的手持姿势与打磨路线

二、钣金修复工艺

1. 拉拔法

拉拔法修复钢板的原理是将凹陷的金属用拉拔的方法修复，在拉拔的同时，用钣金锤对高点进行敲击，以清除由于拉拔变形而产生的应力，如图 5-25 所示。这种方法有些类似于钣金锤和顶铁的偏托法敲击。

为了保证钢板的修复质量，在涂装工艺过程中，其原子灰（也称腻子）的厚度应不超过 2mm，这就要求对外部钢板修复时，应最大限度地使其接近原始形状和状态。同时还需保

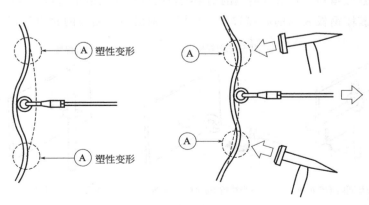

图 5-25　拉拔法修复钢板的原理

证钢板具有一定的强度，并且没有高点（即压缩区）。以普通轿车的车门为例，拉拔法的一般操作流程如下所述。

（1）确定损伤范围　在进行钣金作业前，判断出车门面板的损伤范围，并用彩色水笔画出损伤与未损伤的分界线，如图 5-26 所示。

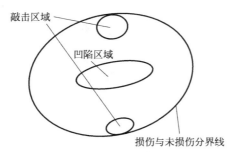

图 5-26　确定损伤范围

（2）清除旧漆层　在打磨的时候尽量使用气动打磨工具，因为气动打磨工具在遇到一定的阻力时会自动停止转动，是比较安全的。为提高工作效率，打磨时磨具要与板面保持一定的角度以降低摩擦力，如图 5-27 所示。把钢板表面的旧漆层打磨掉，直至露出裸铁，但不可磨薄或破坏钢板。打磨形状为方形或圆形，研磨应超出损伤范围之外不少于 10mm，板面打磨范围如图 5-28 所示。

图 5-27　清除旧漆层

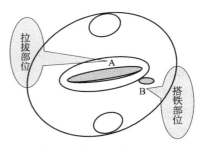

图 5-28　板面的打磨范围

（3）试焊与连接搭铁　在选择磨具的功率挡位时应该先从最小的功率挡位开始试焊，防止产生过多的热量破坏钢板表面的防腐锌层，使用与钢板厚度相当的材料进行试焊，如图 5-29

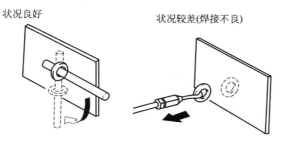

(a) 当拉拔垫圈时不会掉落　　(b) 当拉拔垫圈时很容易掉落

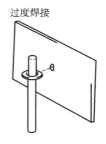

(c) 拆下垫圈时钢板出现受损的情况

图 5-29　试焊

所示。将搭铁按压至钢板后,焊接垫圈,保证垫圈强度足以承受搭铁重量。

(4) 焊入介子　在钢板的板面焊入拉拔介子(供位拽用的介质)的时候,垫圈焊至塑性变形最深处,适当用力按压垫圈并焊接。直线焊接垫圈可使拉拔杆穿过垫圈与表面垂直,间隔为8～10mm,如图5-30所示。修理冲压线的垫圈焊接如图5-31所示,无冲压线的平面应将垫圈焊在最凹处,如图5-32所示。

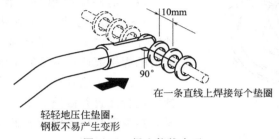

图5-30　焊入拉拔介子

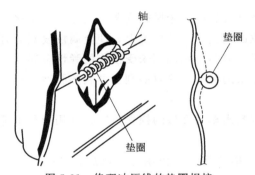

图5-31　修理冲压线的垫圈焊接

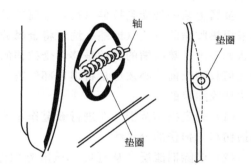

图5-32　修整平面的垫圈焊接

(5) 拉拔　使用拉拔工具拉出,凸出的地方可以用小锤敲平。具体的操作如图5-33所示。修复过程中,需要反复操作,用手掌轻轻平摸,找出凹面拉拔,找出凸面敲平,直到拉拔时表面高于原始平面2～3mm效果最佳。拉拔和敲平要有耐心,力度要轻。

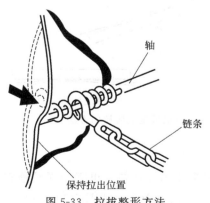

图5-33　拉拔整形方法

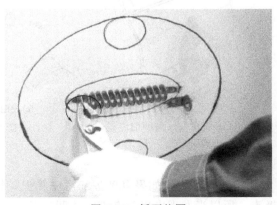

图5-34　拆下垫圈

大面积拉拔时表面要高于原始表面一定距离,当去除拉拔力时,板件自然回位到正常位置；但修复不同结构、不同材质的板件时，拉拔高度不同，需根据经验来判断，大家要多练习、找感觉。

（6）拆下垫圈　使用鲤鱼钳夹住并扭转垫圈将其拆下，如图5-34所示，检查焊点以确保没有变形或穿孔，如有变形或穿孔，及时修复后方可进入下一流程。

（7）清除焊接痕迹　使用单作用研磨机配合$60^{\#}$～$80^{\#}$砂纸。调节单作用研磨机的角度，使用砂纸外侧以内10mm的区域研磨，最后手持折叠砂纸清除焊接痕迹，直至完全清除，如图5-35所示。

（8）完工检查与防锈　在钣金作业完工后，用锉刀进行检查并修整。由于在实施作业时会产生热量，热量容易导致钢板背面生锈，所以必须在钢板背面喷涂防锈剂。

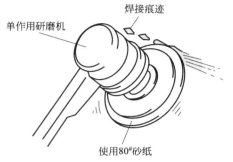

图5-35　清除焊接痕迹

2. 缩火法

金属上某一处受到拉伸以后，金属的晶粒将互相远离，金属板变薄并发生加工硬化。可以采用热收缩的方法（即缩火法）将金属分子拉回到其原来的位置上，使金属恢复到应有的形状和厚度。热收缩的目的是移动受拉伸的金属，但不影响周围未受损伤的弹性金属。在进行任何收缩以前，必须尽量将损坏部位矫正到原来的形状。热收缩利用金属热胀冷缩的性质来达到收缩目的。

（1）确定损伤范围　在进行钣金作业前，判断出车门面板的损伤范围，并用彩色水笔画出损伤与未损伤的分界线。

（2）清除旧漆层　从延展区域磨除旧漆层。推荐使用单作用打磨机配合$60^{\#}$砂纸，如图5-36所示。

（3）判断钢板延展区域　通常钢板延展都会引起局部的凸起，而凸起的面积等于钢板延展的面积。延展区域的凸点即是缩火点。图5-37所示为两种判断钢板延展区域的方法。

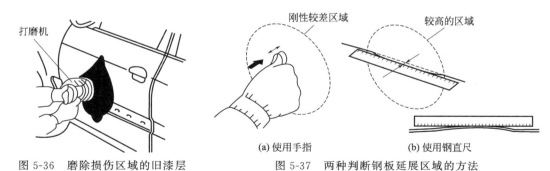

图5-36　磨除损伤区域的旧漆层　　图5-37　两种判断钢板延展区域的方法

（4）缩火

① 检查电极头。如果电极头脏污或受损，将不能完全使钢板加热，也不能平顺地移动电极头，所以当发现电极头有脏污或凹痕时，必须用砂纸清洁电极头，如图5-38所示。

② 点缩火。首先使用铜电极对准最高点并轻轻压下，使钢板轻微变形，如图5-39（a）所示；接着按下开关，这时钢板将会产生一定的反作用力，此时需将电极头以一定的压力靠

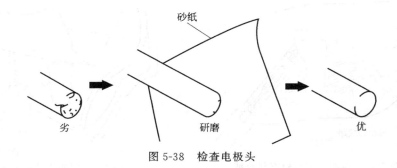

图 5-38 检查电极头

住钢板面 1~2s，如图 5-39(b) 所示；然后，使用空气枪迅速冷却缩火区域，冷却时间保持 5~6s，如图 5-39(c) 所示。

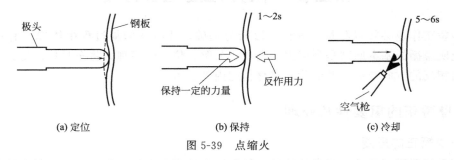

图 5-39 点缩火

③ 连续缩火。延展区域较大时，应使用连续缩火的方法维修。将碳棒极头倾斜并轻轻地接触钢板面，按下开关，极头将逐渐红热，如图 5-40(a) 所示。以直径 20mm 的间隙将极头由外侧向内侧以螺旋方向运行，并且逐渐增加运行速度，如图 5-40(b) 所示；松开开关，将极头从钢板面移开，使用空气枪迅速冷却缩火区域，如图 5-40(c) 所示。

在板件修复时，缩火处理一定要在最后（即精修后）进行，即在精修后仍存在高点或刚性较差时再对板件进行缩火修复。

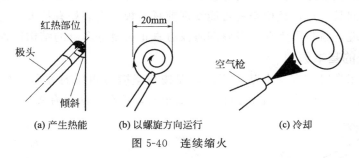

图 5-40 连续缩火

(5) 检查钢板刚性　钢板冷却完毕后，检查钢板刚性，若钢板仍缺乏刚性，则寻找另一凸起的点，并且重复实施缩火作业。

(6) 清除缩火痕迹　使用单作用打磨机和 $80^{\#}$ 砂纸，研磨钢板表面，去除易使钢板生锈的缩火痕迹。

(7) 完工检查与防锈　在钣金作业完工后，用锉刀进行检查并修整，如图 5-41 所示。由于在实施作业时会产生热量，热量容易导致钢板背面的漆层生锈，所以必须在钢板背面喷涂防锈剂（图 5-42）。

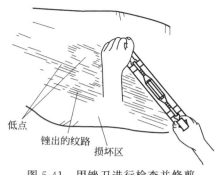
图 5-41 用锉刀进行检查并修剪

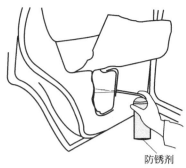
图 5-42 车门面板背面防腐

第三节 车身矫正原理及方法

拉伸矫正作业必须以测量、分析、诊断为基础,才能在修复过程中体现"有的放矢"。矫正作业所遵循的基本原则是利用力的合成、分解、位移的原理,将车身构件受到碰撞的变形部分向相反的方向牵引,并消除金属材料的内部应力。

一、车身矫正的重要性及原理

1. 车身矫正的重要性

车辆受到严重撞击后,车身的外覆盖件和结构件都会发生变形。车身外覆盖件的损伤可以用锤子、顶铁和外形修复机来修理,但车身结构件的损伤修理仅仅使用这些工具是无法完成的。车架式车身的车架和承载式车身的结构件非常坚固,强度很高,对于这些部位的整形,必须通过车身矫正仪的液压力才能够进行矫正工作。液压系统产生的力大且平稳,使现代化的车身矫正设备成为技术人员进行车身维修不可缺少的设备。

车身矫正是一个非常重要的操作过程,不适当的车身和车架矫正技术,是车身结构不能恢复到原来尺寸的主要原因。如车身碰撞后,虽然钣件表面被修复好,但如果用户仍抱怨轮胎磨损异常、偏向某一边,经检查就可能发现前翼子板的安装处有扩大的裂纹,甚至车门铰链上有扩大的裂缝,就是因为在车身修理时没有真正修复好车身的结构钣件。

2. 车身矫正的基本原理

拉伸和矫正车身时,有一个基本原则,即按与碰撞力相反的方向,在碰撞区施加拉伸力,如图 5-43 所示。当碰撞很小,损伤比较简单时,这种方法很有效。

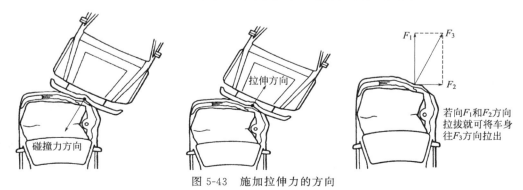
图 5-43 施加拉伸力的方向

但是当损伤区域有皱褶，或者发生了剧烈碰撞，构件变形比较复杂，这时仍沿着一个方向拉伸就不能使车身恢复原状。这是因为变形复杂的构件，在拉伸恢复过程中，其强度和变形也随着改变，因此拉伸力的大小和方向就需要适时改变，把力仅仅施加在一个方向，则不能取得好的修复效果，如图 5-44 所示。

因此，建议在矫正拉伸时，要同时在损坏区域不同的方向上施加拉力。要把力加在与变形相反的方向，可以看作是确定有效拉力方向的原则。

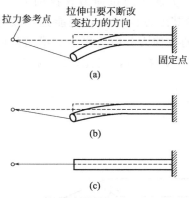

图 5-44 拉伸中不断改变拉力的方向

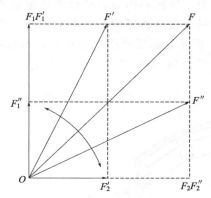

图 5-45 拉伸力的分解

从力的分解和合成中知道分力与合力构成平行四边形关系，如图 5-45 所示。以 O 为原点，拉伸力 F 可以分解为 F_1 和 F_2 两个分力；拉伸力 F' 可以分解为 F_1' 和 F_2' 两个分力；拉伸力 F'' 可以分解为 F_1'' 和 F_2'' 两个分力。如果变形更加复杂，可以在空间中分解，每个合力就可以分解出三个分力。可见，在单向拉伸过程中要随着变形恢复的程度改变拉伸力的大小和方向，而成功的拉伸，拉伸力应该是逐渐减小的，形状变化后拉伸力方向要同步改变。

二、拉伸矫正的方法

1. 单向拉伸

在进行拉伸矫正时，首先根据碰撞力的相反方向找到施加拉伸力的方向，然后在撞击点上向该方向进行拉伸。对于碰撞程度较轻的局部变形，很容易使变形得到矫正，但在拉伸过程中还要根据变形恢复的程度调整拉伸力方向和大小，才能有效维修，如图 5-46 所示。

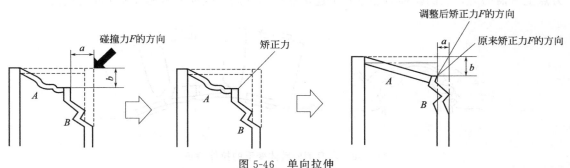

图 5-46 单向拉伸

2. 复合拉伸（多向拉伸）

当车身发生严重的变形时，碰撞力的作用是非常复杂的，其受力状态多为空间力系，车身变形的情形也是十分多样的，仅仅依靠单向拉伸，维修的效果会很差，特别是承载式车身，往往容易把钣金件拉坏。这时应该用多向拉伸（也叫作多点拉伸）方法，提高拉伸效率和拉伸矫正质量。

实现多向拉伸，必须找到多向力。方法是把矫正的拉伸力分解，分解为两个或者两个以上的力。同样利用力的平行四边形法则进行。实现多向拉伸最直接的方法是多点拉伸，有时只是在分析好的某一点上附加一个小小的其他方向拉力，就能达到较好的目的。如图 5-47 所示，纵梁产生弯曲变形，可以把矫正的拉伸力分解为纵向和横向的两个分力，即一个是惯性锤的作用力，另一个是液压系统产生的拉力，就比较容易把纵梁的变形修复。

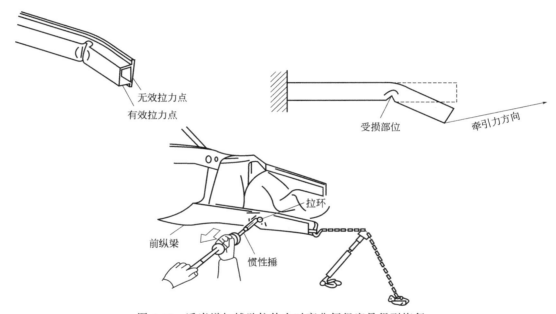

图 5-47 适当增加辅助拉伸力时弯曲便很容易得到恢复

车身侧面碰撞引起的整体弯曲变形，矫正时需要三个方向的拉伸力，如图 5-48 所示。车架的矫正可以用单向拉伸，对于承载式车身开始时应该用多点、多方向的拉伸，到变形恢复程度差不多时再用单向拉伸，如图 5-49 所示。通过多点拉伸，很大程度上减小了每个受力点上所需的力，大的拉伸力经过几个连接点加以分散，减少了薄钢板被拉断的危险。

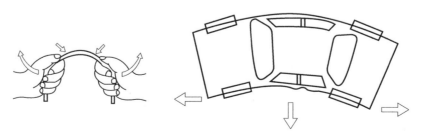

图 5-48 车身侧向整体变形的拉伸矫正

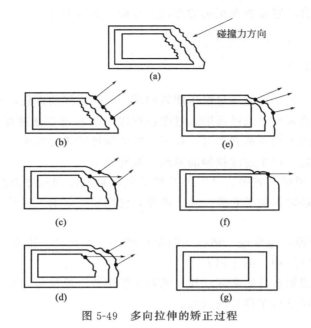

图 5-49 多向拉伸的矫正过程

三、拉伸矫正的过程

对钣金件进行拉伸矫正，既要使其恢复表面形状，也要消除其内应力，所以在矫正过程中要实施"拉伸→保持→拉伸→保持"的反复拉伸过程，避免产生因为想一次拉伸到位而引起的钣金件二次损伤，比如断裂等；在矫正过程的保持阶段中还要对被拉伸部位，利用钣金锤进行适度敲击，以释放钣金件内部应力，如图 5-50 所示。

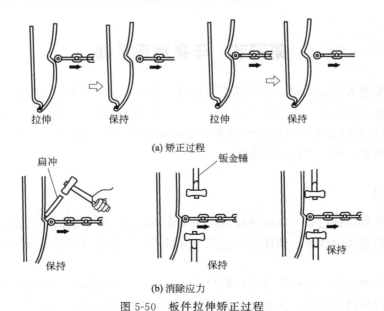

图 5-50 板件拉伸矫正过程

拉伸矫正过程中，要小心地启动液压系统，仔细观察车身损坏部位的移动，看它是否与预计恢复的方向相吻合，它是否在正确的方向上移动。如果不是，应查明原因，调整角度或方向后再重新启动。

四、防止过度拉伸

钢板可以被拉长，但不可能通过推压使其缩短。任何损坏的钢板，在拉伸矫正之后，超过了极限尺寸，则很难再收缩或被压缩。过度拉伸唯一的修理方法就是把损坏的板件更换，为防止产生过度拉伸而损伤承载式车身，在每一次的拉伸矫正过程中，都要对损伤部位的矫正进程进行测量和监控。产生过度拉伸的原因一般有两个。

① 在修复中没有遵循"先里后外"的拉伸原则，导致修理程序混乱，修理好的钣件在其他变形板件进行修理时影响了它的尺寸，使原先已经矫正好的钣件长度又被加大了，超过了原尺寸。

② 在矫正过程中没有经常地、精确地测量拉伸部位的尺寸，没有很好地控制拉伸的程度，这就可能导致过度拉伸（图 5-51）。

因为过度拉伸造成钣金件的实际过长，绝对不能用改造机械部件安装位置孔尺寸的方法来调整安装，这只能埋下行车事故的祸根。

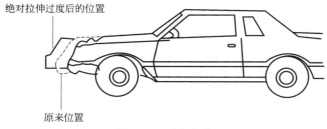

图 5-51　过度拉伸

第四节　车身矫正基础

车身矫正架相当于造车时的定位靠模，它用来矫正车底一些关键孔位，由于碰撞，车底许多孔位尺寸都会发生变化，而矫正架上的量具尺寸非常精确，一般量具允许误差小于或等于1mm，所以车身矫正架可以使变形的车身尽量恢复到新车的水平，提高了修复质量，同时也提高了车辆的行驶稳定性和安全性。

一、车身矫正

车身的矫正和拉伸过程，以前是以人力来操作的，是一种笨重的体力操作过程。现在已被巨大且平稳的液压力代替，使用现代化得车身矫正设备来进行车身维修操作相对来说是比较容易的。

车身矫正的重点是"精确恢复车身的尺寸与状态"。因为车身（特别是整体式车身）是车辆的基础，汽车的发动机、悬架、转向系统等都是安装在车身上，如果这些部件安装点的尺寸没有矫正得到原尺寸，那么就会影响车辆的性能。

对于整体式车身而言，车身尺寸的精确度是车身修复过程中的一个关键因素。如果车身结构尺寸没有整形到位，仅仅通过调整或垫片等方法把更换的钢板装好，把修整和其他机械方面的问题留给机修人员去做显然是不妥的。机械的调整手段仍然是必要的，但是只能做一些微小的调整，车身修理人员有责任把基本结构全部修复。

二、车身矫正设备

1. 车身矫正设备的基本要求

车身修理中为了达到比较好的修复效果，必须使用有能力完成多种基本修复功能的矫正设备。车身矫正设备虽然种类繁多，但并不是每个矫正设备都能高效、精确、安全地修复好汽车车身。为了能够完成好车身修复工作，车身矫正设备必须具备以下条件。

① 配备高精度、全功能的矫正工具。
② 配备多功能的固定器和夹具。
③ 配备多功能、全方位的拉伸装置。
④ 配备精确的三维测量系统。

对于半架式或车架式车身的汽车，悬架系统和传动系统是直接安装在车架上的，如果车架结构已经过必需的矫正，它们的安装位置也应该被矫正。但是对于整体式车身的汽车，车身是一个整体结构，一些矫正参考点位于车身结构的上部，超过了一般的二维车架矫正设备的能力范围。另外，车架式结构可以接受反复的拉拔过程，而整体式车身的薄板结构，要求一次就调好位置，反复拉伸会使板件破裂。因此对于整体式车身的修复，其矫正设备必须能同时显示每一个参考点上非准直度（变形量）的大小和非准直度（变形）的方向。这也就是要求矫正设备除了具备全方位的拉伸功能之外，还要配备一套精确的三维测量系统，能够监控、指导整个矫正的过程。只有用这样的设备，车身修理人员才能够精确地确定拉伸矫正次序，监控整个矫正过程，并确定每个拉力的作用效果。

2. 地框式矫正系统（地八卦）

地框式矫正系统是将框轨埋藏在地下，在框轨上安放自锁式锚固锁（图5-52），通过三点式拉具（图5-53），用铁链将车身拉出。

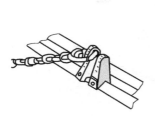

图5-52 自锁式锚固锁

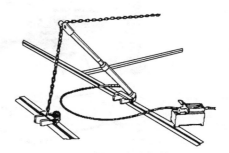

图5-53 三点式拉具

地框式矫正系统有单框和单框加附加框两种，如图5-54所示。附加框可以根据实际需要增加。在建造维修间地面时就要把地框系统的锚孔或轨道用水泥固定在车间地板上（图5-55），车辆可以直接在地框系统上或使用支架固定在地框系统上进行修理。车辆在地框系统上矫正拉伸时要进行固定，其紧固力必须满足在拉力的大小和方向上同时保持平衡的要求。如图5-56所示，地框式矫正系统在拉伸矫正操作中配有手动或气动液压泵，并且还应配有一些液压顶杆（液压油缸）。用一根链条把顶杆连在汽车和支架上，通过支架把顶杆和链条支撑在槽架上。利用支撑夹钳，将汽车支撑在汽车台架上。车辆要安全地紧固在支座的夹钳上（图 5-57，链条一端连在支撑夹钳上，另一端钩住支架或轨道板，用链条拉紧器拉紧（链条拉紧器可以消除支撑链的间隙）。一般在车身下部的四个位置都要进行固定，确保车辆在拉伸矫正中保持稳定。

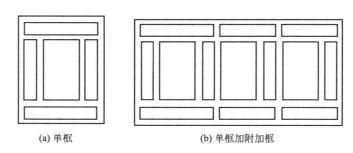

(a) 单框　　　　　　　　(b) 单框加附加框

图 5-54　地框的形式

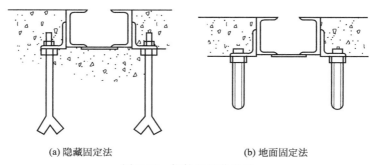

(a) 隐藏固定法　　　　　　(b) 地面固定法

图 5-55　框轨的安装方法

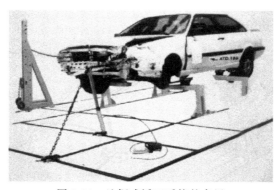

图 5-56　地框式矫正系统的布置

在拉伸时需将液压顶杆装在顶杆座上，以便液压顶杆能够在需要的方向上施力。液压顶杆升到需要的高度，把链条拉紧并锁紧链条，链条钩在支架上。支架、液压顶杆及汽车上的拉伸点必须与牵拉方向成一条直线。将液压泵与液压顶杆连接，并把空气软管连接到气动液压泵上，启动液压泵，使链条拉紧，接下来即可以进行牵拉矫正，如图 5-58 所示。

地框式矫正系统最适合于小型的车身维修车间使用，因为当顶杆、主夹具和其他动力辅

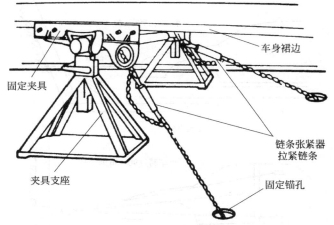

图 5-57 地框式设备的固定

助设备被清理后，矫正作业区就可以用作其他用途，有利于车间面积的充分利用。地框式矫正系统可以用一种称为加力塔架的装置，提供额外的拉力。在车身上进行矫正操作时，加力塔架随时可以提供拉力。

3. L形车身矫正仪

L形车身矫正仪（图 5-59）由矫正系统主体、牵引小车（拉杆器）和矫正架附件组成。它的牵拉装置装配有液压系统，在可移动的立架和支柱之间用链及夹钳牵拉被损坏的车身部分。因为容易搬运，这种装置很容易安放在损伤部位的牵引方向。但是这种类型的装置只能在一个方向上拉拔。因此，它只适合一些小的碰撞修复（图 5-60），对于复杂的碰撞变形不能进行精确修复。

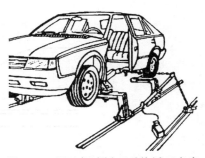

图 5-58 用地框式矫正系统矫正车身

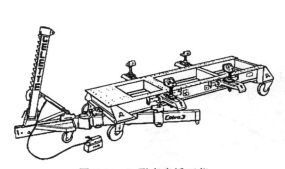

图 5-59 L形车身矫正仪

图 5-60 L形车身矫正仪工作示意

L形车身矫正仪可以进行拉、顶、压、拔操作。当车身某个方向被撞凹进去，可先用工具夹紧，再用牵引小车把它拉出来。如果在某个方向凸出来，也可以顶、压进去。可以视车身的损坏程度，对其进行正面拉、侧面拉，还可以进行向上拔、向下拉等操作，如图 5-61 所示。

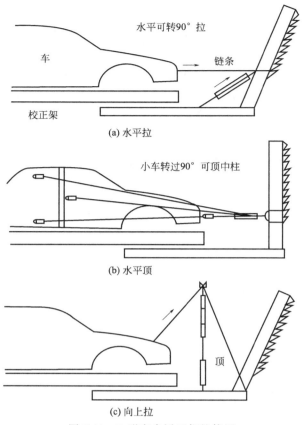

图 5-61 L形车身矫正仪的使用

4. 平台式车身矫正仪

平台式车身矫正仪（图 5-62）是一款通用型的车身矫正设备，可以对各种类型、型号的车身进行有效矫正。

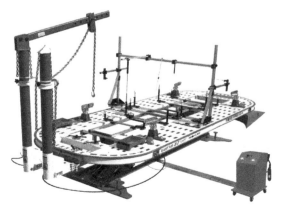

图 5-62 平台式车身矫正仪

平台式车身矫正仪形式有多种，但一般配有两个或多个塔柱进行拉伸矫正。这种拉伸塔柱为车身修理人员提供了很大的自由度，可在绕车身的任何角度、任何高度和任何方向进行拉伸。其中很多平台式车身矫正仪有液压倾斜装置或整体液压升降装置，利用一个手动或电动拉车器，将车身拉或推到矫正平台的一定位置上。

平台式车身矫正仪同时也配备有很好的通用测量系统，通过测量系统精确地测量，可指导拉伸矫正工作准确、高效地进行。平台式车身矫正仪主要由以下部分组成。

（1）平台　平台（图5-63）是车身修复的主要工作台，拉伸矫正、测量、板件更换等工作都在平台上完成。

（2）上车系统及升降系统　通过上车系统和平台升降系统可以把事故车放置在矫正平台上。上车系统包括上车板（图5-64）、拖车器、车轮支架（图5-65）、拉车器（牵引器）等。通过液压升降机构把平台升起到一定的工作高度。平台的工作高度有固定式和可调式的，固定式的一般为倾斜式升降

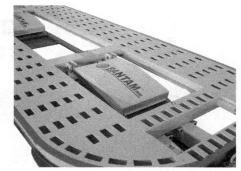

图 5-63　平台

（图5-66），高度为500~600mm；可调式的一般为整体式升降（图5-67），高度一般为300~1000mm。

图 5-64　上车板

图 5-65　拖车器和车轮支架

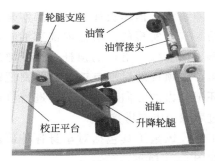

图 5-66　倾斜式液压升降机构

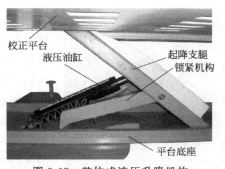

图 5-67　整体式液压升降机构

（3）主夹具　如图5-68所示，维修前，固定在平台上的主夹具将车辆紧固在平台上，车辆、平台和主夹具成为一个刚性的整体，车辆在拉伸操作时不能移动。为满足不同车身下部固定位置的需要，主夹具结构有多种，双夹头夹具可以夹持比较宽的裙边部位，防止拉伸

中损坏夹持部位，单夹头夹具的钳口很宽，能够夹持车架。对于一些特殊车辆的夹持部位有特殊的设计，如有些车没有普通车的电焊裙边，像奔驰或宝马车型就需要专门的夹具来夹持。

图 5-68　不同形式的主夹具

（4）液压系统　车身拉伸矫正工作是通过液压力的强大力量把车身上的变形板件拉伸到位。矫正仪上的气动液压泵或电动液压泵（图 5-69），通过油管把液压油输送到塔柱内部的油缸中，推动油缸的活塞并顶出。气动液压系统一般是分体控制的，而比较先进的电动液压系统一般是集中控制的，由一个或两个电动泵来控制所有的液压装置，这样效率更高，故障率更低，工作平稳。

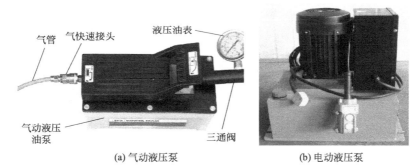

图 5-69　液压泵

图 5-70　塔柱拉伸系统

（5）塔柱拉伸系统　损坏板件的拉伸操作是通过塔柱拉伸系统（图 5-70）实现的。塔柱内部有油缸，液压油推动油缸活塞，活塞推动塔柱的顶杆，顶杆伸出塔柱的同时拉动链条，在顶杆的后部有链条锁紧窝把链条锁住，通过导向环把拉力的方向改变成需要进行拉伸的方向。导向环通过摩擦力卡在塔柱上。

（6）钣金工具　钣金工具包括对车身各种部位拉伸的夹持工具，如图 5-71 所示。

三、车身矫正安全注意事项

1. 拉伸操作中的安全事项

使用矫正仪时，不正确的操作可能对人员、车身和

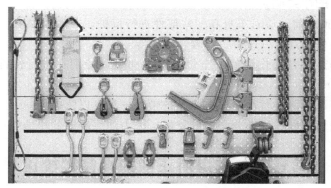

图 5-71 钣金工具

矫正仪都造成损伤，因此要注意以下安全规则。

① 根据所用设备的说明书，正确使用车身矫正设备。

② 严禁非熟练人员或未经过正式训练的人员操作矫正设备。

③ 车辆固定时要保证主夹具夹钳齿啮合非常紧固，车辆被牢靠地固定在平台上。

④ 拉伸前汽车要装夹牢固，检查主夹具固定螺栓和钳口螺栓是否紧固牢靠。

⑤ 一定要用推荐型号和级别的拉伸链条和钣金工具进行操作。

⑥ 拉伸时钣金工具要在车身上紧固牢靠，链条必须稳固地与汽车和平台连接，以防在牵拉过程中脱落，避免将链条缠在尖锐器物上。

⑦ 向一边拉伸力量大时，一定要在相反一侧使用辅助牵拉，以防将汽车拉离矫正台。如汽车前端只有一个辅助固定，会在拉伸过程中对汽车产生一个偏转力矩，使车身扭转。而汽车前端使两个辅助固定后，拉伸过程中则不会对车身产生偏转力矩。

⑧ 操作人员在汽车上面和汽车下面工作时，不要用千斤顶支撑汽车。

⑨ 严禁操作人员与链条或牵拉夹钳在一条直线上。因为当链条断裂、夹钳滑落、钢板撕断时，特别是在拉伸方向可能会造成直接的伤害事故。在车外进行拉伸矫正时，操作人员在车内工作是很危险的。

⑩ 用厚防护毯包住链条或用钢丝绳把链条、钣金工具固定在车身的牢固部件上，如图5-72所示，万一链条断裂，可以防止工具、链条甩出对操作人员和其他物品产生损伤。

图 5-72 拉伸中安全绳防护

2. 拉伸操作中的车身防护

在进行牵拉矫正之前,应对车身和一些部件进行保护,其事项如下。

① 拆卸或盖住内部部件(座位、仪表、车垫等)。

② 焊接时用隔热材料盖住玻璃、座位、仪表和垫(特别在进行惰性气体保护焊接时,这种保护更为必要)。

③ 拆除车身外面的部件时,用棉布或保护带保护车身以防擦伤。

④ 如果油漆表面擦破,这部分必须修复好,因为油漆表面的小瑕疵可能造成锈蚀。

第五节　车身矫正前的准备和校正

一、车身矫正前的准备

先要根据测量和损坏分析的结果来制定精确的碰撞修理程序(工艺),然后按照已定好的程序完成车身修理操作。

1. 车身损坏分析

特别是对整体式车身应进行详细的测量和车身损伤分析,在损伤分析上多花一点时间,分析得越详细、越彻底,修复计划就做得越完善,整个车身修复的质量、效率就越高。

2. 车辆部件的拆除

在拉伸矫正开始之前,应该拆去车上妨碍矫正的部件。有些外覆盖件需要拆卸,有些机械部件也需要拆卸。因为整体式车身的损伤容易扩散到较远处,经常扩散到一些意想不到的地方,有些甚至藏在这些部件或系统里面,只有拆除这些部件才能更好地找出损伤。

3. 目测

我们可以知道一些车身损坏的情况,但是通过精确的测量我们才能够确切知道车身损伤的程度和变形范围。确定整体式车身结构的损伤程度并完全弄清楚损伤区域之后,才能够制订出完善合理的修复计划,才可进行牵拉和矫正。车身主要控制点尺寸在拉伸中始终要不断进行测量和监控,以保证修复的准确性。

4. 制定拉伸程序

制定修理(牵拉)程序时,应遵循两条基本规则,以保证通过最少量的拉伸矫正来修复损坏部件变形,并且不会造成进一步的车身结构损伤。

① 按与碰撞损坏相反的顺序修理碰撞时出现的损伤(先里后外),即最后出现的损伤要最先修理,最先出现的损伤要最后修理。

② 以碰撞相反的方向来设计拉伸矫正的顺序。

二、车身矫正过程

1. 拉伸操作方式

(1) 单拉系统(单向拉伸)　整体式车身的拉伸矫正和车架式车身的拉伸矫正有很大不同。通过一系列单向拉伸,通常就可以将车架式汽车整平和校直。简单地朝一个方向施加拉力,对车架式车身的矫正具有相当好的效果。车架式车身的车架金属板厚度在3mm以上,可以承受反复的拉伸,一般不会发生拉伸过度或拉断的现象。

在整体式车身损伤较轻的表面可以使用简单的单向牵拉（图 5-73）。在牵拉修理结构复杂部件的损伤时，一定要注意防止与其关联的那些未损伤的或已修复的部件受到拉伸，以免造成不应有的损伤，甚至无法修复的结果。为了避免发生这类情况，需要辅助牵拉和定位，使用复合牵拉系统。

（2）复合牵拉系统（多点拉伸） 整体式车身特别是大量使用高强度钢板的整体式车身，结构复杂，碰撞力容易扩散到整个车身，而且整体式车身大部分的板件都比较薄，高强度钢板在变形

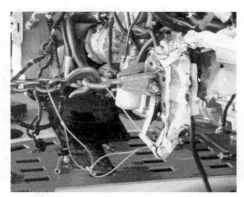

图 5-73 单向牵拉

后内部有更多的加工硬化，在修理过程中，这些变形的板件恢复形状需要更大的力，当只用一个拉力拉伸矫正变形部件时，变形还没有恢复，但是钢板已经被撕裂了，所以整体式车身的部件在拉伸时要求有更重的拉力。这要求在每次拉伸矫正过程中，尽量要找到两个或更多的拉伸点和方向。

如图 5-74 所示，复合牵拉具有支承和牵拉的能力。这种能力在修复整体式车身的二次损伤时，是很需要的。使用复合牵拉系统，能对任何牵拉进行严格控制，并大大改进牵拉的精确度。

图 5-74 复合牵拉

复合牵拉方式可以完成下面一些工作。

① 可以同时从三点或四点上，精确地按所需方向成功地进行牵拉，对整体式车身修复程度进行必要的控制。

② 多点的复合牵拉，极大地减少了每个点上所需的力，大的拉伸力通过几个连接点加以分散，因此减少了薄钢板被拉断的危险。

2. 车身（车架）的定位

（1）车架式车身的定位 车架式车身可以采用在车架的固定孔（位于车架的架梁上）内放置适当的塞钩进行定位。为使塞钩与车架梁对中，需要用垫块进行调整，或者使用链条张紧器调整。为防止牵拉力过大造成损伤，建议在孔上焊接加强垫片后再拉伸。

（2）整体式车身的定位 对于整体式车身，必须用多点固定的方式（图 5-75）。至少需要四个固定点，根据车身结构及拉伸的部位，有时或许还需要另外的固定点。

在拉伸时可在车身坚固的梁上焊接若干固定夹,并利用这些固定夹将车身辅助固定,以防止与之相连的、不能拉伸的部件损伤。

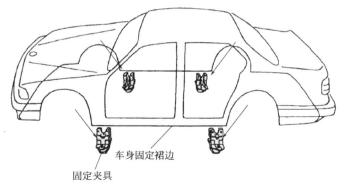

图 5-75 整体式车身多点固定的方式

(3) 车身矫正钣金工具的使用　如图 5-76 所示,为了更好地对整体式车身进行拉伸修复,针对车身不同部位的变形修复设计了多种钣金工具,可以对车身进行有效的拉伸修复。图 5-77 所示为一些钣金工具的用法。

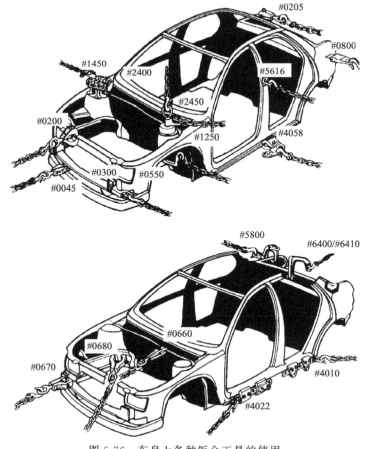

图 5-76 车身上各种钣金工具的使用

图 5-77 一些钣金工具的用法

在使用钣金工具时必须注意正确的使用方法，否则会损伤夹具和车身。在拉伸时必须使拉力方向的延长线通过夹齿的中间，否则夹钳有可能受扭转的力而脱开，还会对钳口夹持的部位造成进一步损伤。在设计牵拉夹钳进行多点牵拉时，需要充分发挥想象力和创造力。如图 5-78 所示列出了钣金工具正确和错误的用法。

在进行牵拉矫正工作准备时，钣金工具不可能正好夹持在变形区域，如果遇到这种情况，可暂时在需要拉伸的部位焊一小块钢板，修复之后，再去掉钢片，如图 5-79 和图 5-80 所示。

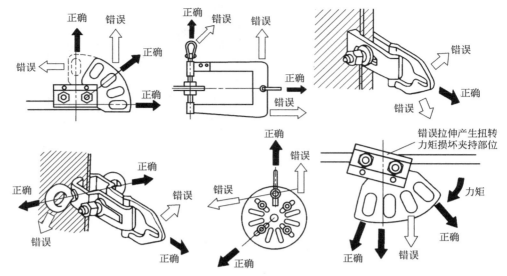

图 5-78 钣金工具正确和错误的用法

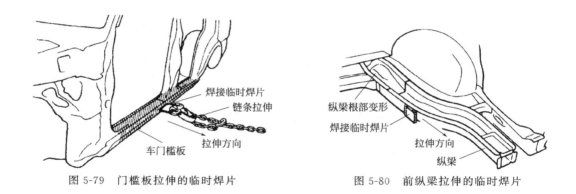

图 5-79 门槛板拉伸的临时焊片　　图 5-80 前纵梁拉伸的临时焊片

3. 拉伸矫正

（1）拉伸矫正的程序　拉伸矫正程序就是从混在一起的众多小问题中，找出修理的先后次序，找出第一个需修复的板件开始修复，然后修复第二个板件，如此循环。

整个拉伸矫正的程序在车身损坏分析制订修理计划的过程中已经安排好了，在具体的矫正修理过程中可能还需要根据具体情况做相应的调整。

整个车身在修理时，要用"从里到外"的顺序完成修理过程。因为车身尺寸的基准在车身中部，需要先对车身中部进行整修，使中部车身尺寸恢复，以它们为基准再对前部或后部的尺寸进行测量和矫正。而不是车身前部损坏就先修理前部部件，后部损坏就先修理后部部件，应先对车身的中部（乘客室）进行矫正，使车身的中部和底部的尺寸特别是基准点的尺寸恢复到位。

一个部件在受到损伤后，可能存在三个方向的损伤，那么整修的顺序应该如下。

① 首先矫正长度。

② 然后矫正宽度。

③ 最后矫正高度。

整个拉伸矫正的过程，具体到每一个变形板件的拉伸矫正时，拉伸矫正的程度是由损坏部件的尺寸决定的。拉伸前需要知道每个受损部件变形的方向的大小，这需要进行准确测量来决定，通过三维测量数据和标准随笔可以知道变形的大小及方向。

（2）拉伸矫正操作

① 塔柱拉伸。现在的车身矫正仪都使用液压的巨大推力通过塔柱内的液压油缸拉动拉伸链条，导向环变换拉力的方向，通过配备在塔柱上的顶部拉伸杆和下拉式装置可以对车身进行长、宽、高三个方向的拉伸。使用塔柱的链条对固定在车身上的钣金工具进行拉伸（图 5-81），可以进行多点、多向拉伸。在拉伸时要注意塔柱必须固定牢靠，不能移动，否则有可能会对矫正仪本身产生损害。

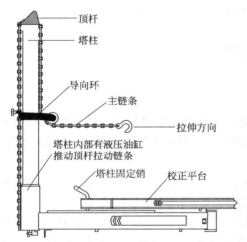 

图 5-81　用塔柱对车辆进行拉伸

② 液压顶杆拉伸。由于矫正设备配备情况不同，有些设备只配备有一个或两个塔柱，为了在拉伸矫正中实现多点拉伸，还需要补充一些液压顶杆和链条来进行辅助拉伸。

如图 5-82 所示，使用液压顶杆进行拉伸时，拉伸链条、液压顶杆、车身的拉伸点和链条固定点形成一个简单的三角形拉伸（图 5-83）。液压顶杆延长时，三角形的一边增长。因为链条锁紧在液压顶杆上，所以引起顶杆向右方倾斜，当顶杆倾斜到新的位置时，受损的部件就会被拉伸。

图 5-82　使用液压顶杆拉伸车辆　　　　　　　图 5-83　三角形拉伸

在拉伸中根据拉伸部位的高度来调整链条和液压顶杆的长度及高度，链条一端固定在汽车的钣金工具上，调整液压顶杆的接管长度，以便达到恰当的高度。如果顶杆与链条固定点之间的链条超过了垂直状态（图 5-84），就必须马上停止拉伸，否则链条端部的固定点和顶杆支撑点部位可能出现过载，导致链条断裂。

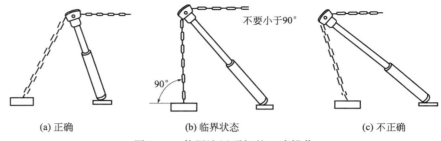

图 5-84　使用液压顶杆的正确操作

4. 防止过度拉伸

产生过度拉伸的原因一般有两个。

① 在修复中没有遵循"先里后外"的拉伸原则，导致修理程序混乱，修理好的板件在其他变形板件进行修理时影响了其尺寸，使原先已经矫正好的板件长度又加大了，超过了原始尺寸。

② 在矫正过程中没有经常地、精确地测量拉伸部位的尺寸，没有很好地控制拉伸的程度，这就可能导致过度拉伸（图 5-85）。

可以将一块钢板拉长，但不可能通过推压使其缩短。任何损坏的钢板，在拉伸矫正之后，超过了极限尺寸，则很难再被收缩或压缩。过度拉伸的唯一修理方法就是把损坏的板件更换。为了防止产生过度拉伸而损坏整体式车身，在每一次的拉伸矫正过程中，都要对损伤部位的矫正进程进行测量和监控。

图 5-85　过度拉伸

三、车身矫正的操作技术

1. 车身前部损坏的修复

（1）由损坏分析确定拉伸程序　一辆汽车的前部被碰撞，如图 5-86 所示，如果其前部横梁左侧的前翼子板、前挡泥板及纵梁损坏严重，就需要进行更换，如图 5-87 所示。这些部件的支撑连接件受损后如能修复，也要在安装前修复好。而右侧的前翼子板、前挡泥板和纵梁只是受到左侧严重碰撞的影响，损坏并不严重，只需要进行修复。

图 5-86 汽车前部碰撞

图 5-87 前部碰撞损坏严重时需要更换的板件

通过碰撞位置可以分析出车身的左前方受到碰撞，如图 5-88 所示，散热器框架和前纵梁都受到严重损坏，前立柱也向后变形，就需要按照与碰撞相反的方向对左前纵梁和左前立柱进行拉伸，如图 5-89 所示。在左前立柱尺寸恢复后，再把需要更换的左前纵梁拆除，然后修理右前挡泥板和右前纵梁；右前挡泥板或右前纵梁可能仅在右边或左边略有弯曲。

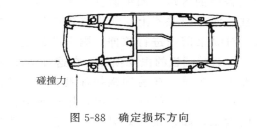
图 5-88 确定损坏方向

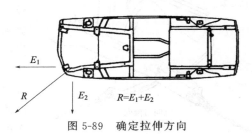
图 5-89 确定拉伸方向

（2）对右前纵梁和挡泥板进行拉伸矫正　在修理时，对发动机室部位的尺寸，可以使用点对点测量法来对比。例如测量图 5-90 中给出的尺寸，矫正好其对角线尺寸即可。有时用钣金工具对挡泥板上的加强筋和纵梁同时进行拉伸将更有效，如图 5-91 所示。拉伸中最好使用三维测量系统，因为在损坏部位的长度、宽度和高度都发生变化（特别是高度变化）的情况下，使用三维测量可以确保矫正尺寸的正确性，如图 5-92 所示。

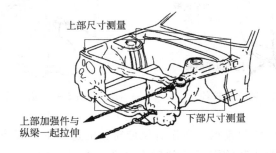
图 5-90 车身前部的控制尺寸

如果拉伸矫正一侧的损坏对另一侧的部件产生影响，使另一侧的尺寸发生变化，那么需要将前横梁和散热器的支撑分开，再分别加以矫正。在修理纵梁弯曲（图 5-93）损坏时，应该夹紧纵梁里面的损坏面。向前拉伸时,在损坏部位要有一个力同时从里向外拉或从外向里压。修理完弯曲部分后,尺寸应与标准尺寸相吻合。

图 5-91 汽车前部拉伸操作

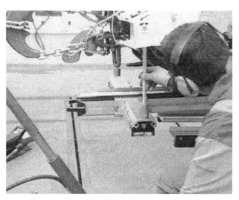

图 5-92 拉伸中对前部尺寸不断进行测量检测

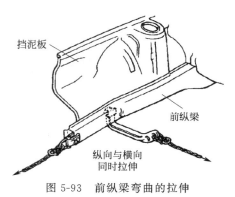

图 5-93 前纵梁弯曲的拉伸

（3）对前立柱进行拉伸矫正 修理左前挡泥板和左前纵梁的支撑连接件时,主要是修理接近前围板和前围上盖板的区域。如果碰撞严重,损坏会扩散到前立柱,使车门关不上。如果修理中简单地夹住挡泥板,对纵梁前缘进行拉伸,则不能修复前立柱（图 5-94）或前围板的主要损坏。在这种情况下,应取下挡泥板和纵梁,在前围板损坏处夹紧,然后拉伸并注意观察与车门的吻合情况,用这种方法可取得最好的效果。如果拉伸效果不好,还可以采取一边拉伸一边用液压顶杆从里边推压的复合拉伸方法,如图 5-95 所示。

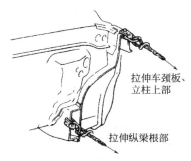

图 5-94 前立柱拉伸

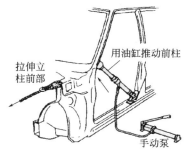

图 5-95 前立柱复合拉伸

（4）拉伸矫正中重要的测量点 在车身拉伸矫正的过程中,其修复程度由尺寸测量所决定前地板加强筋上的参考孔和前翼子板的后安装孔,都是一些标准的参考点,如图 5-96 所示。在评估损坏时,应对这些部位进行测量,确定损坏是否已扩散到这些部位。

如果前纵梁结构遭到十分严重的碰撞,标准测量点的高度就可能发生变化。一般受损时,这些部位倾向于向上偏斜,如图 5-97 所示。

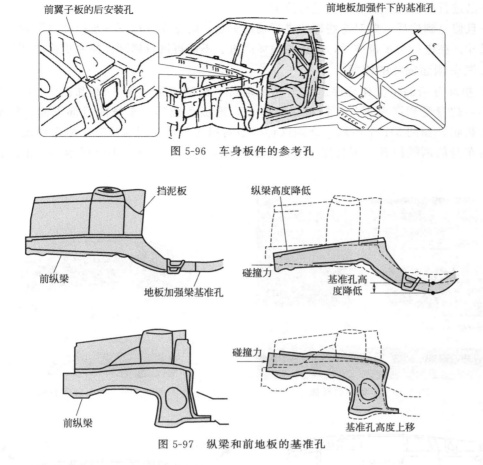

图 5-96　车身板件的参考孔

图 5-97　纵梁和前地板的基准孔

2. 车身后部损坏的修复

与车身前部相比较，车身后部的板件结构更复杂，损坏可能扩散得更厉害，因此对损坏的评估必须更加精确。车身后部碰撞后，保险杠会被损坏，而且碰撞力通常会通过后部纵梁的尾端或附近的板件进行传送，引起"上弯"部位的损坏。另外，轮罩也将变形，引起后侧围板向前移动，造成部件之间的间隙变化。如果碰撞十分严重，还将影响到车顶、车门或中立柱。将钣金工具或钩子固定在后纵梁的后部、后地板或后顶盖侧板的后端部分，一边进行拉伸，一边测量车身下面每一部分的尺寸，通过观察车身板件的配合和间隙情况来决定修理程度，如图 5-98 所示。

当后纵梁被撞进轮罩，后门有间距误差时，不能对有少量变形甚至没有变形的后顶盖进行拉伸，而只能靠拉伸纵梁来消除后顶盖侧板的应力。如果轮罩或车顶侧边的内板和后部纵梁一起夹紧拉伸，那么车门的间隙就很容易矫正到位。

车头部分的碰撞也可能引起车尾部分结构的变形。当出现上述情况时，应将车尾较低部位的结构夹紧在矫正台上。初步的拉伸将恢复一些较低的矫正点，这时应重新放置夹钳（矫正点和固定点的数量也将随之变化），

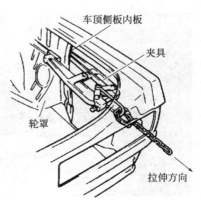

图 5-98　后顶盖侧板的修理

以保护已进行的矫正,然后继续进行拉伸。

一旦修复到位后,要对这些部位进行辅助固定,防止在进行下一步拉伸时影响已经矫正好的尺寸。在进行初步拉伸后,应拆除损坏严重、不能再进行修理而需要更换的部件。

3. 汽车侧面损坏的修复

① 损坏分析确定拉伸程序。汽车受到来自一侧的碰撞(图 5-99 和图 5-100)后,门槛板中心位置受到严重损坏,门槛纵梁弯曲,地板会变形,车身前后部弯曲,使车身扭曲成香蕉状,如图 5-101 所示。修理这种类型的损坏,可使用与拉直一根弯铁丝一样的方法,将车身的两端拉开,再将塌下去的车身侧面向外拉,如图 5-102 所示为校正时拉伸的方向。

图 5-99 车辆侧面碰撞

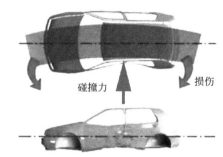

图 5-100 侧面碰撞后果

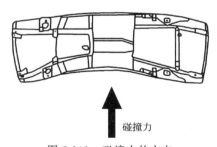

图 5-101 碰撞力的方向

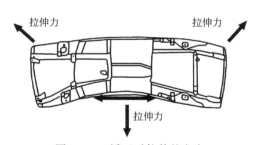

图 5-102 矫正时拉伸的方向

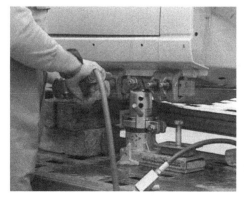

图 5-103 车辆的固定

② 车辆固定。将车辆用主夹具固定在矫正平台上,必要时要在车辆上使用一些辅助夹具来加强车辆定位,如图 5-103 所示。

③ 纵向拉伸车辆的中部。主夹具紧固在车辆的门槛板裙边上,主夹具与平台之间不固定。用液压顶杆顶在两个主夹具上进行中部向两侧的拉伸,如图 5-104 所示,同时在中立柱门槛上边的裙边上安装两个夹具进行侧向拉伸,如图 5-105 所示。因为中部受损后拉伸力比较大,需要同时进行两个点以上、多个方向的拉伸。

④ 拉伸车辆的前端弯曲。由于车辆的前后有弯曲变形，所以要对前部进行矫正，如图 5-106 所示。通过测量可以看出，前纵梁的尺寸有朝向撞击方向的变形，用尼龙带或其他夹具对前纵梁进行拉伸。拉伸时注意链条导向环和链条的高度要与纵梁平齐，不要太高或太低，否则拉伸时会产生向上或向下的力，使纵梁产生上下弯曲变形。

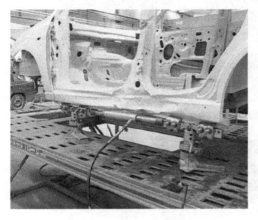

图 5-104　向两侧拉伸

图 5-105　中立柱的向外拉伸

⑤ 拉伸车辆后部时由于车身后纵梁与前纵梁存在同样的问题，也要根据测量尺寸的结果来进行矫正，如图 5-107 所示。

图 5-106　汽车前部拉伸

图 5-107　汽车后部拉伸

⑥ 侧同拉伸门槛板。在碰撞时门槛板承受了大量的力，变形量大，有些板件可能需要更换，但必须在进行矫正后才能够进行更换。通过大力拉钩向外进行拉伸（图 5-108），注意大力拉钩与车辆板件的接触受力点，要根据情况选择不同接触面积的垫块，同时注意拉伸的方向，遵循拉伸的要点，使应力充分放松。

⑦ 侧向拉伸中立柱。车身的中立柱在碰撞中也会因发生变形而需要拉伸，如图 5-109 所示。在车门的铰链、门锁安装点、车门裙边的焊接接口处都需要通过测量来确定相应的拉伸尺寸数据。在拉伸中立柱下部时，为了防止中立柱上部也跟着变形，需要用尼龙带在中立

柱上部进行辅助拉伸，如图 5-110 所示。

图 5-108　门槛板的侧向拉伸

图 5-109　中立柱的拉伸　　　　　图 5-110　中立柱拉伸时的辅助定位

4. 矫正后的检查

修理（包括所有矫正和焊接操作）完成以后，要对车辆进行最后的检查。在检查时，车身修理人员需要绕着汽车周围观察，看看是否有明显的矫正错误。如果在车顶线和车门之间出现大的缝隙，就说明还有少量损坏存在。检查修理顺序，看每一项是否都做好了，如果检查中发现问题，应马上将车固定起来，重新进行拉伸，不要等到更多的修理程序完成之后，又发现损坏，再来修理。检查时应该注意以下几点。

① 检查车门与门槛之间的缝隙（应该是一条又直又窄的缝隙）。

② 检查整个车身上部所有部位总的平整情况。

③ 开、关车门，掀、关发动机罩和后备厢盖，看开关时是否过紧（图 5-111 和图 5-112）。

最终检查完毕之后，汽车可留在矫正台上，重新装上那些修理前被取下的部件，然后从矫正台上移下来。

5. 其他矫正方法

修复车身时，还有其他的一些拉伸矫正方法。

① 向上拉伸。汽车车身有些部件由于受到向下的碰撞力而发生向下的弯曲变形，有些矫正仪有斜拉臂装置，可以完成向上的拉伸矫正工作（图 5-113），但是斜拉臂的拉伸力较小，只能拉伸车顶等需要矫正力比较小的部位。对于需要拉伸力比较大的部位，可以用液压顶杆来辅助向上顶伸（图 5-114）。

图 5-111　安装车门

图 5-112　检查车门的配合间隙

图 5-113　斜拉臂向上拉伸

图 5-114　液压顶杆向上顶伸

② 向下拉伸。汽车车身有些部件会有向上变形，需要用下拉式装置向下进行拉伸。有时拉伸要在车身底下塞上垫块加以支撑，然后通过下拉式装置将车身高端向下拉，这样可修复车身基准线。当用下拉式装置向下拉伸时（图 5-115），塔柱上的链条（导向环）必须处在最低位置。

③ 侧向弯曲的矫正。车身前部由于侧面碰撞引起的侧面弯曲损坏需要矫正时，因为拉力比较大，在车身下面四个点上将车身固定后（图 5-116），还可以在固定点 1 和 2 之间进行辅助固定。固定点 1 受力最大，所以此点一定要夹得安全可靠，如果固定点 2 夹得不牢靠，在进行侧向拉伸时，车辆可能会移动。

④ 扭曲的修复。车身扭曲后，车辆的一个对角比另一个对角高或者低。在修复这种类型的损坏时，先要把车辆的中部四个点固定在矫正台上，在

图 5-115　向下拉伸

车身较低一侧的矫正台上用液压顶杆向上拉伸；在车身较高一侧的矫正台上用下拉式夹具向下拉伸，必要时再塞上垫块；综合考虑车身尺寸的测量结果，把车身的高度矫正到位。

⑤ 菱形变形的修复。在菱形变形中，车架是平行四边形。修理时在矫正台的每一端都设一个塔柱或液压顶杆，与前面端部拉伸的方法一样，调整牵引链的高度并与汽车相连。将车架的一边固定，以防止车身侧向移动，按照变形的方向和大小来拉伸矫正车架（图5-117）。

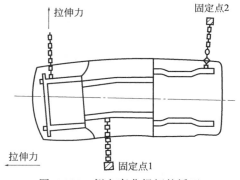

图 5-116 侧向弯曲损坏的矫正

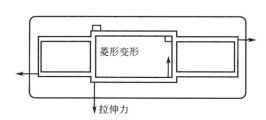

图 5-117 菱形变形的矫正方向

⑥ 减振器支座的拉伸。在有些碰撞中，减振器支座会变形，必须进行矫正，否则会影响车辆的行驶性能。将减振器专用夹具固定在减振器支座上，用塔柱、链条、钣金工具或液压顶杆连接来矫正（图5-118）。

图 5-118 减振器支座的拉伸矫正

通过测量得到减振器支座的变形方向及大小，然后决定拉伸的方向，配合车身尺寸进行拉伸。如果两个减振器支座都向左或向右倾斜，就可以通过在两个支座上均安装牵引板，并装上牵引带来进行拉伸矫正。

6. 车身板件修复或更换的原则

车身碰撞中损坏的钢板，在损坏分析和制订修理计划时就要确定哪些部件需要修复，哪些部件必须更换。许多车身修理人员认为如果损坏部件能够矫正，都应该进行彻底的修理。实际上，不是所有的板件都可以修复的，一些高强度钢和超高强度钢制造的板件，损坏严重后则不能进行修理，而需要更换；有些吸能区部件变形严重，也不能修理而需要更换。

在修理整体式车身时，不要试图切除一部分的损坏部件（如磨损、断裂、弯曲的部件等），然后再在切除部位焊接一个加强补丁来修复。因为现代车身结构中，有些部件（如梁），有意设计成能在碰撞中损坏以吸收碰撞能量的变形区，加强补丁可能会影响部件正常的碰撞变形，而失去吸能作用。当断裂、磨损或弯曲的部件不用补丁就修理不好时，应该更换整个部件。

四、车身板件的应力消除

1. 金属内部的应力

拉伸矫正的目的是将损坏的车身恢复到原来的形状，但是恢复到原来形状的金属会由于再一次的变形而使内部加工硬化（应力）的程度加重。也就是虽然从车身表面上看已经修复好了，但钢板内部的状态并没有恢复。车身修复的目的还要使金属恢复到原来的状态。外形和状态是不同的，在拉伸矫正过程中，需要解决两个问题。

① 恢复车身的原来形状。

② 消除或减少由于事故使车身板件反复变形而积累的应力，恢复板件原来的状态。

(1) 金属内应力的产生原因　平直金属材料中的晶体都处于相对松弛的状态，如图5-119所示。

一块金属弯曲时，这些晶体轻度变形（图5-120），就产生应力。压力解除后，如果金属有足够的弹性，晶体将回到原来的状态。

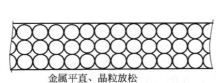
图 5-119　平直金属内部晶体松弛

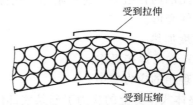
图 5-120　板件弯曲时内部晶体变形

如果金属在碰撞中弯曲得很厉害，板件外侧的晶体受张力而严重扭曲，内侧的晶体则受压力而扭曲（图5-121）。由于超过了金属的弹性极限，金属会产生塑性变形。在变形的部位有大量的应力存在，以保持这种状态。

校直平板件内部晶体变形如图5-122所示，如果拉伸矫正的金属板外形恢复后，允许这些有微小变形的不均匀晶体存在，而不考虑其状态，晶体并没有随着板件外形的改变而改变晶体的排列状态，金属内部还会有大量的应力存在。

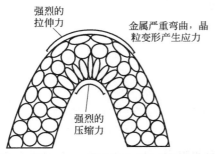
图 5-121　严重弯曲的金属板

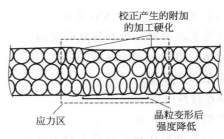
图 5-122　矫正平直板件内部晶体变形

(2) 金属内部应力的消除　外形修复到与原形接近的金属板，但其晶体仍处于扭曲状态，而形成新的扭曲区域。一般用可控制的加热（一般在 200℃ 以下）和锤击，晶体能被激活，重新松弛后恢复到原来状态。加热和外力使金属板恢复到原来的状态，减少了应力，使金属板尽可能地恢复平直，并且保持其原来的状态（图 5-123）。在进行高强度钢板的应力消除时，尽量不要采用加热的方式。

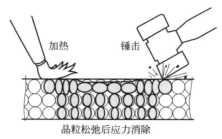

图 5-123　晶体变形的恢复

2. 应力对车身部件的影响

① 车身材料内部形成应力的原因。应力可以被看作是一种内部阻力，这种阻力是物质在特定负载下变形时产生的。在碰撞修理中，应力可定义为一种存在于原材料中的、对修理起阻碍作用的内在阻力。这种阻力（或应力）是由以下原因造成的。

a. 板件变形。

b. 过度加热。

c. 不正确的焊接操作。

d. 不理想的应力集中。

② 整体式车身上的应力引起某些部件的变形，如图 5-124 所示。

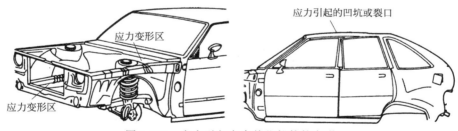

图 5-124　应力引起车身某些部件的变形

a. 车门、发动机罩、后备厢和车顶开口的变形。

b. 挡泥板和纵梁上的凹痕及皱纹。

c. 悬架系统和发动机安装点的变形。

d. 地板、支架和齿轮装置的损坏。

e. 油漆和内涂层的开裂。

f. 焊点被拉开或断裂。

g. 焊缝和焊缝的保护层裂开。

因为损坏部位比相邻部位在修理时要产生更大的阻力（应力），所以有时需要附加夹钳来固定。例如，损坏的梁对张力的阻力就比与它连接的前盖板或隔板的阻力大。用一个夹钳可防止前盖板或隔板移位，修复力能直接作用在梁上。在拉伸矫正中，所有关键的控制点必须进行测量以控制其方向，并防止拉伸过度。

通常，如果某一碰撞力的扩散而产生的变形不导致皱曲，拉伸矫正中有效的拉力将使问题简单化。当拉伸大型板材，如车顶板材时，由于拉伸时容易变形，要特别注意。例如，向后拉伸时，用一把修平刀压在变形区域的背面，有助于变形恢复（图5-125）。

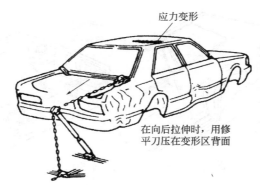

图 5-125　拉伸中用修平刀压在变形区背面以助恢复变形

在拉伸矫正中利用拉力作用恢复板件的变形，再用弹簧锤消除应力。弹簧锤通常与修平刀或木块（作垫块用）一起将打击力分散到较大面积上，从而消除应力，让金属板由于弹性回到原来的大小和形状。对于主要损坏部位相邻的地方，也要用弹簧锤敲击，以消除应力。

3. 应力的消除

用一块型钢或木块以及铁锤，可以消除大量应力。大多数应力的消除是冷作用，不需要很多热量，假如需要加热，也要小心加热，并加以控制。对现代车身上的高强度钢板上的应力，不能用加热的方式来消除。

加热通常会产生某种程度的氧化或一定量的氧化皮，还会产生脱碳现象。氧化皮会影响损坏金属的表面粗糙度，脱碳作用会引起表面软化，严重影响使用寿命。氧化皮的量很大程度上取决于加热的时间和温度。加热件背面氧化皮的厚度总是比暴露于火焰的正面要厚一些。火焰层直接接触表面，由于有燃烧气体保护，不致氧化，但背面一旦达到适当的温度就会氧化。同一部位每次重新加热时，都会产生更多的氧化皮。

如果损坏部分需要加热，必须严格遵守汽车生产厂修理手册上的建议。例如，在整体式车身梁上加热时，应仅在梁的角上加热。加热后不能用水或压缩空气冷却加热区，必须让它自然冷却，因为快速冷却会使金属变硬，甚至变脆。监视加热的最好办法是用热蜡笔或热敏涂料。用热蜡笔在冷件上做标志，当达到一定的温度时，热蜡笔记号就会溶解。热蜡笔做标志的方法相当准确，比修理人员用眼观察颜色变化确定温度要精确得多，其误差为±1%。

4. 车身板件的应力集中

金属结构在某些条件下其强度可能降低，这些条件称为应力集中。应力集中，顾名思义，就是在负载作用下，应力产生定位凝聚。在整体式车身的设计中，有时设计有预加应力的零部件（图5-126），用于控制和吸收碰撞力，以使车身结构损坏减少到最低程度，增加乘客的安全性；所以，不要把原设计的应力集中件拆除掉，要按照汽车生产厂修理手册的建议，修理或替换掉有预应力设计的部件。只有全面恢复车身部件的功能、寿命和外形，才是正确的修理方式。

在有些应力没有完全消除时，可能出现下列情况。

① 由于负载的施加和释放，引起悬架和驾驶操作部件的疲劳。

② 在再次遭到相似的碰撞时，较小的碰撞力就会引起同样或更大的损坏，甚至危及乘员的安全。

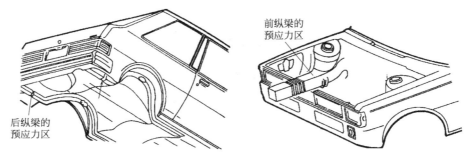

图 5-126　容易发生应力集中的部位

③ 车身尺寸变形，引起各种操作的困难。这是因为板件的应力导致应力集中，从而出现以上问题。要解决这些问题，还需要重新消除应力。所以，在修理时一定要注意板件状态的恢复（图 5-127）。

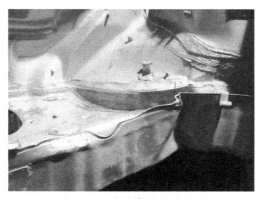

图 5-127　应力集中导致变形

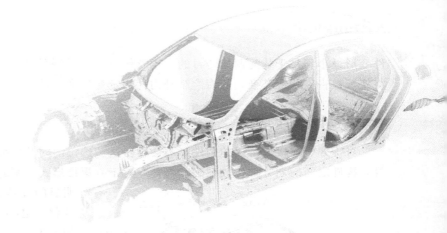

第六章
车身钣金结构件的拆解与调整

汽车因受到碰撞而引起大范围的损伤时，有些钣金件或其他车身附件损坏严重，无法就车修理或者无法修复好，必须切割更换新件。钣金结构件在修理时，应按照制造厂的规定，遵从切割钣金件的统一原则，即不要割断可能降低乘客安全区域、涉及汽车性能区域和关键性尺寸控制区域的钣金件。承载式车身的高强度钢板区域的钣金件受损后，绝对不允许用加热办法来矫正，必须切除更换。

车身钣金结构件切割更换的连接方式主要有三种，即有插入件对接、无插入件对接和搭接，如图 6-1 所示。

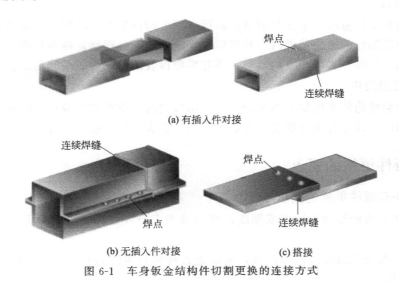

图 6-1　车身钣金结构件切割更换的连接方式

第一节　车身钣金结构件的拆解

在钣金维修过程中，用合理的拆解方法来拆解已经确定更换的车身构件，以达到关联构件变形最小和易于装配调校的目的。拆解作业应在关联件变形得到基本矫正后进行，否则，将使新件丧失装配基准，从而给车身构件的定位带来困难。

一、拆解部位的选择

对于螺栓连接或铆接的构件，不会存在这类选位的问题。因为以这种方式装配起来的车身，构件之间的划分都比较明确。但是，对于以焊接形式装配起来的车身，构件之间就没有明显的界线特征。而且，连接形式的多样化，也必然会给构件的拆解造成一定的困难。

构件的切割更换在钣金维修作业中比较实用，但对切割部位、切口走向、切割更换范围等都有一定要求，应视车身构件的结构强度、焊接方式、断面形状等因素而定（图6-2）。

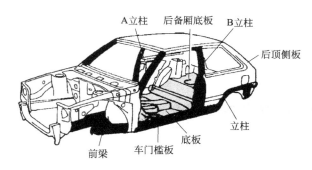

图 6-2 车身钣件的切割区域

为此，在进行车身构件的切割更换作业时，一定要按汽车维修手册中推荐的方案选定切割位置或在弄清具体构造的基础上，按以下基本原则选位。

1. 避重就轻

所谓避重就轻，就是要求切口位置一定要避开构件的强度支撑点，而选择那些不起重要支撑作用的位置切割。同一构件上强度大小的区别在于是否有加强板等结构在起辅助增强作用。

2. 易于修理

如果按修整工作量的大小选择切口，就可以简化构件更换后的作业，如所选切口正好位于车身内、外装饰件的覆盖范围内，其接口或焊缝的表面处理就显得容易得多；应兼顾到切割更换、修整、装配和焊接作业的难易，还有需要拆装的关联件的多寡与作业难易。

3. 避免应力集中

应力集中会使构件发生意想不到的损坏，切口的选位应避开车身构件的应力集中区。否则，将影响构件的连接强度并诱发应力集中损伤，造成维修作业的失败。

二、车身板件更换的要求

1. 车身外部板件更换的要求

① 如门和后顶侧板因碰撞造成翘曲，在边缘和车身外表有严重的加工硬化现象，则需要进行更换。

② 后侧围板处如因碰撞损坏严重，需要进行局部切割除去损坏部件。接缝处的焊点用钻孔的方法去除。

③ 车身侧板经常发生损坏，需要切割后更换新的板件，再将其焊接就位。如图6-3所示为车身侧面损坏后需要切割的位置。

④ 对于严重的腐蚀损坏，更换板件通常是唯一的补救方法。将生锈的金属板切割下来，在原来的位置焊接上新的局部板件。对于经常受到锈蚀的部位，局部更换板件是常用的

方法。

⑤ 一些板件已经破损，无法修复，需要进行局部更换。

车身是用机械紧固和焊接两种方法将车身板件连接在一起的。装饰性的板件，例如汽车的翼子板、后顶侧板和发动机罩，用螺栓或铰链、铆钉等方法与之相连。保险杠等部件通常也是用螺栓连接到框架上。更换这些板件时，只要拆卸紧固件即可。

2. 车身结构性板件更换的要求

在整体式车身结构中，所有的结构性板件（从散热器支架到后端板）都焊接在一起，构成一个整体框架。结构性板件包括散热器支架、挡泥板、地板、车门槛板、发动机室的纵梁、上部加强件、后纵梁、内部的护板槽、后备厢地板等。

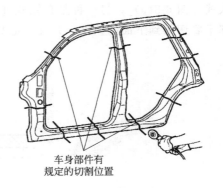

图 6-3　车身侧面损坏后需要切割的位置

结构性板件是车身其他零部件和外部板件的安装基础。因此，结构性板件更换后定位的精确性，决定了所有外形的配合和悬架装置的准确性。更换的板件不能简单地用垫片调整后即进行焊接，结构性板件必须经过精确地定位后才能进行焊接操作。

修理结构性板件时，当需要切割或分割板件，应完全遵照制造厂的建议。有些制造厂不允许反复分割结构板件，有些制造厂要求只有在遵循其正确工艺规程时才可以分割。所有制造厂家都强调：不要割断可能降低乘客安全性的吸能区区域、降低汽车性能的区域或者影响关键尺寸的地方。

对于高强度钢板，例如保险杠加强件和侧护板门梁，这些板件受损后必须更换。在任何条件下，都不能用加热来矫直高强度钢板。

三、车身焊件的分离

1. 车身点焊焊点的分离

车身结构性板件在制造厂用点焊连接在一起，则拆卸板件主要是把电阻点焊的焊点分离，可以用钻去焊点、用等离子焊枪切除焊点、錾去焊点或用高速磨削砂轮磨去焊点。拆卸电阻点焊板件的方法由焊点的数目、排列方式以及焊接的操作方法来决定。当一些点焊区域有若干层金属薄板时，拆卸的工具由焊接的位置和板件的布置来决定。

（1）确定电阻点焊焊点的位置　为了找到电阻点焊焊点的位置，通常要去除底漆、保护层或其他覆盖物。可用氧乙炔或氧丙烷焰烧焦底漆，并用钢丝刷将它刷掉（丙烷的火焰温度比氧-乙炔火焰温度低些，金属所受的热应力也小些）。最好用粗钢丝砂轮、砂轮机或刷子来磨掉涂料。

在清除涂料以后，焊点的位置仍不能看清的区域，在两块板件之间用錾子錾开，这样可使焊点轮廓线显现（图 6-4）。

（2）分离电阻点焊焊点的方式

① 钻头分离。确定焊点的位置以后，使用钻头、点焊切割器等工具来钻除焊点。可以使用两种形式的切割器：一种是钻

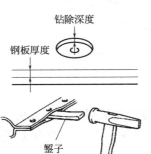

图 6-4　用錾子确定焊点位置

入式［图 6-5(a)］；另一种是孔锯式［图 6-5(b)］。无论用哪一种形式的切割器。在切割时都不要切割到下面的板件，并且一定要准确地切掉焊点，以避免产生过大的孔。

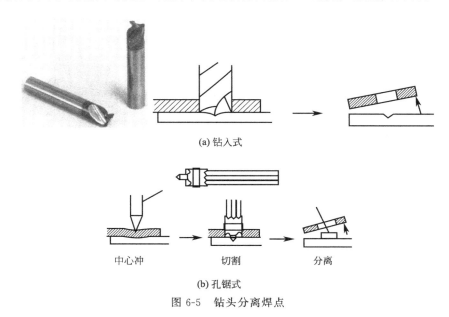

图 6-5 钻头分离焊点

② 等离子切割分离。等离子切割枪可以很快地除去焊点。使用等离子切割枪，可以同时在各种厚度的金属板上切割来清除焊点。但是使用等离子切割不能保证下层板件的完整。

③ 磨削分离。用高速砂轮也可分离点焊的板件（图 6-6）。用钻头不能钻除的焊点，或更换板件的塞焊点（来自早先的修理），太大钻头不能钻掉时，可以采用这种方法。操作时只需要磨削掉上层板，而不用破坏下层板（图 6-7）。

钻除、等离子吹除或磨掉焊点以后，在两块板件之间打入錾子可以分离它们，但不要损伤或弄弯未受损伤的板件。

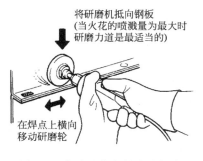

图 6-6 高速砂轮磨削清除焊点

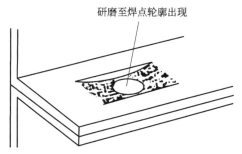

图 6-7 高速砂轮磨削的效果

2. 分离连续焊缝

在一些汽车的局部板件连接中，板件是用二氧化碳气体保护焊的连续焊连接的。由于焊缝长，因此要用砂轮切割机（图 6-8）或圆盘研磨机（图 6-9）来分离板件。要保证割透焊缝而不割进或割透板件，握紧砂轮以 45°角切入搭接焊缝。磨透焊缝以后，用锤子和錾子来分离板件。

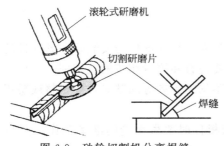
图 6-8 砂轮切割机分离焊缝

图 6-9 圆盘研磨机分离焊缝

3. 分离钎焊区域

钎焊用于外盖板边缘处或车顶与车身立柱的连接处，通常是用氧-乙炔焊枪或氧-丙烷焊枪熔化钎焊的金属来分离钎焊区域。在用电弧钎焊的区域，电弧钎焊金属熔化的温度比普通钎焊的高些，而熔化钎焊金属会导致下面板件的损坏，因此，通常采用磨削分离电弧钎焊的方法。普通钎焊与电弧钎焊可以通过钎焊层金属的颜色来识别，普通钎焊区域是黄铜色的，而电弧钎焊区域是淡紫铜色的。

① 用氧乙炔焊枪使油漆软化，用钢丝刷或刮刀将油漆除掉。然后加热钎焊焊料，直到它开始熔化呈糊状，再快速地将它刷掉，如图 6-10 所示。注意不要使周围的金属薄板过热。

② 用起子或錾子錾入两块板件之间（图 6-11），将板件分离。保持板件的分离状态，直到钎焊金属冷却并硬化。在所有其他焊接部分分离以后，分离钎焊区域是比较容易的。

③ 如果除去油漆以后，确定连接是电弧钎焊，可采用高速砂轮机（图 6-12）切除钎焊接头。如果更换的钢板在上侧，则不要切透下面的板件。磨透钎焊接头以后，用契子和锤子分离板件。

图 6-10 用焊炬加热清除钎焊　　　　图 6-11 撬起、分离钎焊的钢板

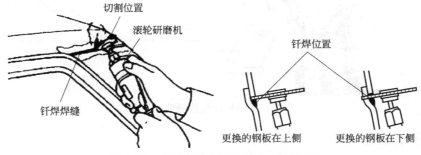

图 6-12 使用高速切割砂轮分离钎焊区

四、车身外部板件的更换和安装

车身外部金属薄板的连接有些采用紧固件,如翼子板等部件的安装采用紧固件的方法既简单又快捷。为了正确对中,在紧固螺栓以前需要检查和测量相接的及相邻的板件,当有螺栓孔与新板件的螺栓孔不同心、板件之间的缝隙不均匀整齐等问题时,要调整或矫正相关联的板件。

车身上大部分板件采用焊接连接,在更换新板件时要做大量的准备工作,要小心地矫正。下面介绍板件更换的典型操作过程。

1. 车辆的准备

拆卸损坏的板件以后,待修理的汽车要做好安装新板件的准备,工作步骤如下。

① 磨掉点焊区域焊缝的痕迹。用钢丝刷从连接表面上清除掉油泥、锈斑、油漆、保护层及镀锌层等(图6-13)。不要磨削结构性钢板的边缘,否则会磨去金属使板件变薄,并削弱连接强度。还要清除板件连接表面背面的油漆和底漆,因为这些部位在安装时要用电阻点焊焊接。

② 矫平板件相配合的凸缘上的凹坑和凸起,保证焊接时两层板件能很好配合,没有缝隙(图6-14)。

③ 在油漆和腐蚀物已从连接面上清除、基体金属已经暴露的区域,应涂上可导电的防锈底漆(图6-15)。因为连接后的表面不能再进行涂漆,所以焊接前要采用防锈底漆处理。

图6-13 清除连接钢板表面的油漆、锈斑

图6-14 修整连接钢板

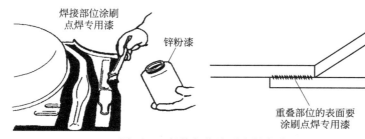

图6-15 焊接部位涂刷防锈底漆

2. 新板件的准备

因为所有新板件都涂有底漆,所以必须在焊接的结合面上清除掉底漆,以使焊接电流在

电阻点焊时能顺利地流动。在不能进行电阻点焊的地方，可钻孔，采用塞焊方法（塞孔直径要适合板件的厚度）。新板件的准备步骤如下。

① 用尼龙打磨机清除点焊区域两边的油漆（图 6-16），不要磨削到板件，并且不能使板件过热变成蓝色或开始变形。

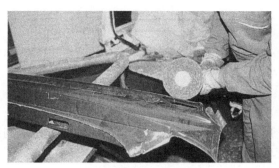

图 6-16　清除焊接区域油漆

② 焊接表面清除油漆层后，要刷涂防锈底漆（图 6-17）。刷涂底漆时要小心，以防从连接表面上渗出。如果发生渗漏，在喷涂油漆时会产生不利的影响，因此要用浸有溶剂的布清除多余底漆。

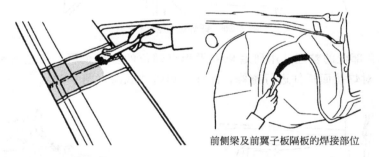

图 6-17　焊接部位涂刷防锈底漆

③ 如果新钢板要切割成与现有的钢板搭接的形状（图 6-18），需要采用气动锯或切割砂轮。

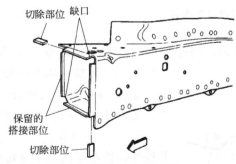

图 6-18　搭接部位接头的处理

3. 更换后顶侧板

在更换非结构性的外部板件时，可以只用肉眼检查与相邻板件是否匹配，而不用像更换结构性板件那样精确地进行测量。外部板件更换着重的是在外观上的配合，车身轮廓线必须平齐，板件之间的间距必须均匀。下面以新的后顶侧板的安装来说明安装的操作过程。

① 焊点的清除。使用焊点钻除钻来钻除焊点，针对不同的部位选择合适的工具钻头直径，如图 6-19 所示。

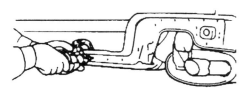

图 6-19　焊点的清除

② C 立柱的切割。用样板规在 C 立柱外板画出切割线，在切割线上进行切割。对钎焊部位加热，分离钎焊区，如图 6-20 所示。

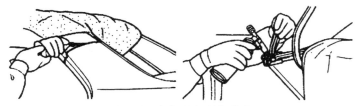

图 6-20　钎焊的切割与分离

③ 车身结合部位的整理。用研磨机磨平焊点部位的多余金属，使金属平整，去除黏着物（图 6-21），对焊接面板件进行整修，涂抹点焊防锈底漆（图 6-22）。

图 6-21　用钢丝刷清洁

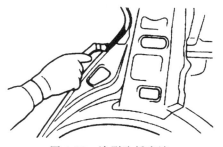

图 6-22　涂刷防锈底漆

④ 新板件的切割准备。用塑胶样板规刻划切割线，使用气动锯在切割线上进行切割（图 6-23），要防止钢板变形。

⑤ 暂时安装后顶侧板，用大力钳夹住若干点将它固定，要保证板件的末端和边缘的匹配。

⑥ 仔细调节新板件与周围板件的配合（图 6-24）。调节板件以便与车门和车身轮廓彼此匹配。然后将后备厢盖安装在正确位置上，并调节间隙和水平差。要进一步确定后窗孔对角尺寸，若有差别，应适当地进行矫正，使后窗玻璃与窗孔相吻合。

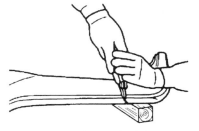

图 6-23　切割新板件多余部分

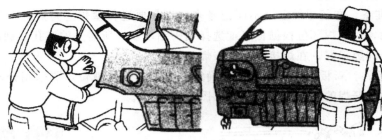

图 6-24 后侧围板间隙的安装调整

⑦ 将板件装配到门和后备厢盖以后,可以钻些小孔,用自攻螺钉将它固定(图 6-25),如果用台虎钳固定,将不能检验配合的正确性。调整车身轮廓线和板件的搭接处,使其与后围板及后部窗式框架相匹配。安装尾部组合灯,并使板件与灯组件配合。当每个部分的间隙、车身轮廓线和水平偏差都已经调整好时,用肉眼检查整体的扭曲和弯曲。

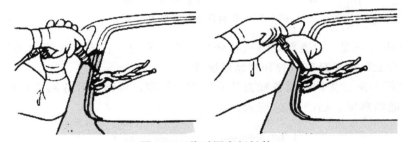

图 6-25 临时固定新板件

⑧ 切割搭接的板件。板件正确定位以后,在分割区域进行切割时要精确(图 6-26),如果切割后出现间隙或板件搭接,将给下一步的焊接造成困难。

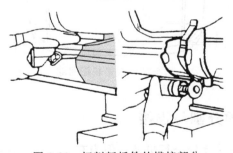

图 6-26 切割新板件的搭接部分

可以用以下的基本方法切割搭接部分:如果搭接部分大,两块板件可以同时进行切割;如果搭接部分小,可以用划线笔在搭接板件的端部划一条直线,沿着所划的直线用手动锯或切割砂轮切去位于连接区域的搭接部分。此时板件应整齐地配合在一起,只能有小的间隙或者没有间隙。

在切割好搭接部分以后,进一步加工以前,要将更换的板件移开,从里面的板件上清除所有的碎屑和异物。

围绕后顶侧板的内周边涂上密封剂,在相同的螺孔中,用自攻螺钉安装板件和其他零件。再一次检查配合情况。

⑨ 焊接前准备。在新零件上用不同记号来辨别是要进行塞焊还是点焊,先将实施点焊部位的底漆磨除,对塞焊部位根据板厚度选择钻头钻取塞焊所需要的塞孔。确保新板件与车身的结合面吻合间隙很好,在焊接处涂抹点焊防锈底漆。

⑩ 焊接新板件。新板件的尺寸和位置确定以后将其焊接就位,要采用分段焊接防止热变形和应力,对需钎焊的部位进行钎焊,如图6-27所示。

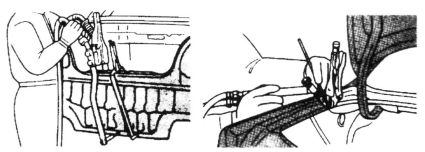

图6-27 新板件电阻点焊和钎焊

⑪ 焊接接头的处理。对表面焊缝进行研磨,直到平滑。在没有底漆的部位实施清洁及去脂工作,车身上涂抹车身密封胶和喷涂底层漆。

⑫ 调整装配间隙。先调整后备厢盖的前后方向间隙,再调整后备厢盖的左右方向间隙,最后调整后备厢的高度,如图6-28所示。

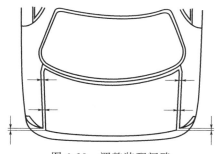

图6-28 调整装配间隙

五、车身结构性板件的分割与连接

整体式车身部件一般在接缝处进行更换。但当有许多必须分离的接缝在车辆未受损伤的区域时,如果全部更换费用太高,就需要进行局部切割进行更换。如对梁、立柱和车门槛板进行分割部分更换,可使昂贵的修理费用降低。分割结构件,同时要保持防撞吸能区的完整,使修理区域的强度和撞击以前一样,再遭碰撞时还具有吸收碰撞的能力。

在分割时要考虑车辆的特殊设计,例如防撞吸能区、内部的加强件、制造时的接缝位置以及理想的分割区域等。当分割高强度钢和超高强度钢时,在确认分割不会危害车辆结构的完整性时才能实施。

在整体式车身结构件中,有两种基本类型:一种是封闭截面构件,例如车门槛板、立柱和车身梁;另一种是开式或单层搭接连接的组合部件,例如地板和后备厢地板。封闭截面构件是要求最高的构件，因为它们在整体式车身结构中承载主要的载荷，而且相同截面大小的强度，要比其他部件截面的强度大得多（图 6-29）。

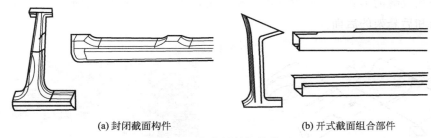

(a) 封闭截面构件　　　　　　　　(b) 开式截面组合部件

图 6-29　车身板封闭的截面

1. 基本连接形式的分割与连接

分割时有些部位要避开，如要避开构件中一些孔。不要切穿任何内部加强件，如金属的双层构件。如果不小心切穿了内部加强件的封闭截面，则不可能使该部位恢复事故发生前的强度。

还应避开支撑点，如悬架支撑点，座椅安全带在地板中的固定点，以及肩带 D 环的固定点。例如当切割 B 立柱时，应环绕着 D 环面做偏心切割，以避免影响固定点的加固。结构件分割有以下 3 种基本的连接类型。

（1）有插入件的分割　主要用于封闭截面构件，例如车门槛板、A 立柱以及车身梁（图 6-30）。插入使这些构件容易装配和正确地对中连接，并且使焊接过程比较容易进行。

（2）没有插入件对接方式的分割　没有插入件的对接，通常又称为偏置对接。这种类型的焊接连接用于 A 立柱、B 立柱及前梁，如图 6-31 所示。

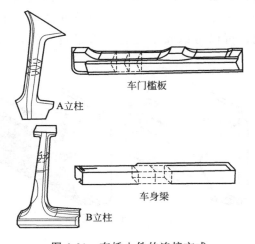

图 6-30　有插入件的连接方式

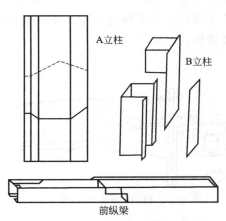

图 6-31　没有插入件的偏置对接方式

（3）搭接　搭接用于后梁、地板、后备厢地板及 B 立柱，如图 6-32 所示。根据被分割构件的形状和结构，采用组合的连接类型。例如，分割立柱，可能要求在外部件上用偏置对接连接，而在内部件上用搭接连接。

2. 防撞吸能区的分割

有些结构件设计有防撞吸能区或皱褶点，这是为了在撞击时吸收冲击能量。尤其是前梁和后梁上更是如此，所有的前梁和后梁都有防撞吸能区，通过其外观可辨认这些防撞吸能区。如图 6-33 所示，防撞吸能区有些是回旋状或波状的表面形式，有些是凹痕或陷窝形式，另外一些是孔或缝的形式，这些设计使梁在碰撞时首先在这些部位变形。防撞吸能区设在前悬架的前面和后悬架的后面。

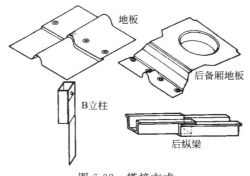

图 6-32　搭接方式　　　　　　　　　图 6-33　防撞吸能区

在维修中需要对前纵梁进行切割时，一定要避开前纵梁防撞吸能区，要按照维修手册中指定的位置进行切割（图 6-34），否则就会改变设计的安全目的。如果一根梁遭受到较大的损坏，这根梁通常将在防撞吸能区被压弯。因此，其位置通常是容易确定的。在中等损坏的场合，其冲击能量不可能把整个防撞吸能区压缩，因此要注意观察可能出现损伤的其他区域。

3. 车门槛板的分割与连接

整体式车身的车门槛板一般有两层或三层板，如图 6-35 所示为车门槛板的断面。车门槛板无论采用两层还是三层，都可能装有加强件。其中，加强件可以是间断的，也可以是连续的，在更换过程中，要根据损坏情况，可以考虑和 B 立柱一起进行更换，也可单独更换。

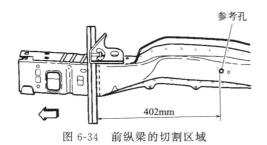 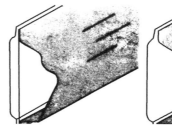 

图 6-34　前纵梁的切割区域　　　　　　图 6-35　车门槛板断面

在切割门槛板时，一种是纵向切割，用插入件进行对接；另一种是切割门槛板的外件，然后用搭接的方法连接。采用插入件对接的门槛板如图 6-36 所示。在对接时，用塞焊将插入件固定在适当的位置，如图 6-37 和图 6-38 所示。

4. A 立柱的分割与连接

车身的 A 立柱是由两件或三件板组成，在上下两端进行加固处理，一般不在中间加固，因此 A 立柱应在中间附近进行切割，以避免割掉任何加固件，如图 6-39 所示。

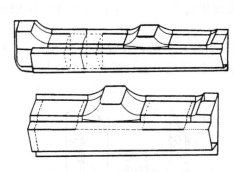

图 6-36 插入件对接的门槛板

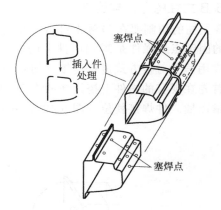

图 6-37 插入件安装门槛板

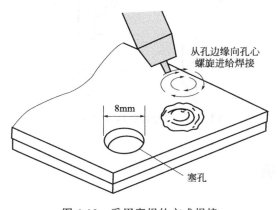

图 6-38 采用塞焊的方式焊接

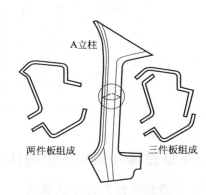

图 6-39 A 立柱构件

对于 A 立柱切割,可以采用纵向切割,用插入件进行对接的方式,如图 6-40 所示。也可以用没有插入件的偏置对接。用插入件对接修理时,其插入件的长度应为 100～150mm。插入件插入后,用塞焊将插入件固定在适当的位置,并用连续焊缝封闭立柱的周边。

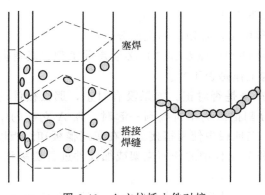

图 6-40 A 立柱插入件对接

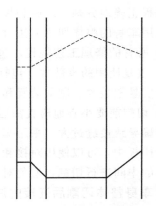

图 6-41 前立柱的偏置连接

5. B 立柱的分割与连接

B 立柱的切割要在 D 环下进行，其距离要避免切通 D 环固定点的加强件。对于 B 立柱，D 环的固定点加强件是焊到内件上的，一般无法使用插入件，仅在它的外件使用槽形插入件，应用偏置对接方式进行连接（图 6-41）。

首先在现有的内件上搭接新的内件，而不将其对接在一起，并焊好搭接边缘。然后用点焊把槽形插入件焊接就位（图 6-42），并且用连续焊缝环绕外立柱进行封闭连接，如图 6-43 所示。

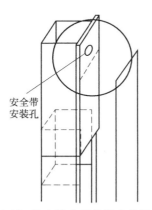

图 6-42 B 立柱内板的插入件连接

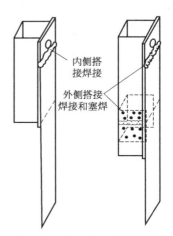

图 6-43 B 立柱的偏置对接

六、车身整体分割与连接的注意事项

1. 车身整体分割的注意事项

如果车身的前部或后部遭受严重的损坏，损坏区域没有修复的价值，有时要通过车身的整体分割来切除损坏部分，把另一辆汽车的完好部分连接到需要维修的车身上。与常规车身整体的修理损坏的方法相比较，整体分割更实用并且费用少。这种方法可缩短修理时间，减少拆除车辆的劳动力，并且不太影响腐蚀的防护。

车身的整体分割中，两根 A 立柱、两块车门槛板及地板切割后，一辆汽车的车身就能被完全分割，切割的方法与前面介绍的一致。在车身的整体分割操作中要采用适当的技术和工艺规程正确地分割、匹配和焊接各个组件。

采用车身的整体切割方法时应注意以下事项。

① 所有的修理工艺规程，包括安装和焊接，必须向车主充分说明。

② 重复使用的零部件（包括车身零部件和机械零部件）必须是同类型、具有同等质量的。核实悬架装置、制动装置和转向机构工作是否正常。

③ 切割前要小心地检查前后两部分车身是否对正。如果没有对正，那么板件的配合间隙不准确导致接缝过大。采用车身整体分割把两辆车拼接到一起时，在 A 立柱的中间、两个车门槛板中，可以使用对接和插入件，在地板中使用搭接。要在车门槛板和地板以及前车门开口的中间进行切割，避免对 A 立柱和 B 立柱中的任何支架或加强件进行切割和破坏。

2. 车身整体切割后连接的注意事项

将需要连接车身的前截面和后截面已经修整到可以装配后，在连接部位需要进行塞焊的部位钻好塞孔,在需要进行电阻点焊的位置去除油漆层并涂刷导电底漆,然后按下列步骤连接前后截面。

① 安装车门槛板和立柱的插入件,用金属板件固定螺钉将插入件固定。

② 根据风窗的外形和角度。将 A 立柱插入件插入风窗立柱的上部或下部。

③ 先连接车门槛板,然后连接 A 立柱,将两部分安装在一起。将车门槛板和立柱凸缘夹紧,以防止截面被分开。

④ 测量风窗和车门开口的尺寸,最好装上车门和风窗以检验定位是否正确。

⑤ 完成正确的定位后用固定螺钉将搭接部位固定在一起,以紧固焊接区,并在焊接时保持截面靠紧。

⑥ 在将截面焊接在一起以前,用测量系统检验车辆的尺寸和截面的定位是否正确。

⑦ 用连接车门槛板、A 立柱和地板的技术,将截面焊接在一起。

第二节 新件的切割、定位与焊接

在汽车钣金切割更换修理过程中,新件的切割与定位是更换作业中的关键一环,也是一项不容忽视的作业。如果在未确定新件定位参数的情况下,盲目进行更换和焊接作业,其后果将是可想而知的。因此,在新件切割、更换安装过程中要有充分的准备,在此基础上进行的焊接、调整等作业才会得到精确的实施。

一、新件的准备

1. 新件的粗切割

切割更换部位是视情况并按基本原则确定的,故新构件的尺寸未必与需要的相符。因此,可按图 6-44 所示的方法切割、下料,这一步称为新件的粗切割,需按图中所示的规定预留 20~30mm 的重叠量。待新件的定位作业完成后再重新划线精切割,操作时应注意下料的余量不宜过大,否则将不便于构件的安装就位。

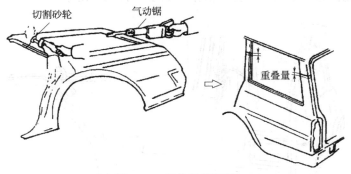

图 6-44 新件的粗切割

2. 新件的精切割

由于车身构件的连接形式不同,其切割方法也有所区别。对于能够搭接在一起的简单断面形状构件,其切割可参照图 6-45 所示的方案进行。先沿搭接构件的端头划定切割线 [图 6-45(a)];然后用气动锯沿切割线将构件切割 [图 6-45(b)],由此可获得对接质量很好的切割［图 6-45(c)］。

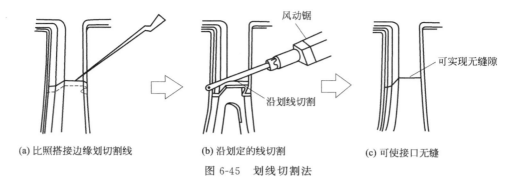

图 6-45　划线切割法

如果采用图 6-46 所示的方法切割，虽然接缝质量不受锯割时走偏的影响，但锯割后留下的切口将会使接口缝隙变大。因此切割方法的正确选择与否会关系到钣金修理质量的好坏。

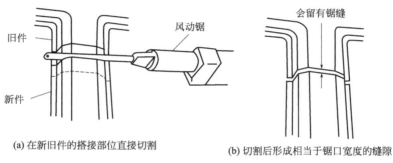

图 6-46　搭接切割法

有些构件的断面形状较为复杂，异形结构决定其不能够搭接在一起，如图 6-47(a) 所示。对此，可分别采用测量法切割。所谓测量法，是通过量取基准孔或装配孔至切割更换部位的距离，并以此作为确定切割位置的依据，如图 6-47(b) 所示。

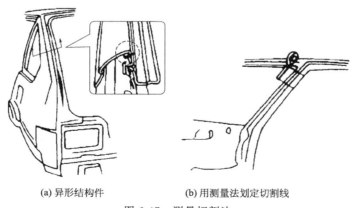

图 6-47　测量切割法

为使切割线能与新件的切口相吻合，可用由新件上割下的断头为基准在车身一侧画线（图 6-48）。

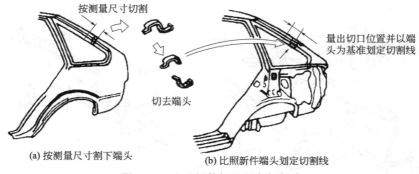

(a) 按测量尺寸割下端头　　(b) 比照新件端头划定切割线

图 6-48　比照新件切口画定切割线

3. 新件的防腐

新件的表面都覆有涂料，其表面涂层的绝缘性将会影响点焊电流的通过。拟用点焊方式焊接时，应预先按图 6-49(a) 所示的方法，用带式砂磨机（砂带机）将焊接部位两面的涂层除掉，使接触面形成图 6-49(b) 所示的焊接面。磨削时应注意不要用力过大并及时换位，以免使构件过热而影响周围涂层。打磨后仍需比照图 6-49(c) 所示的方法，在焊接面及以后不便涂漆的部位刷涂防锈剂。对于拟通过塞焊连接的构件，可不必除漆，直接按技术要求，用冲孔钳或气动钻在构件上制孔。

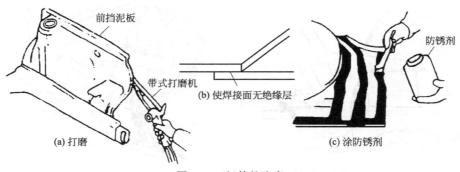

图 6-49　新件的防腐

二、新件的定位

新件的定位基准通常有两种：一是参数法定位，适用于对位置度要求较高的车身构件的安装；二是适配法定位，适用于装饰性钣件的安装。

1. 参数法定位

安装轿车翼子板内支撑板（俗称挡泥板），利用参数法定位的安装过程如下。

（1）安装挡泥板　将挡泥板按图 6-50(a) 所示的方法，装配到位并注意对正有关的安装标记；如新件上没有做出装配标记时，可比照旧件拆解后留下的痕迹安装；随后用万能夹钳等夹具将挡泥板固定。

（2）长度调整　也称为纵向装配位置的调整。按维修手册或对比法确定安装长度，调整测距尺，按图 6-50(b) 所示的方法，沿纵向测量、调整挡泥板的装配长度。注意，测量的起止点应以基准孔或构件的装配孔为准，而不能以挡泥板的前端面为依据；纵向长度尺寸定位后应于上部选 2~3 个点暂焊（因为测量点在上面）。

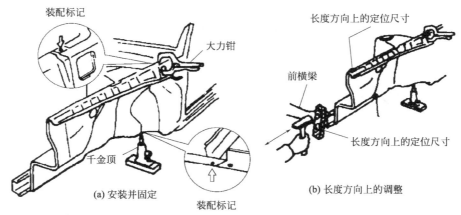

图 6-50　新件的安装与调整

（3）高度调整　也称为垂直方向上装配位置的调整。可按标准参数调整挡泥板测量点的定位高度,并将其下部与车身暂焊,如图 6-51(a) 所示；也可使用定中规按图 6-51(b) 所示的方法测量,并通过调整使之与对称一侧的构件等高并对称。挡泥板的高度调定后及时将液压千斤顶锁住。

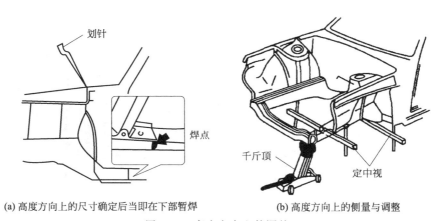

图 6-51　高度方向上的调整

（4）宽度调整　也称为水平方向上装配位置的调整。使用测距尺检验如图 6-52(a) 所示

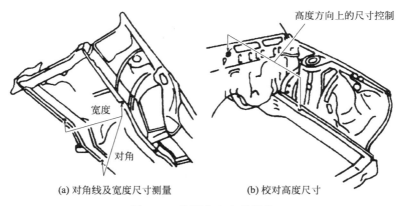

图 6-52　宽度方向上的调整

的宽度参数值，调定后将其与前横梁横向固定。然后，重新按图 6-52(b) 所示的方案校准高度和长度方向上的参数。如不符合要求时，应继续进行微量调整直至合格为止。确认无误后装上悬架横梁并加以可靠固定（如螺栓连接、塞焊等）。

（5）安装散热器支架　将散热器支架安装并固定，然后用测距尺按标准参数值检查图 6-53 所示的尺寸，必要时进行调整并用万能夹钳将其固定。

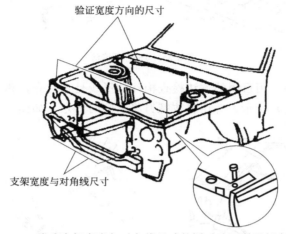

图 6-53　检验支架宽度与对角线尺寸的同时验证翼子板宽度

（6）安装翼子板　将翼子板装于挡泥板上并按定位标记固定，参照图 6-54(a) 所示的方法，检查其后端面与车门边缘的间隙，应符合要求并上下一致。

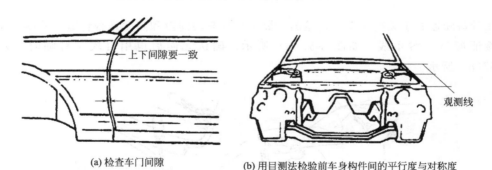

图 6-54　检查车门间隙并做最后一次检测

（7）参数验证　正式焊接前应按图 6-54(b) 所示方法，对全部定位参数做一次综合验证，并以目测的方式观察前车身的装配情况，检查各构件之间的平行与对称状态有无异常现象，否则应查明原因并予以修正。至此，即可转入焊接作业阶段。

2. 适配定位法

适配定位法适用于对外观质量要求较高的车身构件，以适配定位法为基准时，轿车后翼子板的更换过程如下。

（1）安装后翼子板　将后翼子板按图 6-55 所示的方法安装到位，用万能夹钳将相邻构件的边缘夹紧，以使后翼子板于若干处得到固定。注意，新件落料时的边缘余量不宜留得过大，否则不便于装卡和固定。

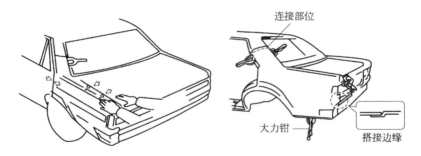

图 6-55 适配定位法

（2）用适配法调整　用目测的方法检查构件的形线是否对齐，翼子板与车门的间隙是否符合要求，如图 6-56(a) 所示，并用自攻螺钉将其临时固定，如图 6-56(b) 所示。

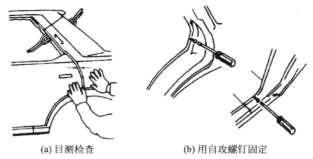

(a) 目测检查　　　　(b) 用自攻螺钉固定

图 6-56　调整后翼子板与车门的适配度并加以固定

在后备厢盖处于关闭状态下，检测后翼子板与其的间隙和高度是否合适，并用对比法测量、验证窗口的对角线，如图 6-57(a) 所示，确认无误后也用自攻螺钉临时固定，如图 6-57(b) 所示。

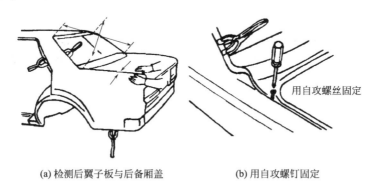

(a) 检测后翼子板与后备厢盖　　　(b) 用自攻螺钉固定

图 6-57　调整后翼子板与后备厢盖及后窗的适配度并加以固定

最后装上车身后部的灯具，以验证其适配情况及高度是否与另一侧对称，如图 6-58 所示。

（3）临时固定　每进行一项适配作业，都应在构件边缘的适当部位钻孔，而后用自攻螺钉将其临时固定。因为用夹具固定有时不可靠，适配度的调整也不方便。

（4）整体适配状况的检视　全部装配完毕后，再进行一次整体适配状况的检查，查看各

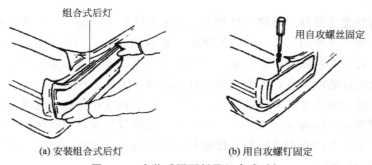

图 6-58 安装后围下板及组合式后灯

部分的间隙、形线以及对称度等，还要检查新件及与其关联的构件，是否有整体弯曲或扭曲等变形现象。在确认构件的安装与适配无疑时，再进入焊接作业阶段。

三、新钣金件的焊接

在通过调整、固定、检查、验证等各项作业，并确认新件的尺寸和位置正确无误后，即可转入焊接作业阶段将其焊接到位。

（1）焊接顺序　焊接顺序应遵循由中间向两边、先基础件后附属件的原则。使用气体保护焊时，应按图 6-59 所示的程序焊接，以免使焊口局部过热而变形。同时注意暂焊时应先用万能夹钳固定，然后由中部开始起焊以避免焊接缺陷。

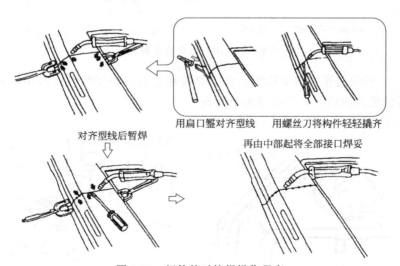

图 6-59 新件的对接焊操作程序

（2）焊接防护　焊接过程中所产生的火花或热影响，会损坏车身涂层、玻璃、装饰件等，应采取相应的保护措施（如遮盖、拆除等）。此外，点焊机地线虚接所产生的电动势，有可能击穿车上的微电子设备，所以应确保接地可靠并将车上电源回路断开（如切断总电源或拆下蓄电池的电源线等）。

（3）参数验证　焊接过程中仍然有必要对那些重要参数进行抽查（测量），使关键要素始终处于受控状态。否则，当竣工验收不合格而需重新拆解时，会额外增加维修成本。

（4）焊接标准　焊接对构件的连接强度和汽车的安全性都有很大影响，必须严格按照焊接规范进行焊接。

（5）焊缝的修整与处理　焊缝的修整方法主要是砂磨或锉削。应注意的事项主要有对焊缝的光整程度无特别要求的部位（如隐藏部位、装饰部位等），仅磨削到表面圆滑为止并留有一定的凸起；对于有平面度要求的部位，应磨削适度以免影响车身构件的焊接强度；对那些不便于用砂轮机打磨的部位，可改用带式打磨机或锉削的方法解决。

除了焊前在接合面上施涂防锈剂以外，焊接竣工后还应在焊缝处施涂车身密封剂，以阻止泥水等污物的渗入使焊缝或金属锈蚀。施涂前应先将焊缝及其周围清理干净，然后用胶枪按图 6-60(a) 所示的方法沿焊缝施胶。枪嘴的直径应与焊缝相等，涂胶过量时应用手指将其抹平，如图 6-60(b) 所示。

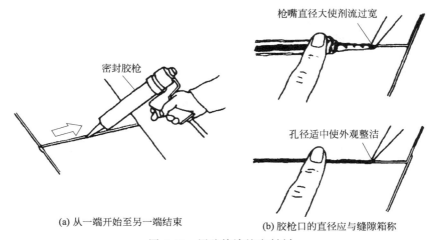

图 6-60　用胶枪涂施密封剂

对于图 6-61 所示的箱式断面构件，由于焊接后原有的防锈涂层已经被破坏，故应按图示方法对准焊缝喷涂防锈剂，最好至流出为止。

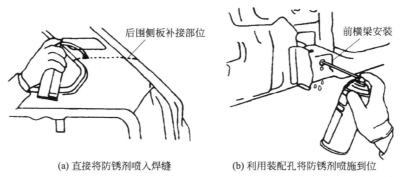

图 6-61　对焊缝喷施防锈剂

第三节　车身钣金件的调整

1. 发动机罩的调整

对于所有的汽车，发动机罩的位置都是可以调整的，而且这种调整是非常必要的。一般通过铰链、可调定位器和发动机罩的挂钩来进行调节，如图6-62所示。

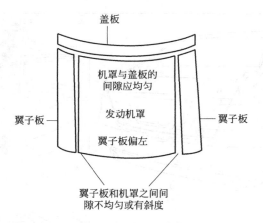

图6-62　发动机罩周围间隙不均匀

发动机罩的后部连接在一对铰链上，铰链一侧通过螺栓固定在盖板上，因而，机罩可上下转动。由于铰链上的连接孔是槽形的，允许在松开螺栓时，罩板做前后或上下的移动，待移动到合适位置之后，再拧紧螺栓，以达到调节的目的。实际操作时，可以通过调节铰链固定螺栓改变发动机罩前后位置，保证机罩的后部与盖板之间有足够的间隙，以便开启；也可以通过调节铰链连接螺栓的垫片，调节机罩的高度；还可以调节发动机罩拉钩，调节对中位置。拉钩的位置恰好在前端的中心位置，如图6-63所示。

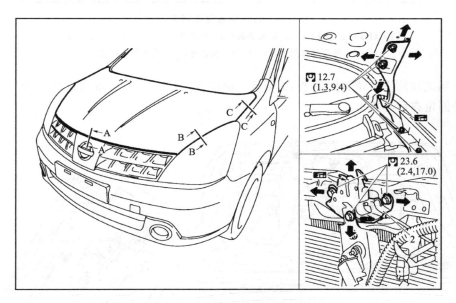

图6-63　发动机罩的装配与调整

2. 后备厢盖的调整

后备厢盖与发动机罩极为相似，也是以两个铰链连接到后部车身板上的，如图6-64所示。图中所示为后备厢盖锁紧的状况。为了使密封性能良好，后备厢盖必须有密封装置，后备厢与相邻板件的间隙要均匀一致。铰链的连接板上的孔是槽形的，便于松开螺栓后，做适当的位置调整（左右、前后移动均可）。调节好位置，再将螺栓锁紧。

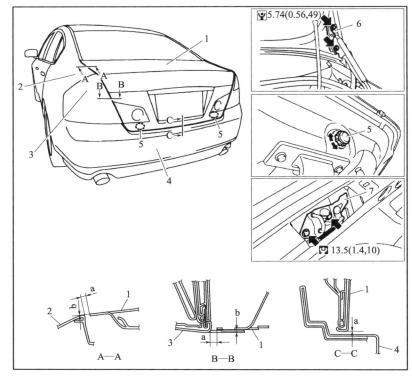

图 6-64 后备厢盖与车身的连接

1—后备厢盖总成；2—后部翼子板；3—后组合灯；4—后保险杠装饰板；
5—保险杠橡胶件；6—后备厢盖铰链；7—后备厢盖撞锁

后备厢盖锁的安装位置如图 6-65 所示。锁组件一般安装在后备厢盖后部居中位置，撞针用螺栓固定在后部板上。

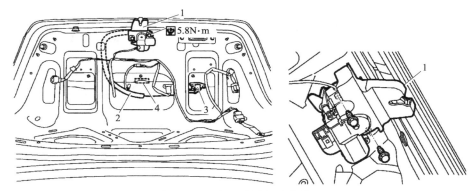

图 6-65 后备厢盖锁的安装位置

1—后备厢盖锁；2—后备厢盖开启器拉线；3—后备厢盖锁芯；4—后备厢盖开启器开关

3. 翼子板的调节

如图 6-66 所示，翼子板通过螺栓连接在散热器支架、发动机室内部防护板件以及门后和汽车底部的盖板上，松开这些螺栓，便可调节翼子板的前后、左右位置。

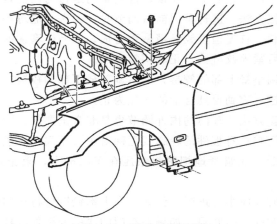

图 6-66　翼子板的调节

4. 门窗玻璃升降器的调节

升降器可以手动或电动调节以升起或降下车门玻璃。两种方式升降器的工作原理是相同的。

升降器通常呈 X 形结构。当提升臂之一在手柄驱动下摆动时，玻璃将上、下移动。

升降器和它的关联部分有时被铆在车门上，也有用螺栓连接的。前者在修理时必须铲去铆钉后才能卸下，重新安装则需另行铆接。一般在修理调节升降器时，需事先把玻璃卸下来，待修好之后再将它装上去。修理调节安装或更换升降器时，应注意以下两点。

① 把升降器放在车门内板上的检修孔位置。

② 钻通升降器齿轮和后板，将螺钉插入孔中，把升降器定位在车门的内板上。用螺母将组合件固定在一起。修好升降器后，一定要将先前插入的定位螺钉拆除。

5. 车门的调节

汽车上的车门需经常进行调整和维护，车门调整前应先选定合适的基准。车门的调整应从后车门开始，因为车身后翼子板是不可调整的。后门调整好后，就可以对应着后门进行前门的调整，从而使前门与前翼子板配合有效。旋转式车门是轿车上最为常见的一种车门类型。车门由外蒙皮和内板咬合并定位焊组成，并用铰链连接到车身上，即前、后门均通过铰链与车门的前立柱和中立柱相连。通过调整铰链，车门可以做上下、前后、内外移动。下面对车门的调整方法进行介绍。

（1）车门的上下调整方法　车门的调整位置如图 6-67 所示，先检查车门在门框内的位置以及车门与前翼子板和车门槛板间的间隙。如果车门太低或太高，先把一个木块放到车架下，防止车门外板的损坏，然后松开车门铰链的固定螺栓，用千斤顶或

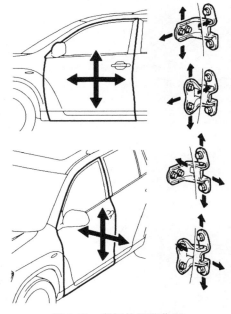

图 6-67　车门的调整位置

撬棍升高或降低车门。慢慢升高或降低车门，然后在每个铰链上固定一个螺栓，使车门前移的内外位置不发生改变。最后，放下千斤顶，检查车门是否与门框紧密配合对中。

（2）车门的前后调整方法　进行车门前后调节时，一次只能对一个铰链进行调整，这样车门的调整比较容易控制。首先检查铰链销是否磨损，更换已磨损的铰链销。销上的衬套若磨损也应更换衬套。然后紧固铰链销，正确调整车门。

车门前移时，首先调整最上部的铰链，然后调整最下部的铰链。也可以先调整下部的铰链，然后调整上部的铰链，直到得到合适的间隙为止。

（3）车门的内外调整方法　车门的内外调节也是非常重要的，因为不仅要把车门安装到门框上，而且必须使车门与车身板件的轮廓线正确对中。车门还必须与密封条和车门框间有良好的密封：车门关闭后，应紧紧地把密封条压在车门框上，阻止水、灰尘、气流等进入车中。

进行车门内外调整时，应小心进行。例如，在上部铰链处将车门外移，这不仅影响车门位置，而且也会移进相对的车门底角。如果在车门的底部铰链处内移车门，会使相对的上角移出；但是，如果在两个铰链处等距离地移进或移出车门，因为车门后部的移动量减少，仅会影响到车门的前部。中央门柱、车门撞板螺栓和门锁决定了车门的安装位置。车门的前边在前缘上总是比其他板件的后缘稍微向里一些，这有助于防止在车门面板前缘处产生风噪声。

参 考 文 献

[1] 顾平林，冯小青.汽车碰撞钣金修复技巧与实例［M］.北京：机械工业出版社，2015.
[2] 杨智勇.汽车维修钣金喷漆入门与技巧［M］.北京：化学工业出版社，2019.
[3] 李昌凤.汽车钣喷工维修快速入门90天［M］.北京：机械工业出版社，2016.
[4] 张成利，宋孟辉.汽车钣金修复技术［M］.2版.北京：人民邮电出版社，2016.
[5] 韩星，陈勇.汽车车身修复技术［M］.2版.北京：人民交通出版社，2017.
[6] 刘建华.汽车钣金基本工艺与设备［M］.2版.北京：机械工业出版社，2013.
[7] 梁振华.汽车钣金基本工艺与设备［M］.北京：人民邮电出版社，2012.
[8] 李庆军.汽车车身修复及涂装技术［M］.2版.北京：机械工业出版社，2016.
[9] 姚秀驰.汽车钣金基础［M］.北京：人民交通出版社，2013.
[10] 张启友.汽车钣金修复工艺［M］.北京：机械工业出版社，2018.
[11] 郭建明.汽车钣金工艺［M］.北京：人民交通出版社，2015.
[12] 李昌凤.手把手教您学汽车钣金修复［M］.北京：机械工业出版社，2015.
[13] 黄靖林，夏坤.汽车车身钣金修复技术［M］.2版.北京：人民交通出版社，2019.
[14] 何扬.汽车钣金修复技术［M］.北京：人民邮电出版社，2018.
[15] 何扬.汽车钣金工艺基础［M］.北京：人民邮电出版社，2018.
[16] 臧联防.汽车钣金工艺［M］.北京：人民交通出版社，2017.
[17] 程玉光.汽车车身修复技术［M］.北京：人民交通出版社，2018.
[18] 谢伟钢.汽车钣金技术［M］.2版.北京：人民交通出版社，2019.
[19] 周贺，陈明福.汽车钣金与喷漆［M］.2版.北京：北京理工大学出版社，2017.
[20] 吴兴敏.汽车车身修复与美容［M］.北京：机械工业出版社，2010.
[21] 郏继贵，杨学友.叶声华.车身三维尺寸视觉检测及其最新进展［J］.汽车工艺与材料.2002（03），22-25.